KB205388

복 있는 사람

오직 여호와의 율법을 즐거워하여 그 율법을 주야로 묵상하는 자로다.
저는 시냇가에 심은 나무가 시절을 좇아 과실을 맺으며 그 잎사귀가 마르지 아니함 같으니
그 행사가 다 형통하리로다. (시편 1:2-3)

재즈처럼 하나님은

Donald Miller

Blue Like Jazz

재즈처럼 하나님은

도널드 밀러 지음 | 윤종석 옮김

재즈처럼 하나님은

2005년 10월 25일 초판 1쇄 발행
2024년 1월 12일 증보판 1쇄 인쇄
2024년 1월 19일 증보판 1쇄 발행

지은이 도널드 밀러
옮긴이 윤종석
펴낸이 박종현

(주) 복 있는 사람
주소 서울특별시 마포구 연남동 246-21(성미산로23길 26-6)
전화 02-723-7183(편집), 7734(영업·마케팅)
팩스 02-723-7184
이메일 hismessage@naver.com
등록 1998년 1월 19일 제1-2280호

ISBN 979-11-7083-103-7 03230

재즈 음악은 미국의 해방된 노예 첫 세대가 만들어 낸 것으로,

틀에 얽매이지 않는 자유로운 표현이며,

그것은 영혼에서 울려나는 진실한 소리다.

들어가는 말

나는 재즈 음악을 좋아한 적이 없다. 재즈 음악은 협화음이 되지 않기 때문이다. 그러나 어느 밤 포틀랜드의 바그다드 극장 밖에서 나는 색소폰 부는 남자를 보았다. 나는 15분간 그 자리에 서 있었고 그는 한 번도 눈을 뜨지 않았다.

그때부터 나는 재즈 음악이 좋아졌다.

뭔가를 사랑하는 사람을 보고 나서야 자신도 그것을 사랑하게 되는 때가 있다. 마치 상대가 우리에게 길을 일러 주는 것 같다.

나는 하나님을 좋아하지 않았었다. 하나님도 협화음이 되지 않았기 때문이다. 그러나 그것은 사건이 터지기 전의 일이었다.

1. 출발_ 흙먼지 길을 걸어 내게 오신 하나님

하나님이 바람과 물속에 있다는 어느 인디언의 말을 언젠가 텔레비전에서 들은 적이 있다. 정말 멋있겠다는 생각이 들었다. 그분 속에서 헤엄도 칠 수 있고 그분이 산들바람으로 내 얼굴에 스쳐갈 수도 있을 테니 말이다. 내 이야기는 아직 초반이지만 나는 내가 영원으로 뻗어 나가 장차 천국에서 이 초창기를 회상하게 되리라 믿는다. 하나님이 흙먼지 길을 걸어 내게 오시는 것처럼 느껴지던 지금 이때를 말이다. 오래전 그분은 저 멀리 가물거리는 점이었으나 지금은 그 노랫소리가 들릴 만큼 가까워졌다. 머잖아 그 얼굴의 주름도 보이게 되리라.

내 아버지는 내가 어렸을 때 집을 나갔다. 그래서 하나님이 아버지라는 개념을 처음 접했을 때, 나는 그분이 우리 집에 입주하여 내 어머니와 한 침대를 쓰고 싶어 하는 뻔뻔하고 넉살 좋은 남자처럼 생각되었다. 지금 생각해도 그것은 무섭고 겁나는 개념이었다.
우리는 부자 교회에 다니는 가난한 집이었고 그래서 내 상상 속의
하나님은 돈 많고 큰 차를 모는 남자였다. 교회에서는 우리가 하나
님의 자녀라 했지만, 나는 하나님 집이 우리 집보다 나음과 그분께
응원단원 딸과 풋볼선수 아들이 있음을 알았다. 나는 날 때부터 방
광이 작아 열 살까지 이불을 적셨고, 후에는 은행장 아버지한테 배
웠을 정치적 몸짓으로 내게 그냥 잘해 주었을 뿐인 여학생 대표에
게 홀딱 반했다. 이렇듯 하나님과 나를 갈라놓는 수렁은 처음부터
부(富)만큼 깊고 유행만큼 넓었다.

　내가 자라난 휴스턴은 캐나다에서부터 추위가 남하하는 10월
말에 날씨가 딱 한 번 바뀌었다. 달라스 기상대에서 휴스턴 기상대
로 전화가 오면 사람들은 알아서 화분을 들여놓고 개를 챙겼다. 추
위는 시퍼렇게 살아 고속도로를 타고 내려오다, 마치 바다 위의 광
활한 하늘을 입증이라도 하듯 멕시코만을 건너서는 건물들의 유리
창에 비쳤다. 휴스턴에 10월이 오면 사람들은 저마다 다음날 대통
령으로 뽑히기라도 할 듯, 결혼이라도 할 듯 잔뜩 힘을 주고 돌아다
녔다.

　겨울이면 나는 하나님을 믿기가 더 쉬웠다. 아마도 추워진 날
씨, 나무에 붙어 있는 잎들의 색깔, 내가 자전거를 타곤 하던 부자
동네 저택들의 벽난로 연기와 상관이 있었으리라. 나는 만약 하나
님이 그 동네에 산다면 나를 안으로 들여 핫초코도 주고, 그분의 아
이들이 흘끔흘끔 불쾌한 시선을 던지며 닌텐도 게임을 즐기는 사
이, 내게 말도 걸어줄 줄로 내심 믿었었다. 대신 나는 코끝이 얼어
붙도록 동네를 자전거로 돌다가 집에 돌아와, 방에 틀어박혀 앨 그

린(Al Green) 레코드를 틀어 놓고는 창문을 활짝 열고 한파를 느꼈다. 몇 시간이고 침대에 벌렁 드러누워 저택의 삶, 중요한 친구들이 새 자전거를 타고 놀러 오고 그 아버지들이 값비싼 이발을 하고 뉴스 인터뷰를 하는 그런 삶을 공상했다.

나는 친아버지와 세 번밖에 같이 있어 본 적이 없다. 세 번 다 어린시절이었고 세 번 다 추운 겨울이었다. 그는 농구코치였고 나는 그가 왜 어머니 곁을 떠났는지 모른다. 그가 크고 잘생겼고 맥주 냄새가 났다는 것만 알 뿐이다. 그는 목깃에서도, 손에서도, 면도하지 않아 까칠까칠한 얼굴에서도 맥주 냄새가 났다. 나는 맥주를 별로 마시지 않지만 그 깊은 향은 나를 떠난 적이 없다. 내 친구인 비트 시인 토니가 호스 브라스 주점에서 맥주를 마시는 날이면, 그 냄새가 나를 유년의 추억 속에만 존재하는 즐거운 곳으로 데려가곤 한다.

아버지는 물이 잔뜩 불어난 강처럼 팔팔했고 훤칠한 거구였다. 누구보다도 컸을 것이다. 아버지를 두 번째 만나던 날, 나는 그가 체육관에서 풋볼을 던지는 것을 보았다. 풋볼은 멋지게 회전하면서 날아가 반대편 백보드를 흔들며 그물로 빨려들었다. 아버지의 행동 하나하나마다 내게는 신기한 구경거리였다. 그가 기품보다는 근육질 동작으로 면도하고 양치질하고 양말과 신발을 신는 것을 나는 지켜보았다. 내 어색한 응시를 눈치 채이지 않기를 바라며 방 문간에 서 있고는 했다. 내가 유심히 보는 사이, 그는 큰손에 파묻힌 작은 맥주 캔을 따서는, 흘러넘치는 거품을 붉은 입술로 호로록 빨아들인 뒤 혀로 코밑수염을 핥아 맛보았다. 그렇게 멋있어 보일 수 없었다.

아버지 집에 갈 때면 우리 남매는 저녁마다 고기를 구워 먹었다. 어머니와는 생전 못해 본 일이었다. 아버지는 고기에 리츠 크래커를 부숴 넣고는 소금과 양념을 쳤다. 나는 그가 고기 요리책이라도 써야 할 무슨 주방장인 줄 알았다. 잠시 후 그는 우리 남매를 잡화상으로 데려가 장난감을 아무거나 원하는 걸로 사주곤 했다. 우리는 비까번쩍한 상품이며 트럭이며 인형이며 총이며 게임이 즐비한 긴 통로를 왔다 갔다 했다. 줄 서서 돈을 낼 때까지도 나는 번쩍이는 매끈한 박스를 꼭 붙들고는 말없이 얌전히 있었다. 집에 오는 길에 우리는 교대로 그의 무릎에 앉아 차를 운전했다. 운전대를 잡지 않은 사람은 기어를 맡았고, 운전대를 맡은 사람은 아버지의 캔맥주를 마실 수 있었다.

내가 그 남자를 흠모한 것처럼 사람이 누군가를 흠모한다는 것은 불가능하다. 그와의 세 번의 만남을 통해 나는, 어린아이의 아버지 개념에만 존재하는 사랑과 두려움의 합성물을 알게 되었다.

그의 연락은 몇 년 간격으로 왔다. 어머니가 전화를 받곤 했는데 나는 그녀가 부엌에 말없이 서 있는 것만 보고도 상대가 그임을 알았다. 며칠 후면 그가 찾아왔는데, 그때마다 주름살이 늘고 흰머리가 돋고 눈가에 살이 처지는 등 세월의 흔적이 보였고, 며칠 내로 우리는 그의 아파트에 가 주말을 보냈다. 내가 중학교에 들어갈 무렵 그는 완전히 사라졌다.

지금도 나는 하나님이 애초에 왜 자기를 "아버지"로 칭하셨는지 모르겠다. 세상의 아버지상에 비추어, 내게 이것은 마케팅의 실수로 보인다. 자식을 버리는 아버지들이 그렇게 많은데 하나님은 어쩌자고 아버지로 자처하시는 걸까?

어려서부터 나는 "하나님 아버지"라는 호칭이 막막하고 모호했다. 내 경우 아버지의 역할이 뭔지 모르기는 목자의 임무를 모르기나 매한가지였다. 하나님에 관한 어휘는 죄다 비디오게임, PDA, 인터넷이 나오기 전의 고대 역사에서 온 것 같았다.

누가 내게 물었다면, 나는 하나님이 존재하긴 하나 내 개인적 경험에 비추어 구체적 정의를 내리지 못했다고 말했을 것이다. 어쩌면 주일학교에서 우리에게 계명 암송은 많이 시키면서 하나님이 누구이며 그분을 어떻게 대하는지는 별로 가르쳐 주지 않았거나, 혹은 가르쳤는데 내가 듣지 않았기 때문인지도 모른다. 어쨌거나 나는 실체가 전혀 필요 없었으므로 인격체 아닌 하나님도 문제될 것 없었다. 천국에서 손을 뻗어 내 코를 닦아 줄 신이 나는 필요 없었고, 따라서 그런 건 하나도 중요하지 않았다. 하나님이 흙먼지 길을 걸어 내게 오고 있었다 해도 그분은 산 저편에 있었고, 나는 아직 그분을 찾기도 전이었다.

열 살 되던 무렵부터 나는 죄를 짓기 시작했다. 더 일렀을 수도 있지만 열 살이었다고 믿는다. 남자가 처음 죄를 짓는 때가 열 살 무렵이므로 분명 그 어간이었을 것이다. 여자들은 스물서너 살이 돼서나 죄를 짓기 시작하는데, 이는 천성적으로 훨씬 다소곳하게 살다 보니 그만큼 사고 칠 일도 적은 탓이다.

내 죄도 처음에는 교사들한테 숙제에 대해 슬쩍 둘러대는 거짓말 따위로 작게 시작했다. 나는 기술을 확실히 익혔다. 절대 교사의 눈을 보지 않았고, 언제나 목젖 안쪽에서 나는 소리로 재빨리 말했고, 속이는 과정에 절대 허술한 면을 보이지 않았다.

"숙제 어디 있어?" 교사는 묻곤 했다.

"잃어버렸어요."

"어제도 잃어버리고 지난주에도 잃어버렸잖아."

"제가 잃어버리는 버릇이 좀 심해요. 아직 철이 없어서요"(언제나 자신을 나무란다).

"도널드, 너를 어째야 쓸꼬?"

"참아주셔서 고맙습니다"(언제나 감사한다).

"어머니한테 전화 드려야겠다."

"엄마는 귀가 안 들려요. 배 타다 사고로 이빨이 날카로운 물고기한테 물렸거든요"(언제나 극적으로 부풀리고 손짓을 동원한다).

나는 또 욕지거리가 입에 붙었었다. 교회에 무난한 순화된 욕들이 아니라 웬만한 영화에 나오는, 남자들 사이에나 오가는 걸쭉하고 옴팡진 욕들이었다. 혀에 붙은 모터처럼 입안에서 윙윙대는 욕설은 열두 살 아이에게 황홀경 자체다. 당시 단짝 친구였던 로이와 나는 하굣길에 감리교회 옆 놀이터에 멈추어 트래비스 매시와 그의 누나 패티에게 욕설을 퍼붓곤 했다. 트래비스는 언제나 로이의 성(姓) 'Niswanger'를 가지고 놀려댔다. 나는 그 이름이 왜 그렇게 웃긴지 2년이 지나서야 알았다.

그해 말 그러니까 내가 열세 살 때, 욕이 주먹다짐으로 번져나는 면상 한복판에 첫 펀치를 맞았다. 우리 교회에 다니던 금발의 작은 아이 팀 미첼이었다. 서로 빙빙 도는 동안 팀은 연신 내 입술을 터뜨려 놓겠다며 별렀고 나는 무지막지한 욕들을 딱딱 끊어 내뱉었다. 결국 팀은 내 얼굴을 갈겼고 나는 재즈 음악처럼 밝고도 어둥게 하늘 아래 나자빠졌다. 아이들은 웃었고 패티 매시는 손가락질을 해댔고 로이는 당황했다. 수많은 고함소리가 오가다가 로이가 팀의 입술을 터뜨려 놓겠다고 말하자 팀이 물러섰다. 트래비스는 처음부터 줄기차게 노래를 불렀다. "nice-wanger, nice-wanger, nice-wanger"(wanger는 속어로 남자의 성기를 뜻함―옮긴이).

사실 이런 일 이전에 나는 유치원에서 낮잠시간에 여자애의 치마를 올려다보다 원장실로 불려간 적이 있다. 올려다보기는 했겠지만 얼른 생각나는 그런 동기로는 아니었다. 그보다는 여자애의 치마가 내가 정작 보려던 것을 가리고 있었을 소지가 높다. 나이가 똑똑히 기억나는데, 그때는 여자애 치마 속 따위에 전혀 무관심할 나이였다. 나는 신사도의 중요성에 대해 원장선생의 장황한 설교를 들었다. 책상보다 겨우 클까 말까한 그는 넥타이를 무슨 종양 덩어리처럼 묶고는 손가락을 개꼬리처럼 흔들어댔다. 나는 관심 거둘 일에는 관심을 거두었으므로 그는 차라리 내게 물리학이나 정치학을 논하는 편이 나았을 것이다. 그러다 내가 열두 살 되던 해 여름에 모든 것이 바뀌었다.

로이의 집 길 건너에 철길이 지나가는 큰 공터가 있는데, 거기서 나는 성경 앞머리에 등장하는 아담과 처음으로 일체감을 느꼈다. 거기서 여자 나체를 처음 보았던 것이다. 우리가 자전거를 타고 놀고 있는데 잡지 한 권이 로이의 눈에 띄었다. 페이지마다 야한 컬러 글씨로 저질 광고가 실려 있었다. 로이는 막대기로 잡지를 건드리며 그 정도의 간격에서 페이지를 넘겼고 나는 그 뒤에 서 있었다. 우리는 생물체가 지순한 형태의 아름다움으로 존재하는 마법과 경이의 세계로 난 문을 발견한 것 같았다. 문을 발견했다고 했지만 실은 그 이상이었다. 우리는 문 안으로 들어간 것 같았다. 내가 모험을 즐기고 있음이 내 가슴과 심장박동으로 느껴졌던 것이다. 강도가 은행에서 총을 뽑을 때의 심정이 그럴 것 같았다.

마침내 로이는 잡지를 손으로 집어 한 장 한 장 천천히 삼킨 후 내게 넘겨주었다. 평소 자전거에 익은 길을 벗어나 으슥한 숲속으로 들어간 후였다. 우리는 말없이 책장만 넘기며 기막힌 형체에 집중할 뿐이었다. 어떤 산과 강도 따라올 수 없는 아름다움이었다. 나는 비밀을, 세상 만인이 늘 알고 있으면서도 나한테만 감춰 온 비밀을 보고 있는 기분이었다. 우리는 몇 시간이고 거기 있다가 해질 무렵, 그 보물을 통나무와 나뭇가지 밑에 감추고는 아무에게도 발설하지 않기로 서로 약속했다.

그날 밤 침대에서 내 머릿속에 영화처럼 영상이 돌아갔다. 불안한 에너지가 강물처럼 하복부를 휘감으며 내 생각과 무관하게 밀물처럼 밀려들더니 다시는 돌이키고 싶지 않은 일종의 황홀경으로 나를 데려갔다. 이 새로운 정보 탓에 풀밭에 초록 물이 오르고 하늘은 파래지는 것 같았다. 그리고 내가 신청하기도 전에 삶의 이유 하나가 내게 배달되었으니 곧 여자들의 나체였다.

이 모두는 내 죄책감과의 첫 만남으로 이어졌는데, 죄책감이라면 아직도 내게 철저히 불가사의로 남아 있다. 마치 외계인들이 다른 행성에서 메시지를 보내 우주에 옳고 그름이 있다고 내게 말하는 것 같다. 죄책감을 불러일으킨 것은 성적인 죄만이 아니라, 거짓말, 비열한 생각들, 로이와 함께 남의 차에 돌멩이를 던진 일들도 있었다. 내 삶에는 비밀이 많아 감춰야만 했다. 내 생각은 은밀했고, 거짓말은 그런 생각을 보호하는 장벽이었고, 걸걸한 혀는 추한 나를 보호하는 무기였다. 나는 어머니와 누이를 떠나 내 방에 틀어 박혀 있곤 했다. 대개는 무슨 죄를 짓기 위해서가 아니라 단순히 내가 괴상한 비밀의 동물이 되어 있었기 때문이다. 바로 여기에 종교에 대한 내 유년의 개념이 끼어든다.

주일학교에서 배운 죄에 대한 개념, 죄를 지어서는 안된다는 개념이 계속 나를 괴롭혔다. 속죄해야 할 것 같은 기분이 들었다. 아이가 마침내 자기 방을 청소하기로 마음먹는 심정과도 같았다. 내 머릿속은 음란한 생각들로 너저분했고, 나는 마치 내 머리의 문간에 서서 어떻게 생각을 다잡아야 사납게 날뛰지 않을 거며, 도대체 어디서부터 시작해야 좋을지 고민하는 꼴이었다.

종교가 죄를 씻어 주고 나를 정상으로 되돌려 주어, 죄책감 따위 없이도 재미를 즐기게 해줄지 모른다는 생각이 든 건 그때였다. 어쨌든 나는 죄책감 따위는 더 이상 생각조차 하고 싶지 않았다.

그러나 내게는 종교와 하나님 사이에 정신적 벽이 있었다. 종교의 울안을 거닐면서도 나는 하나님이 인격체요 사고와 감정 따위를 지닌 실존 존재임을 감정적 차원에서 전혀 모를 수 있었다. 내게 있어 하나님은 다분히 개념이었다. 그림 세트가 빙빙 돌다가 품행이나 혹 운에 따라 상을 주는 슬롯머신 같은 것이었다.

슬롯머신 하나님은 찔리는 죄책감을 덜어 주었고 내 삶에도 목표의식이 생길 거라는 희망을 주었다. 슬롯머신 개념의 진위를 따져 보기에는 나는 너무 미련했다. 화면에 같은 무늬가 맞고 기계 위에 불이 켜지면서 번쩍번쩍한 행운의 동전들이 쏟아지려니 생각하며, 나는 그저 용서해 달라고 기도하기 시작했다. 신앙이라기보다 미신에 가까운 행위였다. 하지만 효과가 있었다. 좋은 일이 생기면 나는 하나님의 답이라 생각했고, 좋은 일이 생기지 않으면 다시 슬롯머신으로 돌아가 무릎 꿇고 기도하며 손잡이를 몇 번 더 당겼다. 나는 이런 하나님이 아주 좋았다. 내 쪽에서 말할 필요도 별로 없고 그 쪽에서 대꾸하는 일도 전혀 없었기 때문이다. 그러나 재미란 오래가지 않는 법이다.

내 슬롯머신 하나님은 열세 살 크리스마스이브에 와해되었다. 지금 생각해도 "몽롱함이 걷히던" 밤이었고, 하나님과의 교류라 단언할 수 있는 드문 사건 중 하나로 남아 있다. 그런 교류가 일상적인 일이라고 반쯤은 믿지만, 그날 밤의 일처럼 형이상학적으로 느껴지기는 어렵다. 극히 단순한 사건이었지만 하나님만이 주실 수 있는 깊은 계시의 하나였다. 사연인즉, 나는 내 주위에 나 혼자가 아님을 깨달았다. 유령이나 천사 따위를 말하는 게 아니라 다른 사람들에 대한 얘기다. 싱겁게 들리겠지만, 그날 야심한 밤에 나는 다른 사람들도 감정과 두려움이 있고 나와 그들의 교류에는 정말 무슨 뜻이 있으며, 내가 어떻게 대하느냐에 따라 그들이 기쁠 수도 있고 슬플 수도 있다는 사실을 깨달았다. 나는 그들을 기쁘게도 하고 슬프게도 할 수 있을 뿐 아니라 그들과의 교류 방식에 책임이 있었다. 갑자기 책임감이 느껴졌다. 나는 그들을 기쁘게 해야 했다. 슬프게 해서는 안되는 거였다. 말했듯이 간단한 일 같지만, 처음 제대로 깨달을 때는 강하게 와 닿는다.

폭탄에 맞은 듯한 충격이었다.

폭탄은 이렇게 떨어졌다. 그해 내가 어머니에게 주려고 산 크리스마스 선물은 시시껄렁한 것, 그녀가 도통 관심을 느낄 수 없는 내용의 책이었다. 나는 선물 살 돈이 꽤 있었는데 대부분을 낚시장비 구입에 썼다. 당시 로이와 나는 월마트 뒤편 개울에서 낚시를 시작했다.

크리스마스이브에는 친척들이 모여 선물을 뜯어보고 우리 세 식구만의 선물 개봉은 이튿날 아침이었으므로, 그날 밤 내 방에는 장난감, 게임, 사탕, 옷가지 등 근사한 선물들이 즐비했다. 나는 달빛 아래 침대에 누워 선물을 세어 보고 구분했다. 배터리로 작동되는 장난감류가 가장 중요했고 속옷은 하나도 중요하지 않았다.

그렇게 달빛 아래 잠이 드는 둥 마는 둥했는데, 고작 나 쓸 것 다 쓰고 남은 잔돈으로 어머니의 선물을 샀다는 생각이 든 건 바로 그때였다. 어머니의 행복을 내 물질적 욕심 아래 두었음을 나는 깨달았다.

이는 여태 느끼던 것과 다른 종류의 죄책감이었다. 내 힘으로 어찌해 볼 수 있는 부류가 아닌 무거운 죄책감이었다. 좀처럼 떠날 줄 모르는 감정, 마치 내가 이중인간이고, 그중 하나가 나도 설명 못할 악하고 끔찍한 일을 저지르는 것 같은 심정이었다.

죄책감이 너무 무거워 나는 이 고통을 거두어 달라고 슬롯머신 하나님이 아닌 살아있고 감정이 있는 하나님께 침대에서 나와 무릎 꿇고 빌었다. 나는 방에서 기어 나와 복도를 지나 어머니 방문 곁으로 가서는, 가끔씩 졸아가며 한 시간도 넘게 엎드려 있었다. 마침내 짐이 걷히고서야 나는 방으로 돌아갈 수 있었다.

이튿날 아침 우리는 나머지 선물을 뜯었고, 나는 받은 선물이 마음에 들었다. 그러나 어머니가 그 허무맹랑한 책을 뜯었을 때 나는 그렇게밖에 하지 못해 너무나 후회스럽다며 용서를 구했다. 물론 그녀는 선물을 좋아하는 척하며 그 주제에 대해 배우고 싶다고 말했다.

그날 저녁 온 나라라도 먹을 만큼 푸짐히 차려진 식탁에 친척들이 둘러앉았을 때도 내 기분은 말이 아니었다. 나는 감자와 옥수수 사발을 눈높이로 하여 의자에 파묻혀 앉았다. 명절이 끝나 시원하다는 열 명의 여자들의 대화 속에 내 머리털이 곤두섰다.

일행이 먹고 담소하며 그해 크리스마스를 보내는 사이, 나는 부끄러웠고 속으로 행여 그들이 히틀러가 동석한 사실을 알까 싶었다.

2. 문제_ 내가 텔레비전에서 배운 것

어떤 사람들은 삶을 건너뛰고 어떤 사람들은 삶에 끌려간다. 간혹 나는, 우리가 시간을 지나가는 것인지 시간이 우리를 지나가는 것인지 궁금할 때가 있다. 내 똑똑한 친구 미치에 따르면, 빛은 우주의 무엇과도 달리 시간의 영향을 받지 않는다. 빛은 시간 밖에 존재한다는 것이다. 그는 내게 말하기를, 이는 빛의 이동 속도와 상관있고 빛은 영원하며 아직도 물리학자들에게 신비라 했다.

이 말을 하는 이유는, 시간이 늘 나를 지나갔기 때문이다. 어렸을 때 나는 삶을 배울 시간이 영원무궁할 줄 알았다. 히틀러가 된 심정에 대한 얘기다. 그러나 그렇지 않았다. 삶을 배울 시간은 길지 않았다. 내가 믿기로 마귀의 최대 계략은, 우리를 악에 빠뜨리는 것이 아니라 시간을 낭비하게 하는 것이다. 그래서 마귀는 그리스도인들을 종교적이 되게 하려고 안간힘을 쓴다. 마귀가 만일 사람의 생각을 습관에 빠뜨릴 수 있다면 그 마음에 하나님을 두지 못하게 막는 것도 가능해진다. 나는 습관에 빠져 있었다. 교회에 다니면서 자랐으므로 하나님에 대해 듣는 데 익숙해져 있었다. 그분은 사진만 없다뿐이지 삼촌이나 이모 같은 분이었다.

하나님은 선물을 보낸 적도 없다. 우리는 집도 허름했고 차도 허름했고 내 얼굴에 여드름도 있었다. 돌이켜 생각하면 하나님은 석양과 숲과 꽃을 보냈으련만, 그게 아이에게 무슨 소용인가? 내가 하나님한테 들은 말이라곤 앞서 얘기했듯이, 그분이 내게 지독한 죄책감이 들게 하던 크리스마스에 들은 그 말뿐이었고, 나는 그게 정말 싫었다. 나는 하나님을 아는 것 같지 않았는데 어쨌든 그분은 내게 그런 가책이 들게 했다. 그분이 내려와 자신을 소개한 후 그 가책의 감정을 직접 설명해 주는 건 있을 수 없는 일이었다.

내가 사랑하지 않는 사람이 내 행동이나 기분에 대해 이래라저래라 하면 귀찮다. 그러나 상대를 사랑하면 상대의 기쁨이 나의 기쁨이 되며 섬기기도 쉬워진다. 나는 하나님을 사랑하지 않았다. 하나님을 몰랐기 때문이다.

그래도 기분상 나는 내 안에 뭔가 문제가 있음을 알았고 나만 그런 게 아님도 알았다. 만인의 문제임을 나는 알았다. 그것은 세균이나 암이나 혼수상태 같은 것이었다. 살갗이 아니라 영혼이었다. 그것은 외로움, 정욕, 분노, 질투, 우울로 모습을 드러냈다. 가게, 집, 교회 할 것 없이 어디를 가나 그것은 사람들을 완전히 망쳐 놓았다. 그것은 추하고 깊었다. 라디오에서 수많은 가수들이 그것에 대해 노래하고 있었고 경찰들은 그것 때문에 일자리가 있었다. 내 생각에는 마치 본래 그런 우중충한 감정들을 느끼지 않도록 되어 있는 우리가 고장 난 것 같았다. 마치 우리는 망가져서, 제대로 사랑할수 없고 선한 감정도 오래 품지 못한 채 뭐든 망치는 것 같았다. 우리는 디젤유로 달리는 가솔린 엔진 같았다. 나는 아직 아이라서 말로 표현하지는 못했으나 아이도 누구나 느낀다(고장 난 삶에 대한 얘기다). 아이는 침대 밑에 괴물이 있다고 생각하기도 하고 부모가 싸우면 방 안에 틀어박히기도 한다. 아직 어려서부터 우리 영혼은 세상에 편한 것과 불편한 것, 이를테면 선과 악, 사랑과 두려움이 있음을 배운다. 내게는 두려움이 너무 많아 보였는데, 두려움이 존재하는 이유를 나는 몰랐다.

최근에 이 모든 것이 새삼 떠올랐다.

발단은 텔레비전 시청이었다. 나는 로렐허스트의 꽤 괜찮은 집에 꽤 괜찮은 네 남자와 함께 살고 있다. 위층의 특이한 내 방은 만인과 격리된 일종의 은신처로, 위층 서재 뒷문으로 들어가게 되어 있다. 내 방 벽은 통나무집에나 있을 법한 삼나무 목재다. 창밖에 자작나무가 어찌나 크고 웅장한지 종종 내가 그 가지들 속에 들어가 있는 기분이다. 저녁에 비라도 오면 자작나무에서 기립박수 소리가 난다. 나무가 박수를 보내면 때로 나는 창가에 서서 마치 나폴레옹이라도 된 것처럼 감사, 감사를 연발한다.

나무 벽을 따라가면 다락으로 통하는 작은 나무문들이 나온다. 나는 그 문들 중 하나에 텔레비전을 끼워 놓고 밤이면 침대에 누워 텔레비전을 본다. 텔레비전은 작가에 강사인 사람이 볼 게 못된다. 너무 천박하다. 장기간 텔레비전 없이 지냈고 사람들에게 좋은 인상을 주려고 대화중에 그 사실을 흘리기도 했던 나인지라 죄책감이 든다. 텔레비전을 안 본다고 말하면 왠지 내 수준이 올라가는 것 같았다. 그러다 이태 `전에 어느 신도시 교회에 갔는데, 떠버리 목사가 텔레비전이 뇌를 녹슬게 한다고 떠벌였다. 텔레비전을 보는 동안 뇌의 활동은 잠잘 때 수준밖에 안된다는 거였다. 나는 그 말이 신성하게 들려 그날 오후에 바로 텔레비전을 샀다.

그리하여 최근 나는 테드 코펠의 '나이트라인'을 보고 있다. 그는 레이 스와리즈만큼 똑똑하지는 않지만 그래도 애쓴다. 그거면 된 거다. 그는 아프리카 콩고에 갔었는데 상황이 비참했다. 그 프로가 비참한 게 아니라 콩고의 상황이 좋지 못하다. 지난 3년간 2백5십만 명 이상이 죽었다. 여덟 부족이 있는데 저마다 다른 일곱 부족과 전쟁중이다. 인종학살이다. 화면에 영상이 비치는 동안, 나는 마치 콩고가 책이나 영화 속의 세계라는 듯 안전하게 미국의 침대에 누워 있었다. 포틀랜드와 한세상인 곳에 그런 곳이 존재한다는 개념을 소화하기란 나로서 불가능에 가깝다. 저번 날 나는 호스 브라스 주점에서 비트 시인 토니를 만나 '나이트라인'에서 본 것을 얘기했다.

"그쪽에 전쟁이 있는 줄은 알았지만 그 정도로 심각한지는 몰랐네." 토니는 말했다. 내가 토니를 비트 시인이라고 부르는 이유는, 그가 늘 구두끈으로 가슴께를 묶게 돼 있는 헐렁헐렁한 유럽식 셔츠를 입기 때문이다. 그는 삭발머리에다 아랫입술 바로 밑에만 기른 수염이 턱 아래까지 족히 1인치는 된다. 사실 그는 시인이 아니다.

"비참하더군." 나는 말했다. "2백5십만이 죽었대. 한 마을 여자 50여 명을 인터뷰했는데 전원 강간당했고 대부분은 여러 차례야."

토니는 고개를 흔들었다. "기가 막히지. 어떻게 그런 일이 있을 수 있는지 접수가 안될 정도야."

"글쎄 말일세. 생각조차 못하겠거든. 인간들이 어떻게 그럴 수 있는지 알다가도 모르겠네."

"돈, 자네도 그런 일을 할 수 있을 것 같나?" 토니는 제법 진지하게 나를 보았다. 그가 그렇게 묻고 있다는 것이 솔직히 나는 믿어지지 않았다.

"무슨 얘긴가?" 나는 물었다.

"살인이니 강간이니 하는 그쪽에서 벌어지고 있는 일들을 자네도 저지를 수 있는가 말일세."

"아니."

"그러니까 자네는 그런 일들을 할 수 없다 그거군?" 그는 재차 물었다. 그리고 파이프를 재면서 확답을 재촉하듯 나를 보았다.

"난 못하네." 나는 말했다. "그런 건 왜 묻나?"

"그 사람들이 자네나 나와 뭐가 다를까 궁금해서 그러네. 저들도 인간이고 우리도 인간 아닌가. 우리라고 저들보다 나을 게 뭐 있겠나 말이지."

토니는 나를 진퇴양난에 빠뜨렸다. 그의 물음에 내가 그렇다고 답하면 나는 그런 만행을 저지를 수 있는 악한 사람이 된다. 하지만 아니라고 답하면 그건 나 자신을 콩고의 일부 남자들보다 더 진화된 존재로 믿는다는 뜻이다. 그렇다면 나는 거기에 뭔가 설명을 내놓아야 한다.

"자네는 우리도 그런 일들을 저지를 수 있다고 믿는군. 그렇지, 토니?"

그는 파이프에 불을 붙여 담배가 주황색으로 빛날 때까지 빨아들였다가 연기구름을 뿜어냈다. "그렇다네, 돈. 달리 어떻게 답해야 할지 모르겠네."

"그러니까 자네 말은 우리에게 기독교 근본주의자들이 말하는 죄성이 있다 그거로군."

토니는 입술에서 파이프를 뗐다. "그런 셈이지, 돈. 많은 것이 그걸로 설명되거든."

"사실, 난 우리한테 죄성이 있다는 개념을 늘 수긍했네." 나는 마지못해 말했다. "물론 근본주의자들이 말하는 것과 똑같다고는 생각하지 않아. 훌륭한 일들을 하는 사람들도 난 숱하게 알고 있으니까. 하지만 우리에게 흠이 있고 우리 안이 어딘가 고장 났다는 개념은 받아들이지. 선을 행하기보다 악을 행하기가 더 쉽다고 생각되거든. 그 근본적 사실 안에 뭔가 있어. 우주의 의미에 대한 희미한 단서가 있다고."

"그런데도 우린 그런 생각은 별로 안 하고 사니 재미있지 않나?" 토니는 고개를 흔들었다.

"실은 어디에나 있는데, 그렇지?" 어느새 우리는 인간 실존의 결함에 대해 얘기하고 있었다.

"맞네." 토니는 일화를 꺼냈다. "저 건너에 사는 친구들한테 네댓 살 된 아이가 있는데 나한테 아이 훈육에 대한 얘기를 하더군. 물건을 고장 냈는지 아닌지, 장난감을 치웠는지 아닌지 따위를 두고 아이가 바로바로 이실직고하지 않는다는 거야. 나중에 나는 자녀 훈육이란 게 애당초 왜 필요한가 하는 생각이 들더군. 만약에 나한테 두 아이가 있는데 하나는 옳고 그름을 가르쳐 훈육하고 하나

28

는 내버려둔다면, 어느 쪽이 더 착한 아이가 될까 생각해 봤네."

"그야 옳고 그름을 가르친 아이겠지." 내가 말했다.

"물론이지. 바로 그것이 인간 조건에 대해 우리에게 뭔가 말해 주는 걸세. 우리는 착하게 살라고 배워야만 하지. 뚝딱 저절로 되지 않거든. 난 그것이 인간 조건의 결함이라고 생각하네."

"이런 것도 있지." 나는 공감하며 말했다. "경찰이 왜 필요한 가?"

"경찰이 없으면 아수라장이 되겠지." 토니는 사실적으로 말했다. "부패 경찰이 있는 나라들을 보라고. 무정부 상태야."

"무정부 상태." 내가 되받았다.

"무정부 상태!" 토니는 슬쩍 웃으며 못박았다.

"경찰이 없어도 난 괜찮겠다는 생각도 가끔 해보네. 어렸을 때 옳고 그름을 배웠으니 정말 괜찮을지도 모르지. 하지만 사실을 말하자면, 경찰이 뒤에 따라오면 내 운전 방식이 완전히 달라지거든."

토니와 내가 대화한 주제는 사실이다. 우리는 감시체제 아래 살고 있으므로 죄성을 인정하기 어렵다. 잡히면 벌을 받으면 된다. 하지만 그런다고 우리가 선해지는 건 아니고 억제될 뿐이다. 당장 국회만 생각해 보라. 대통령도 다를 바 없다. 미국 체제의 진수는 자유가 아니다. 미국 체제의 진수는 감시다. 아무도 전권을 얻지 못한다. 모두가 모두를 감시한다. 감시 없는 인간 영혼은 비뚤어져 있음을 국조(國祖)들은 본능적으로 알았던 것 같다.

토니를 만나던 날 이른 오후에 나는 데모꾼 친구 앤드류와 함께 대통령 방문을 반대하러 시내에 나갔다. 내가 보기에 부시는 맹

목적으로 세계은행을 지지하고 있었고, 아르헨티나 사태도 어느 정도 부시 행정부의 책임이었다. 앤드류와 나는 피켓을 만들어 몇 시간 일찍 나갔다. 벌써 수천 명의 사람들이 운집하여 대부분 미국의 이라크 정책에 반대하고 있었다. 앤드류와 나는 스타워즈의 폭풍 부대처럼 일제히 폭동 진압 장비를 갖춘 경찰 대병력 앞에서 사진을 찍었다.

앤드류는 피켓에 "미국의 테러를 중지하라"고 썼는데 테러의 철자가 틀려 있었다. 인파 속에서 나는 힘이 솟았다. 그들 대부분은 제3세계 노동을 노예화하는 기업들, 그 기업들에 엄청난 권한과 자유를 부여하는 공화당에 대항하여 피켓을 들고 구호를 외치고 있었다. 내가 받은 교육, 이전의 내 좁은 자아, 공화당이 그리스도의 대의를 떠받든다고 배워 온 나와는 격세지감이 있었다. 이전의 나, 기독교의 앞잡이요 공화당원이었던 나와는 한참 멀게 느껴졌다. 내가 공화당이었던 것은 우리 집이 공화당이었기 때문이지, 내가 미국뿐 아니라 전 세계 이슈들에 관해 하나님께 깨우쳐 달라고 기도했기 때문은 아니었다.

이윽고 대통령이 나타나자 긴장이 고조되었다. 경찰들은 말을 타고 군중 속에 달려들어 우리를 뒤로 밀었다. 우리는 말은 무기가 아니라고 한목소리로 외쳤으나 그들은 듣지 않았다. 대통령의 리무진이 코너를 어찌나 급회전하던지 그가 밖으로 튀어나올 것만 같았고, 그 차 뒤로는 번쩍이는 까만 밴들과 스테이션왜건들이 줄을 이었다. 리무진은 건물을 빙 돌아 뒷문으로 갔고, 거기 철장 사이로 우리는 그가 차에서 내려 명사들과 악수하고 수많은 경호원들에 둘러싸여 건물로 들어가는 것을 보았다. 나는 혹시나 그가 이

30

쪽을 볼까 하여 피켓을 높이 쳐들고 있었다.

대통령은 호텔 안에서 연설한 뒤 옆문으로 떠났고, 그들은 우리가 악수하며 사안을 설명하기도 전에 그를 데려가 버렸다. 시위가 끝나자 나는 도대체 우리가 이루어 낸 일이 있나 의구심이 일었다. 우리가 정말 세상을 바꿀 수 있을지 의아스러웠다. 물론 가능하다. 우리는 자신의 구매 습관을 바꾸고, 사회의식이 있는 대표들을 선출할 수 있다. 하지만 솔직히 나는 우리의 이런 노력으로 인간의 더 큰 갈등이 해결되리라고는 믿지 않는다. 문제는 특정한 법률 제정이나 특정한 정치인이 아니다. 문제는 언제나 똑같았다.

문제는 나다.

의식이 있는 인간, 자기 실체의 기능 원리에 눈뜬 인간이라면 누구나 세상의 문제를 집단의 사고, 인류와 당국 탓으로 돌리기를 멈추고 자신을 대면하기 시작하는 순간이 있다고 나는 생각한다. 나로서는 이것이 기독교 영성의 가장 다루기 힘든 원리다. 문제는 저기 밖에 있지 않다. 문제는 내 가슴속에 살고 있는 굶주린 야수다.

데모하던 그날, 토니와 맥주를 나누던 그날, 나는 훌륭한 홈리스 사역을 펼치고 있는 우리 교회에 헌금도 하지 않는 내가, 세계 기아에 대한 미국의 책임을 따지는 것이 하등 소용없는 일임을 깨달았다. 나는 지독한 위선자가 된 기분이었다.

사회운동의 실효성에 대한 의문보다 더 큰 것은 나 자신의 동기에 대한 의문이었다. 나는 억압받는 자들을 위해 사회 정의를 원하는가, 아니면 그저 사회운동가로 알려지고 싶은 것인가? 어쨌거나 내 시간의 95퍼센트는 나에 대한 생각에 들어간다. 굳이 저녁뉴스를 보지 않아도 세상이 악한 곳임을 알 수 있다. 나 자신만 보면 된다. 자학이 아니다. 참된 변화, 생명을 가져다주고 하나님을 높이는 참된 변화는, 개인에게서 시작되어야 한다고 말하는 것뿐이다. 내가 데모하던 문제는 바로 나였다. 피켓에 "내가 문제다!"라고 쓰고 싶었다.

토니와 대화한 그날 밤, 나는 오토바이를 타고 호손 구역 동쪽의 휴화산인 타볼 산에 올라갔다. 정상 근처에 가면 앉아서 도시의 야경을 볼 수 있는 곳이 있었다. 도시는 상록수림 밑으로 석탄과 재처럼 피어오르며, 달빛 아래 보석처럼 펼쳐져 있었다. 나는 이 개념, 우주의 문제가 내 안에 있다는 개념을 차분히 생각하려 그곳에 갔다. 이 근본적 개념을 수용하는 것보다 더 진보적인 일을 생각할 수 없었다.

문학 평론가 C. S. 루이스(Lewis)의 고백적인 시가 있다. 처음 읽었을 때 그 심정에 어찌나 공감이 가던지, 꼭 누가 내 이름을 부르는 것 같았다. 내 신앙, 기독교 영성의 일반 교훈, 타락한 정치가든 경건한 주일학교 교사든, 우리는 누구나 흠과 결함이 있다는 아름다운 교훈에 대해 냉정히 생각할 때면, 나는 늘 이 시로 돌아간다. 시에서 루이스는 자신을 대면한다. 영혼 가득한 용기로 자신의 타락을 고백한다.

이 모두는 당신을 사랑함에 관한 번지르르한 궤변입니다.
태어나던 날부터 나는 이타적인 생각을 해본 적이 없습니다.
나는 철두철미 속속들이 타산적이고 이기적입니다.
나는 하나님, 당신, 모든 친구가 나를 챙겨 주기만 바랍니다.

내가 추구하는 목표는 평온함, 안심, 즐거움입니다.

나는 내 살갗 밖으로 한 치도 기어 나올 수 없습니다.

사랑을 말하지만 학자의 앵무새는 헬라어를 말하겠지요.

내 감옥에 갇힌 나는 언제나 원점으로 다시 돌아옵니다.

거기 도시 위에 앉아 있노라니, 내가 새장 안에서 그네를 타며 호머의 말을 외지만, 정작 무슨 말인지 모르는 루이스 시의 앵무새 같다는 생각이 들었다. 나는 사랑, 용서, 사회 정의를 말한다. 이타주의의 이름으로 미국의 물질만능주의에 분노하는 내가 정작 내 마음이나 다스려 왔던가? 시간의 거의 전부를 나는 내 생각, 내 낙, 내 안위에 들이며, 그러고 나면 빈곤한 자들에게 내줄 것이 하나도 없다. 세상에 6십억 인구가 살고 있건만, 나는 나 한 사람밖에 생각할 줄 모른다.

　나는 부인 몰래 두 번 바람피운 남자를 알고 있는데 부인은 내가 모르는 사람이다. 커피 마시는 자리에서 내가 인간은 고장 난 것 같다, 인간에게 있어 선행과 도덕은 물살을 역류하는 일 같다고 했더니, 그는 하나님이 희한하게 내게 자신의 외도를 계시해 주셨나 하면서 덜컥 그 일을 털어놓았다. 그는 약간 어색해하다가 마치 내가 신부라도 되는 것처럼 다 고백했다. 나는 미안하지만 듣고 보니 비참하다고 말했다. 정말 비참했다. 그의 몸은 죄책감과 자기혐오로 경련을 일으켰다. 그는 밤에 아내 곁에 누우면 두 마음 사이에 콘크리트 벽이 느껴진다고 했다. 한쪽에 비밀이 있음이다. 아내는 그를 사랑하려 하지만 그는 자신이 자격이 없음을 안다. 그는 아내의 사랑을 받아들일 수 없다. 아내가 사랑하는 남자는 존재하지 않기 때문이다. 그는 연극을 하고 있다. 집에 가면 배우가 된다고 그는 말했다.

선을 위해 지음받은 내 친구, 그는 급히 말하며 연기를 뿜어냈다. 영혼은 이렇게 살라고 지어진 게 아니라는 생각이, 내게 들었다. 우리는 선해져야 했다. 우리 모두는 선해져야 했다.

거기 도시 위에 앉아 한순간 나는, 나르시시즘 없는 삶을 상상해 보았다. 남들을 나보다 더 중요하게 여긴다면 얼마나 아름다울까 생각했다. 쾌락과 관심을 달라고 보채는 유치한 목소리에 시달리지 않는다면 얼마나 평화로울까 생각했다. 어디를 가나 나만 보이는 거울의 집에 살지 않는다면 어떨까 생각했다.

그날 밤 타볼 산에 비가 내리기 시작했다. 길이 너무 미끄러워 싫지만 그 날씨에 나는 오토바이를 타고 집에 왔다. 집에 오니 몸은 젖고 손가락 마디가 얼얼했다. 나무 벽에다 창밖으로 웅장한 자작나무가 있는 내 방은 언제나처럼 따뜻하고 아늑했다.

침대에 앉아 내 나무를 내다보니 어느새 빗소리가 박수갈채로 불어나고 있었다. 그날 밤은 나폴레옹 같은 기분이 들지 않았다. 나는 자신에 취해 사는 내 모습을 떠올리고 싶지 않았다. 그 상태를 끝내고 벗어나고 싶었다. 고장 난 세상이나 고장 난 나 속에 살고 싶지 않았다. 현실을 기피하려는 건 아니었으나 다만 그날 밤은 지구상에 있고 싶은 기분이 아니었다. 때로 비가 내리거나 슬픈 영화를 볼 때면 나는 그런 기분이 된다. 나는 윌코(Wilco)의 최신 앨범을 걸어 볼륨을 높이고는 화장실에 들어가 세수를 했다.

기쁨에 이르는 길이 이런 음침한 골짜기를 휘도는 것을, 이제 나는 경험으로 안다. 제대로 살아가는 인간이라면 누구나 자신

34

의 타락에 정면 대응한 적이 있다고 나는 생각한다. 매우 기독교적이고 매우 근본주의적이고 위압적인 말인 줄 잘 알지만, 그리스도인들이 하는 말의 이 부분은 사실이라고 당신에게 말해 주고 싶다. 내 생각에 예수님은 우리가 고장 난 존재라는 개념을 알리는 데 매우 강경하며, 내 생각에 이는 생각해 볼 가치가 있다. 당신과 내가 거울 속 인간의 문제를 알기까지 콩고는 하나도 달라지지 않을 것이다.

3. 마술_ 로미오의 문제

내가 어렸을 때 어머니는 나를 데리고 마술사 데이비드 코퍼필드
(David Copperfield)를 보러 갔다. 그녀는 그에게 홀딱 빠졌던 모양이
다. 그해는 그가 전국의 텔레비전에서 자유의 여신상을 없애던 해
였다. 나중에 그는 비행기를 없앴고 더 나중에 수퍼모델 클라우디
아 쉬퍼와 약혼했다.

쇼 첫머리에 데이비드 코퍼필드는 마술이란 없다고 했다. 자
신의 공연이 모두 속임수라는 것이었다. 그가 상자 안에 들어가자
섹시한 조수들이 상자를 뒤집었고 상자를 다시 열자 그는 없었다.
그는 한 여자를 공중에 뜨게 했다. 그는 호랑이를 앵무새로 만들었
다 다시 호랑이로 바꾸었는데, 처음에는 호랑이 색이 틀렸다가 다
시 원래 색이 되었다. 다들 숨이 멎었다. 내 앞에 머리가 큰 사람이
앉아 나는 약간 고개를 기울여야 했다.

나중에 나도 마술사가 되었다. 어머니가 내게 마술 세트를 사주었고 나는 딸려온 책자를 공부했다. 나는 세 개의 줄을 하나의 긴 줄로 만들었다가 다시 하나의 긴 줄을 세 줄로 만들 수 있었다. 동전을 접시에 통과시키기도 했다. 카드 패에서 남들이 뽑는 카드를 알아맞히기도 했다. 나는 대단했다. 나는 아주 유능한 마술사가 되어 섹시한 조수를 데리고 라스베가스로 진출할 참이었다. 그러나 몇 달 후 나는 시들해졌다. 마술이 몽땅 속임수였기 때문이다. 진짜 마술이 아니라 착시였던 것이다. 나는 어른이 되면 섹시한 조수를 거느린 우주비행사가 되기로 했다. 멋진 흰색 우주복을 입은 내 모습을 상상해 보았다. 내가 비행접시의 레버와 버튼을 조작하는 동안 토크쇼 진행자 케이티 쿠릭 같이 생긴 여자가 순한 양처럼 나를 바라보리라. 그리고 수시로 내 이마를 닦아 주리라.

사람은 누구나 멋있는 존재가 되고 싶어 한다. 수줍은 사람들도 그렇다. 내 친구 하나는 누가 보면 오줌이라도 지릴 정도로 수줍음이 많다. 그녀가 정말 바지를 적시는 건 아니지만 사실상 그런 셈이다. 그녀는 뛰어난 미모이나 너무 수줍어 절대 밖에 나가지 않는다. 그녀를 잘 모르는 사람이라면 그녀가 원하는 건 옷장에 숨는 것뿐이라고, 대중 앞에 서는 사람이 될 마음이 없다고 생각할 만하다. 그러나 일단 아는 사이가 되자 그녀는 내게 배우가 되고 싶다고 말했다. 그녀를 알고 나면 그 수줍은 성격을 잊어버리는지라 나는 그녀에게 배우가 되라고 했다. 그녀는 배우가 되기에 손색없는 미모다. 나중에야 그게 좋은 생각이 아닐 수도 있겠다는 생각이 들었다. 수줍음이 심한 그녀가 필시 사람들 앞에 서면 울음을 터뜨리거나 할 테니 말이다.

나는 배우가 되고 싶었던 적은 없으나 늘 록 스타가 되고 싶었다. 마술사였을 때도 나는 록 스타가 되고 싶었다. 어렸을 때 나는 라디오를 들으며 가수 흉내를 냈다. 객석에 인파가 가득했고 내가 아는 여자들은 다 앞줄에 있었다. 내가 노래하다가 손짓이라도 해보이면 그들은 머리가 터질듯이 고함을 질러댔다. 나는 록 스타가 되고 싶었으나 배우가 되고 싶었던 적은 없었다.

연극을 보러 간 적은 있다. '로미오와 줄리엣'이었고 데이트였다. 내 평생 최초의 데이트였다. 직접 연극을 하고 싶었던 적은 없지만 여자를 연극에 데려가는 건 좋은 수였다. 내 짝은 숨 쉬는 콧소리가 들릴 정도로 내 옆에 바짝 앉았다. 그녀는 햇빛처럼 따사로웠고 특수 비누라도 쓴 것처럼 보드라웠다.

여자를 연극에 데려가는 게 좋은 수이긴 했으나 나는 망쳤다.

연극에 여주인공 줄리엣이 발코니에 서 있고 남주인공 로미오가 아래 풀숲에 숨어 있는 대목이 나온다. 줄리엣이 로미오에 대한 연정을 읊조리는 장면인지라 제법 긴장감이 돈다. 다만 그녀는 풀숲에 로미오가 있는 줄 모른다. 처음에는 좋았다. 내 짝이 어찌나 밀착해 오던지 나긋나긋한 허리며 내 팔에 두른 미끈한 팔이 느껴질 정도였다. 배우들의 대사가 내게는 못내 느끼했지만 그래도 나는 멋진 소리라도 들은 양 수시로 소리를 냈다. 그럴 때마다 내 짝은 놀라서 나를 흘긋 보곤 했다. 연극을 볼 때 소리를 내는 건 아주 좋은 일이다.

내 짝은 사랑의 주제에 온통 빠려들었으나 그런 걸 믿을 내가 아니었다. 내색하지는 않았지만 어쨌든 나는 무대에 난무하는 허튼소리를 믿지 않았다. 줄리엣이 로미오가 집안을 버려야 한다고 말해도 로미오는 날름 좋단다. 줄리엣이 로미오에게서 장미 냄새가 난다고 말해도 로미오는 날름 좋단다.

그러다 로미오의 결정적 대사가 나온다. 이제야 알았지만 극 전체를 떠받치는 대사다.

나를 사랑이라 불러만 준다면 난 새로 세례를 받겠소.
이제부터 나는 로미오가 아니오.

연극 후반부에서 그들은 실수로 자살한다. 별로 현실감은 없지만 내용이 그렇다. 내 짝은 울고 있었다. 나는 그들이 당할 걸 당했다고 생각했다. 내게는 미련해 보였다. 나는 그들의 말이 다 이해되지 않았고, 그나마 이해되는 부분은 여자들 좋으라고 쓴 말 같았다. 사람이란 모름지기 감정 수위를 조절해야 하는 법이다. 밖으로 나오면서 내 짝은 내 손을 꼭 잡았다. 나는 센티한 기분은 아니었지만 어쨌든 웃어 주었다. 우리는 통로를 지나고 혼잡한 로비를 빠져나와 극장 계단으로 나섰다. 여자들 천지였는데 다들 눈이 젖어 있었다. 우리 앞의 두 여자는 서로 말하고 있었다. 그중 하나가 공중에 팔을 올리며 소리쳤다. "나도 로미오와 줄리엣 같은 사랑을 해봤으면!"

나는 더 참을 수 없어 소리죽여 말했다. "걔들 죽었잖아."

아무도 듣지 못한 듯했으나 내 짝이 들었다. 우리 옆의 두 여자도 듣고는 옆 사람들한테 말했다. 어떤 멍청한 남자가 내 말을 따라하며 나를 가리키고 웃었다. 마치 내가 고양이라도 밟았다는 듯 여자들이 일제히 나를 보았다. 내 짝의 몸이 싸늘해졌다. 그녀는 내 손을 놓더니, 가슴에 팔짱을 끼고는 주차장까지 나보다 몇 미터 앞서 걸었다. 집에 가는 길에 그녀는 반대편 문을 어찌나 꽉 끌어안고 있던지 나는 그녀가 떨어지는 줄 알았다. 그녀의 집에 다 와서 나는 다시 만나겠느냐고 물었다.

"아니." 그녀는 말했다.

"왜?"

"네가 좋아질 것 같지 않아."

"왜?"

"그냥."

"우리 키스할까? 여자가 사랑에 빠지는 데 키스가 좋다며."

"나쁜 자식." 그녀는 말했다. "악마의 화신."

그녀는 집으로 들어가 우리 관계의 문을 꼭 닫았다. 솔직히 나는 처음부터 그 여자가 좋지 않았다. 예쁘기야 했지만 깊이 끌리지는 않았다. 다만 나는 약간 서글펐다.

어머니는 데이트할 때 쓰라며 내게 주유소 카드를 주었고, 그래서 나는 귀가 길에 주유소에 들러 과자와 도넛을 샀다. 주유소 주차장에 앉아 나는 사랑을 구걸하고 여자와 달아나 결국 사고로 죽은 딱한 로미오를 생각했다. 사실이지 어떤 여자들은 환장한다. 그때 누가 내게 물었다면 나는 처음부터 그의 운명이 그랬다고 말했을 것이다. 내가 그의 운명을 안 것은 그가 마술을 믿었기 때문이다. 그는 줄리엣과 맺어지면 자기가 새로워지고 이름도 바뀌고 세례를 받아 광채를 발할 줄로 믿었다.

사람은 누구나 멋있고 새로워지기 원한다. 제 모습으로 있으려는 사람은 아무도 없다. 물론 더러 있을 수도 있지만, 하다못해 옷이라도 바꾸고 머리를 자르고 살을 빼서라도 어딘지 달라지기 원한다. 사실이다. 제 모습이 맘에 들어 전혀 달라지고 싶지 않은 사람이 있다면, 그는 세상에서 가장 색다른 사람이 될 것이고 모두가 그 사람처럼 되고 싶어 할 것이다.

어느 날 텔레비전 광고에서 나는, 장화를 베고 나서도 토마토를 썰 만큼 여전히 예리하다는 칼을 보았다. 기적의 칼이라 했다. 오렌지주스로 만들어 카펫의 피까지 지워 준다는 세제를 본 날도 있다. 효과가 마술 같다고 했다.

만인이 새사람이 되기 원한다는 개념은 하나님께 호감을 갖는 데 있어 중요한 통찰이었다. 하나님은 내가 원하는 것을 팔고 있었다. 하나님 역시 칼을 파는 사람이나 로미오를 새사람 만들어 주겠다고 약속하는 줄리엣과 한통속이었다. 뭔가를 팔 때는 누구나 과장한다. 누구나 자기 제품의 성능이 마술 같다고 말한다. 당시 나는 하나님이 내놓은 답을 마술적 명제로 이해했고, 사실 그렇다. 그러나 대부분의 마술적 명제는 속임수일 뿐이다. 마술이란 나이가 들수록 믿기 힘들다. 나이가 들수록 우리는 오즈의 마법사란 없고 커튼 뒤의 얼간이일 뿐임을 안다. 우리 목사도 내게는 회중을 속여 예수가 우리를 새사람 만들 수 있다고 믿게 하려는 세일즈맨이나 마술사로 보였다. 그리고 솔직히 자기도 자기 말을 반신반의한다는 듯 스스로를 설복시키려는 것처럼 보였다. 기독교 영성이 완전히 사기 같았다는 건 아니나 그런 요소가 더러 있었다.

하지만 메시지는 내게 어필했다. 하나님은 나를 새사람 만들어 주겠다고 했다. 나는 새로워지고 싶은 마음, 다시 시작하고 싶은 마음이 없었던 척은 단 1초라도 할 수 없다. 나는 변하고 싶었다.

기독교 영성에는 내 맘에 드는 부분과 고리타분해 보이는 부분이 있었다. 나는 어찌해야 할지 막막했다. 믿음에 관해 결단이 필요한 것 같았다. 기독교를 전체가 아닌 일부만 수용할 수 있다면 좋을 듯싶었다.

설명하자면 이렇다.

나는 교회에서 자라다 보니 기독교 교리라면 다분히 아이들 이야기가 연상된다. 내 주일학교 교사들은 성경 이야기를 아이들 우화로 각색했다. 그들이 노아 방주를 말한 것은 이야기에 동물들이 등장하기 때문이었다. 그들은 하나님이 그때 온 인류를 몰살했다는 말은 뺐다.

성경을 전체가 아닌 일부만 보는 사람들이 있다는 것도 나를 혼란에 빠뜨렸다. 그들은 수많은 명백한 의문을 무시했다. 나는 마치 신념 체제로서의 기독교가 한물간 제품이며, 누가 됐든 그것을 파는 사람은 고장 난 부품을 등 뒤에 감추어 만인의 시선을 따돌리려는 것처럼 느껴졌다.

아이들 이야기야말로 내게는 그리스도인들이 등 뒤에 감추고 있는 부분으로 보였다. 에덴동산과 인간의 타락은 순전히 허무맹랑한 이야기였고, 노아 방주도 하나부터 열까지 동화 같았다.

흔히 아이들한테 들려주는 그런 이야기들이 전혀 아이들 이야기가 아님을 나는 한참 지나서야 알았다. 내 생각에 마귀는 우리를 속여 성경 신학의 숱한 부분을 아이들한테나 맞는 이야기로 알게 만들었다. 어쩌다 우리는 노아 방주 이야기가 아이들한테 적합하다고 생각하게 됐을까? 물에 빠져 헐떡이는 사람들, 강의 급물살에 몸이 떠내려가면서도 자식을 움켜잡는 어머니들, 작은 머리통이 바위에 짓찧어지거나 쓰러진 나무에 걸려 있는 아이들, 그런 그림이 즐비한 노아 방주에 관한 어린이 책을 상상할 수 있나? 그런 어린이 책이라면 많이 팔릴 것 같지 않다.

내가 기독교에 마음을 줄 수 없었던 것은 기독교가 지성이 떨어지는 자들을 위한 종교였기 때문이다. 기독교를 믿으려면 엄청난 신학적 억지들을 아이들 이야기로 전락시키거나 무시해야 했다. 내 지성으로는 전체를 수용하기가 몹시 힘들었다. 당시 이런 생각들이 잘 정리됐던 건 아니고 다분히 내 무의식 속에서 이루어졌다.

도움은 가장 뜻밖의 출처에서 왔다. 대학에서 문학 과목을 듣던 중 나는 이야기의 4요소인 배경, 갈등, 절정, 해소를 배웠다.

이야기의 4요소가 어디서 왔는지 모른다는 희한한 생각이 공부 중에 들었다. 그것을 알아낸 사람 이름이야 있겠지만, 그것이 존재하는 이유는 아무도 모른다는 말이다. 이야기에 관한 한 우리 마음과 생각이 그런 구체적인 틀에 반응하는 이유가 나는 궁금해졌다. 그래서 분석해 보았다. 배경, 그건 쉬웠다. 모든 이야기에는 배경이 있다. 내 배경은 지구상의 미국이다. 내가 배경을 이해함은 배경을 경험하기 때문이다. 나는 어느 집 어느 방 안에 앉아 있고 그 집에는 나와 함께 사는 다른 인물들이 있다는 식이다. 내 마음이 배경을 이해한 이유는 내가 배경을 경험했기 때문이다.

다음은 갈등이었다. 좋은 이야기에는 모두 갈등이 있다. 내적인 갈등도 있고 외적인 갈등도 있지만 팔리는 소설을 쓰려면 반드시 갈등이 필요하다. 우리가 갈등을 이해함은 갈등을 경험하기 때

44

문 아닌가? 하지만 갈등은 어디서 오나? 우리는 삶 속에서 왜 갈등을 겪나? 이는 내가 원죄 개념과 갈등의 시원을 받아들이는 데 큰 도움이 되었다. 인간이 삶 속에서 갈등을 경험하는 이유는 하나님께 대한 반항 사건으로 설명되며, 그 외의 설명은 아는 이가 없다. 그 말의 끝부분이 중요했다. 나는 마치 계시를 받는 기분이었다. 기독교의 원죄 설명, 아담과 하와와 선악과의 엉터리 같은 이야기가 없이는 갈등은 설명될 수 없다. 절대로. 창세기의 원죄 기사를 비유 곧 실제 사건의 상징으로 보는 사람들도 있지만, 비유적으로 보든 문자적으로 보든, 이는 모든 인간이 경험하는 인간 고뇌인 외로움, 울다 지쳐 잠드는 밤, 중독, 교만, 전쟁, 자아도취에 충분한 설명이 된다. 나는 마음이 이야기 속의 갈등에 반응한다는 것은, 비록 무의식중에라도 우리가 교류하는 우주에 뭔가 큰 갈등이 있기 때문이라는 생각이 들기 시작했다. 우리가 삶 속에 모종의 갈등을 경험하지 않는다면 우리 마음은 책이나 영화 속의 갈등에 아무 반응도 보이지 않을 것이다. 갈등, 긴장, 서스펜스, 적(敵)의 개념은 우리에게 전혀 무의미할 것이다. 그러나 실제로는 의미 있게 다가온다. 우리가 이런 요소를 이해하는 것은 그것을 경험하기 때문이다. 인정하고 싶지 않았지만 그럴수록 기독교 영성으로 이유가 설명되었다.

　　이야기의 다음 요소는 절정이다. 좋은 이야기에는 모두 절정이 있다. 절정이란 이야기의 결말을 정하는 결정점이다. 여기서 나는 약간 무서워졌다. 인간 마음이 이야기의 요소를 현실에서 끌어올리며 인간 마음이 이야기 구조의 절정에 반응을 보인다면, 이는 우주 안에 절정 내지 결정점이 엄연히 존재한다는 뜻이다. 인간 마음이 내려야 할 결단이 있다는 뜻이다. 이야기의 4대 요소는 기독교 영성에 대한 내 이해와 맞아들기 시작했다. 기독교에는 결단과 절정이 있다. 기독교에는 좋고 나쁜 해소도 있다. 내 결단이 내 이야기의 결말에 얼마간 영향을 미친다.

이것이 섬뜩했던 이유는, 우리가 그리스도를 따르거나 거부하기로 결단해야 한다는 개념으로 수천 년간 설교자들이 열변을 토해 왔기 때문이다. 그들은 이 개념을 삶의 딜레마에 대한 일종의 마술적 해답으로 제시하곤 했다. 도무지 구닥다리 같아 믿어지지 않았으므로 나는 그런 얘기 듣는 게 늘 싫었지만, 이치의 설명이 거기 있음은 분명했다. 어쩌면 이 구닥다리 개념은 뭔가 신비롭고 진실한 것을 지향하고 있었을 것이다. 그리고 어쩌면 나는 그 개념을 자체적 가치로서가 아니라, 메시지 전달 방식이 신식이냐 구식이냐를 보고 판단했을 것이다.

오래전 나는 내 친구 레베카와 콘서트에 갔었다. 나는 레베카처럼 노래 잘하는 사람은 본 적이 없다. 포크싱어가 이쪽에 온다는 말을 듣고 나는 레베카도 가수니까 가 보고 싶을지 모른다는 생각이 들었다. 입장권은 20달러로 데이트가 아니라면 꽤 비싼 돈이었다. 그러나 노래 사이에 그가 들려준 한 이야기는 내가 하나님에 대해 뭔가 매듭을 푸는 데 도움이 되었다. 해군 특수부대 요원인 그의 친구에 대한 이야기였다. 그는 실화처럼 말했고 그래서 나도 실화로 알고 있지만 지어낸 얘기일 수도 있다.

포크싱어에 따르면, 그의 친구는 세계 어느 후미진 지역의 한 건물에서 인질들을 석방하는 비밀 작전을 수행중이었다. 친구의 팀은 헬기로 날아가 수용소로 잠입하여 인질들이 수개월간 감금되어 있던 방으로 들어갔다. 방은 더럽고 캄캄했다고 포크싱어는 말했다. 인질들은 겁에 질려 구석에 웅크리고 있었다. 특수부대 요원들이 방에 들어가자 인질들의 신음소리가 들렸다. 요원들은 미국인임을 밝히며 문간에 서서 죄수들을 불렀다. 그들이 인질들에게 따라오라고 해도 인질들은 꿈쩍도 안 했다. 인질들은 두려워 눈을 가린 채 바닥에 앉아 있었다. 그들은 정신이 오락가락했으며 구조대원들이 정말 미국인임을 믿지 못했다.

특수부대 요원들은 어찌할 바를 몰라 그대로 서 있었다. 인질들을 전원 들어낸다는 건 불가능했다. 요원들 중 하나인 포크싱어의 친구에게 묘안이 떠올랐다. 그는 무기를 내려놓고 철모를 벗고는 다른 인질들 옆에 잔뜩 웅크리고 앉았는데 어찌나 바짝 붙었던지 옆 사람들 몸에 닿을 정도였다. 그는 얼굴 표정을 누그러뜨리고 그들에게 팔을 둘렀다. 자기도 그들 중 하나임을 보이려 한 것이다. 수용소 간수들 중에는 그럴 사람이 없었다. 그가 한동안 그러고 있자 인질들 몇이 그를 보기 시작했고 마침내 그와 눈이 마주쳤다. 해군 특수부대 요원은 자기 일행이 미국인이며 그들을 구조하러 왔다고 속삭였다. 우리를 따라오겠느냐고 그는 물었다. 영웅이 벌떡 일어나자 인질 하나가 일어나고 또 하나가 일어나더니 마침내 전원 가겠다고 나섰다. 인질들이 전원 미국 항공모함에 안전하게 구조된 것으로 이야기는 끝난다.

설교자들이 예수를 따라야 한다고 말했을 때는 나는 한 번도 좋아한 적이 없다. 간혹 그들은 예수가 화난 것처럼 얘기했다. 그러나 포크싱어의 얘기는 좋았다. 우리가 예수님을 믿을 수 있도록 그분이 인간이 되셨다는 개념이 좋았고, 그분이 사람들을 고쳐 주고 사랑하고 우리의 심정을 깊이 알아주셨다는 것이 좋았다.

예수를 따르기로 결단하는 것이 인질들이 구조대원을 따르기로 결단하는 것과 대동소이함을 깨닫던 순간, 나는 그분을 따를 것인지 말 것인지 결단해야 함을 알았다. **예수는 하나님의 아들인가? 우리는 사탄이 조종하는 세상, 온통 고장 난 것뿐인 세상에 포로로 갇혀 있나? 그리고 나는 예수가 그 상태에서 나를 건져 줄 수 있다고 믿나?** 일단 자신에게 그렇게 묻고 나니 결단은 간단했다.

절정이란 요소가 이야기에 반영되려면 삶에 절정이 있어야 한다. 삶에 절정이 있을진대 기독교 영성이 절정을 내놓고 있었다. 결단을 내놓고 있었다.

이야기의 마지막 요소는 해소다. 기독교 영성에는 해소, 용서와 사후 본향의 해소가 있다. 이 역시 내게는 허구처럼 들렸지만 이때쯤에는 나도 간절히 믿고 싶어졌다. 마치 내 영혼이 기독교 영성에서 말하는 이야기대로 살도록 설계된 것 같았다. 내 영혼은 용서받기 원하는 것 같았다. 나는 하나님이 주시는 해소를 원했다.

여기 배경, 갈등, 절정, 해소가 있었다. 엉뚱해 보이겠지만 이는 마음의 요건에 부합했고 현실의 진상과 일치했다. 진실을 넘어 깊은 의미가 느껴졌다. 나는 내가 더 큰 이야기의 등장인물이라 믿기 시작했고, 이야기의 4대 요소가 애당초 의미가 있었던 것도 그 때문이다.

일단 동화의 족쇄가 벗겨지자 복음의 마술적 명제는 내게 극히 성인물이었고, 헤밍웨이나 스타인벡 소설처럼 섹스와 유혈이 넘실거리는 글처럼 극히 현실적이었다. 기독교 영성은 아이들 이야기가 아니었다. 귀엽거나 단정하지 않았다. 그것은 신비롭고 이상하고 순결했으며 그런데도 더러운 데로 오고 있었다. 그 안에 경이와 매혹이 있었다.

나는 어쩌면 기독교 영성이야말로 환각과 마술의 차이라는 생각이 들었다.

4. 전환_ 페니를 찾아서

포틀랜드의 일부 그리스도인들은 리드(Reed) 대학을 마치 지옥처럼 얘기한다. 리드 재학생들은 근본부터 이교도요 이방인이라는 것이다. 최근 『프린스턴 리뷰』는 리드를 학생들이 가장 신을 무시할 것 같은 학교로 선정했다. 사실이다. 그곳은 온갖 부류의 실존적 실험으로 유명한 신 없는 곳이다. 리드에는 학칙이 없으며 권위와 문제를 일으키는 학생들이 많다. 반면 리드 학생들은 똑똑하기도 하다. 『뉴욕타임스』 교육 편집위원을 지낸 로렌 포프는 리드를 "전국 최고의 지식인 대학"으로 꼽는다. 리드는 1인당 장학금과 연구비를 미국 어느 대학보다 많이 받고 있으며 로즈 장학금 수령자도 30명 이상 배출했다.

한동안 내 친구 로스와 나는 매주 한 번씩 만나 삶과 구약성경에 대해 얘기했다. 한때 로스는 인근 신학교에서 구약학을 가르쳤다. 간혹 로스는 리드에 다니는 자기 아들 마이클 얘기도 했다. 로스와 내가 함께 만나 구약을 논하던 그해, 나는 마이클의 상황이 어렵다는 얘기를 들었다. 로스는 내게 마이클이 애인을 임신시켰고 여자가 그에게 아이를 보여주지 않는다고 했다. 마이클은 거기에 깊은 상처를 입었다.

리드 졸업반 때 로스의 아들은 자살했다. 오리건 해안의 절벽에서 뛰어내렸다.

그 일 후 로스는 몹시 괴로워했다. 다음번 그와 회동한 것은 사고 한 달쯤 후였는데, 나와 마주앉은 로스는 볼이 퍼렇고 눈이 젖어 있었다. 세상 모든 슬픔이 그의 가슴을 짓누르는 듯했다. 지금까지도 나는 자식을 잃는 것보다 더 큰 고통을 상상할 수 없다.

나는 마이클을 몰랐지만 그를 안 사람들은 다 그를 사랑했다. 그의 이메일 박스에는 리드 학생들이 보낸 작별의 편지와 의혹의 쪽지가 쇄도했다. 마이클이 죽은 후 여태까지, 내가 타지로 이사하는 바람에 로스와의 만남이 중단된 후로도, 리드는 내 마음 한구석에 남아 있었다. 몇 년 지나지 않아 나는 다시 공부할 생각이 났다. 뭘 공부할지는 몰랐지만 리드의 인문학 프로그램이 우수하다는 말을 들었다. 나는 공부라면 빵점이다. 언제나 그랬다. 마감일과 시험은 나를 죽인다. 나는 압박을 견디지 못한다. 그런데 비트 시인 토니가 리드의 인문학 과목 중 고대 그리스 문학을 청강할 생각이라며 나더러 같이 들을 마음이 없느냐고 물었다.

당시 나는 신도시의 한 대형교회에 다니고 있었다. 꼭 유명 브랜드 회사의 사내 교회에 다니는 것 같았다. 어쩌다 거기로 갔는지 나도 모른다. 나와는 맞지 않았다. 하지만 친구들이 몇 있었는데 아주 좋은 사람들이었다. 그들에게 리드에서 청강하고 싶다고 말했더니 마치 사탄과 데이트라도 하려는 사람인 양 나를 보았다. 한 친구는 나를 앉혀 놓고 그곳의 전모를 들려주었다. 학년말에 사흘간 축제가 있는데 다들 나체로 활보한다는 얘기도 했다. 그녀는 마약을 복용하는 학생들도 있을 거라고 했다. 내가 리드 대학에 다니는 걸 하나님은 원치 않으신다고 그녀는 말했다.

입학 첫날은 기분 좋았다. 고등학교보다 나았다. 리드에는 재떨이도 있었고 누구나 욕을 했다.

내가 듣는 인문학 과목에 400명의 신입생이 있었다. 총장 대행 피터 스타인버거 박사의 강의를 나는 10퍼센트쯤 알아들었다. 하지만 알아들은 10퍼센트는 훌륭했다. 마음에 들었다. 그가 가르치는 동안 나는 콧소리를 냈다. 그의 열정적인 설법에 동의하는 소리였다.

수업 후 나는 대개 구내식당에 가서 커피를 마시며 노트를 정리했다. 로라도 그곳 식당에서 만났다. 로라는 무신론자였지만 내게 하나님에 관해 많은 것을 가르쳐 주었다. 그녀가 깊이 사랑하고 존경하는 아버지는 애틀랜타의 감리교 목사였으나 집안에서 유독 로라만 하나님 개념을 받아들일 수 없었다. 그녀에 따르면, 가족들은 그래도 그녀를 사랑했고 신앙의 거부로 인한 긴장은 전혀 없었다. 로라와 나는 매일 강의 후에 만나 그날의 주제들을 재탕하기 시작했다. 나는 로라처럼 똑똑한 사람은 만나본 적이 없는 것 같다. 그녀는 그리스 문학의 복잡한 주제들을 마치 만화 읽듯 삼키는 것 같았다.

"오늘 강의 어땠어요?" 언젠가 내가 그녀에게 물었다.

"괜찮았어요."

"괜찮은 정도예요?" 내가 물었다.

"그러니까 내 말은, 여긴 꽤 도전적인 학교라는데 여태 나한테는 도전이 없었어요. 물으신다면 출발이 썩 좋지 않았던 셈이죠. 이렇게 1년 내내 손앞에 과자를 놓아주지 않았으면 좋겠는데."

"과자요?" 나는 물었다. 나는 그녀가 과자를 먹은 줄 알았다.

이어서 로라가 설명한 개념들을 나는 알아듣지 못했다. 얼마후 그녀는 내가 그리스도인임을 알았지만 우리는 그런 얘기는 별로 안 했다. 대개 우리는 문학이나 그날의 강의에 대해 토론했는데, 어느 날 로라는 교회사의 인종차별이라는 뜻밖의 주제를 꺼냈다. 포틀랜드에 오기 전 그녀는 조지아에 살았는데 거기서 그녀는 다들 반세기 전에 끝난 줄로 아는 인종차별을, 무신론자임에도 불구하고 교회 안에서 목격했다고 했다. 그녀는 미국의 인종차별 문제와 교회가 그런 혐오의 은신처가 되어왔는지 여부에 대한 내 생각을 아주 진지하게 물었다. 솔직히 나는 그런 생각을 해본 지 오래였다. 고등학교를 졸업하자마자 나는 마틴 루터 킹에 푹 빠져 그의 책을 대부분 섭렵했으나 그 후로 그 문제는 내 생각 속에서 희미해졌다. 물론 예외도 있겠으나, 대체로 복음주의 교회는 인권운동 시절에 대부분의 다른 사회 기관들과 마찬가지로 무참히 실패했다는 게 내 생각이다. 로라는 커피 잔만 내려다보며 말이 없었다. 이전의 대화를 통해 나는 로라가 애틀랜타에서 흑인 학생과 연애했었고 지금 그가 킹 박사가 학위를 받았던 모어하우스 대학에 재학중임을 알고 있었다. 그녀의 질문은 철학적인 것이 아니라 개인적인 것이었다.

나는 그녀에게 미국에서 그리스도인으로 살기에 참 좌절이 많고, 교회의 인권문제 실패에 대해서만 아니라 해답에 도움이 못 되는 나 자신의 실패에 대해서도 좌절이 많다고 말했다. 하지만 더 큰 문제가 있지 않겠느냐는 말을 나는 입 밖에 냈고, 우리가 해결해야 할 더 큰 문제에 비하면 인종차별은 작은 문제라는 무정한 실언까지 했다.

"인종차별이 문제가 아니라뇨?" 그녀는 아주 엄하게 따졌다.

"문제가 아니라는 게 아니고 그냥 작은 문제라는 거지요."

"어떻게 그렇게 말할 수 있어요?" 그녀는 초조한 듯 의자에 깊숙이 앉았다. "돈, 이건 엄청난 문제예요."

처음에는 어떻게든 말을 주워 담으려 했으나 결국 나는 말뜻을 설명하기 시작했다. "예, 그게 비참하고 고통스런 문제라는 건 나도 압니다. 하지만 전체 그림에 비춰 보면 인종차별은 뭔가 더 큰 문제의 증상입니다. 인종간의 긴장보다 더 큰 문제가 있어요."

"설명이 필요하군요." 로라는 말했다.

"이기심을 말하는 겁니다. 생각해 보세요, 인류의 이기심은 심각합니다. 인종차별은 보다 큰 병의 증상일 수 있지요. 그러니까 나라는 인간은 결함이 있는데, 나보다 남들을 먼저 생각하기 어렵다는 겁니다. 심각한 문제는 외면한 채 내 만족, 내 의식주, 내 재미 따위를 원하는 내 안의 이 세력, 이 본성과 싸워야만 될 것 같거든요. 그러니까 내 말은, 만일 우리 인간이라는 종(種)이 이기심을 고칠 수 있다면 세상의 많은 고통이 사라질 겁니다."

그날 오후 로라는 별 말이 없었으나 몇 주 후 다시 만났을 때는 이기심 문제에 동의한다는 뜻을 내비쳤다. 그녀는 그것을 죄라 했다.

"잠깐." 내가 입을 열었다. "하나님을 안 믿는데 어떻게 죄를 믿을 수 있나요?"

"그냥요." 그녀가 말했다.

"어려운 일인데."

"난 하고 싶으면 해요." 그녀는 나를 쏘아보았다.

"좋아요." 입씨름을 벌여 봐야 내가 질 게 뻔했으므로 나는 그렇게 말했다.

그 후로 로라와 나는 종교 얘기는 별로 안 했다. 작가가 되는 것이 그녀의 꿈이었으므로 우리는 문학을 논했다. 그녀는 자기가 쓴 글이나 에세이를 내게 주곤 했다. 나는 삼켜 버렸다. 대단한 글솜씨였다. 그녀를 안다는 것만도 나로선 무한 영광이었다. 나는 하나님이 로라와 관계를 맺기 원하심을 가슴깊이 느낄 수 있었다. 궁극적으로 나는 하나님이 모든 인간을 사랑하시어 관계를 맺기 원하신다고 믿지만, 로라에 대해서는 하나님의 절박감이 느껴졌다. 그러나 로라는 전혀 마음이 없었다. 그녀는 하나님 개념을 절대 거론하지 않았고 그래서 나도 그랬다.

리드에서 나는 살맛이 났다. 리드는 인간이 뭐든 마음대로 할 수 있는 지구상의 희귀한 곳 중 하나다. 캠퍼스에 두어 번째 갔던 날, 성조기는 간데없고 대신 무정부 기호가 그려진 기가 달려 있었다. 이상하게 들리겠지만 교회에서 자란 내가 이 학교와 사랑에 빠졌다. 학생들은 똑똑하고 열심이었다. 거기서 나는 양분과 자극과 열정을 얻었다. 사상과 개념의 노도에 올라탄 기분이었다. 그 정도가 아니라 나는 교회보다 리드 대학에서 뜻깊은 영적 체험을 더 많이 했다.

리드의 매력 중 하나는 언제고 캠퍼스에 나가면 내게 중요한 사안들에 관한 대화가 진행되고 있다는 것이다. 리드 학생들은 대화를 좋아한다. 학생들은 늘 지구촌의 관심사에 관해 그룹 토의하며, 세상의 문제에 얼마라도 답이 될 만한 아이디어와 견해를 교환한다. 수많은 인권 전쟁의 전방에 서 있는 리드 학생들이 내게 도전이 되었다. 그중에는 싸우기 위해 싸우는 이들도 있었지만 대부분은 아니었다. 대부분은 평화에 깊은 관심이 있었다. 그들과 조우하노라면 내 기독교 신앙이 얼마나 얄팍하고 자기중심적인지 드러났다. 많은 학생들이 하나님이라면 개념조차 싫어했지만 그럼에도 인간에 대한 관심이 나보다 깊었다.

캠퍼스에 그리스도인으로 자처하는 학생들은 극소수였다. 나는 청강생이었지만 그 소그룹은 나를 받아 주었다. 우리는 매주 채플에서 만나 기도하거나 기숙사 방에서 성경공부를 하곤 했다. 다분히 지하조직이었다. 비밀이었다. 리드 캠퍼스에는 언제나 기독교에 대한 저항이 있다. 그전 해에 그리스도인 몇이 부활주일날 캠퍼스에 작은 묵상실을 만들었다. 도서관 한 방의 조명을 낮추고 촛불을 몇 개 켜 놓고는, 누구나 기도하고 싶으면 그 방을 쓰라고 학생들에게 알렸을 뿐이다. 부활절 아침이 다가오자 학생들은 반대 데모를 하기로 했다. 그들은 맥주를 한 박스 사서 거나하게 마시고는 묵상실 안의 박제 양을 쳐부쉈다.

그 사건에 대한 우리 그룹 학생들의 시각은 예수님 같았다. 속도 상하고 화도 좀 났지만 무엇보다 그들은 비탄에 잠겼다. 우리 그룹에 힘겨운 시련이었다. 우리는 캠퍼스의 불청객 같았다. 그러나 나는 리드의 그리스도인들에게서 참 많은 것을 배웠다. 참 사랑은 다른 뺨을 돌려대고 악을 악으로 갚지 않으며, 상대의 냉담함이나 적의에 아랑곳없이 모든 사람을 사랑하는 것임을 나는 배웠다. 내게 비친 리드의 그리스도인들은, 뭐랄까 혁명적이었다. 기독교 신앙이 유서 깊은 줄이야 알지만 그렇게 곧이곧대로 적용되는 모습은 처음이었다. 리드에서 만난 소수의 그리스도인들은 기독교 영성이 지성에나 영혼에나 확실한 신앙임을 내게 보여주었다.

나는 로라가 이 그룹에 잘 맞으리란 걸 알았다. 하나님과 아무리 멀어져 있을지라도 로라가 그분을 알게 될 수 있음을 나는 알았다.

내 친구 페니가 하나님을 알게 된 사연은 내게 로라에 대한 희망을 주었다. 나는 앞마당 파티에서 페니에게 처음 소개되었으나 너무 뛰어난 미모의 그녀에게 입이 떨어지지 않아 무리 속으로 슬쩍 비켜났다. 나중에 우리가 내 친구 아이브의 방에서 기도회로 모였는데 페니가 나타났고, 그래서 나는 그녀를 꽤 잘 알게 되었다. 우리는 둘 다 지독한 정서 불안임을 알고는 친구가 되었다. 페니는 예수님이 지금도 사람들을 찾아다니신다는 산 증거다. 리드 학생들까지도 말이다.

페니는 프랑스에서 공부하던 중 희한하게 하나님을 체험했다. 그녀는 모든 공로를, 리드의 극소수 그리스도인 중 하나이며 우리의 작은 종교적 반당(反黨)의 일원인 나딘에게 돌린다.

페니와 나딘이 처음 만났을 때 페니는 그리스도인이 아니었다. 그들은 둘 다 리드에서 첫 학년을 보냈으나 서로 모르는 사이였다. 2학년 한 해 동안 프랑스에서 공부하기로 각기 따로 결정했는데 공교롭게도 같은 학교였다.

페니는 종교에 냉담했다. 그녀의 눈에 비친 그리스도인들은 정치적 보수, 위선자, 속 좁은 인간들이었다. 페니는 모든 인도주의 사안마다 자신이 많은 복음주자들의 입장과 정면 대치됨을 알았기에 그리스도인들을 싫어했다. 그녀는 또 만일 기독교가 사람이라면, 즉 모든 그리스도인들이 뭉쳐 한 인간이 된다면, 그 인간이 십중팔구 자기를 좋아하지 않을 거라고 느꼈다.

프랑스에 도착하면 페니는 북쪽 렌느의 사라 로렌스 대학으로 올라가기 전에 파리에서 몇 주 휴가를 보낼 예정이었다. 도착 후 페니는 함께 공부할 몇몇 여학생들에게 연락을 취했다. 그중 하나가 마침 나딘이었다. 우선 알아야 할 것은, 페니와 나딘이 아주 다르며 실은 정반대라는 사실이다. 그 둘이 잘 지낸다는 것은 기현상이다. 그들은 종교적 사상이 전혀 딴판일 뿐 아니라 출신 배경도 완전히 대조된다. 일례로 나딘은 스코틀랜드 왕가의 후예로 아직도 혈통에 화려한 흔적이 넘쳐난다. 페니는 북서부 어느 히피촌의 녹색 군용 천막에서 태어났다.

두 여자가 친구가 된 사실에 내가 왜 이렇게 흥미를 느끼는지 알려면 약간 배경 설명이 필요하다. 나딘의 할머니는 스코틀랜드 왕가인 스튜어트 집안에 태어났다. 결혼 후 할머니 일가는 콩고로 이사하여 벨기에 정부의 외교관으로 주재했다. 나딘의 어머니는 운전사, 요리사, 집사, 보모 등 많은 하인들 속에서 자랐다. 부모가 말을 걸기 전에 그녀가 먼저 말하는 것은 절대 금지되었다. 나딘의 어머니도 성가 후 집안을 비슷하게 다스리며 귀족 전통을 많이 전수했다.

나딘과 페니가 프랑스에서 만났을 때 둘은 마치 다른 행성의 문서를 교환하는 것 같았다. 페니의 사연도 나딘 못지않게 흥미롭다. 원래 부모는 그녀의 이름을 플렌티라고 지었었다. 그녀는 개명이 가능함을 안 직후 이름을 바꾸었다. 페니가 태어난 히피촌에서 부모는 진리를 찾고자 마약에 손댔다. 실험은 실패로 끝났고 부모는 히피촌을 떠나 플로리다로 이사하여 거기서 아버지가 뱃일을 했다.

어머니가 망상증에 걸려 처음엔 존 F. 케네디가 자기 애인이라고 믿다가 나중에는 FBI가 자기를 쫓아다닌다고 주장하던 아픈 기억을 페니는 갖고 있다. 페니가 어렸을 때 어머니는 편집증적 정신분열증 진단을 받았다. 현재 페니의 어머니는 페니를 비롯하여 누구의 도움도 완강히 거부한 채 시애틀에서 노숙자로 살고 있다.

언젠가 페니는 내게 아무리 심혈을 기울여 자기 과거의 퍼즐을 맞춰 보아도 언제나 예리한 모서리에 베고 만다고 했다. 어머니가 출산중에 돌팔매질 당한 사실, 어린 그녀에게 매혹적으로 비친 그러나 기만적인 망상증, 아버지와만 아니라 모든 현실과 단절된 어머니. 내가 페니에게 시애틀에 올라가 어머니를 뵙자고 하면 그녀는 그것이 내게 즐거운 일이 못 될 거라고, 자기 어머니가 나를 미워할 거라고 말한다.

"엄마는 아무나 다 미워해요, 돈. 사람들이 자기를 해치려는 줄로 알거든요. 보호소에 전화를 걸어도 엄마는 수화기를 받자마자 끊어요. 내 편지에 답장도 없고요. 아마 뜯어보지도 않을 거예요."

60

"하지만 한때는 정상이셨잖아요?" 언젠가 내가 물었다.

"예, 재미있고 고왔어요. 난 엄마를 사랑했어요, 돈. 지금도 사랑해요. 하지만 엄마가 정신을 잃었다는 게 싫어요. 엄마와 정상적인 관계를 맺을 수 없다는 게 싫어요."

페니가 열한 살 때 부모는 이혼했고, 그 일 후 그녀는 아버지와 함께 서부로 이사해 1년간 아버지의 요트로 태평양을 떠돌다가 결국 워싱턴 주 동부의 작은 산촌에 정착했다.

프랑스의 첫 3주 동안 페니는 자신의 과거와 사연에 깊은 관심을 보이는 나딘에게서 위안을 얻었다. 그 덕에 페니도 나딘의 사연을 듣게 되었는데, 어느 밤 프랑스 남부의 한 해변을 걷던 중 나딘은 페니에게 자기가 그리스도인인 이유를 설명했다. 나딘은 말하기를, 자기가 믿는 그리스도는 파멸을 자초한 세상에 하나님의 보냄을 받은 혁명가요 일종의 인도주의자라고 했다. 페니는 나딘이 그리스도인이라 실망했다. 이렇게 친절하고 너그러운 여자가, 십자군을 결성하고 공화당에 돈을 대고 종교 텔레비전을 창시한 바로 그 종교에 동조할 수 있다는 사실이 페니는 믿어지지 않았다. 그러나 사라 로렌스에서 한 해를 보내는 동안, 페니는 나딘의 기독교 향(香)에 점점 흥미를 느꼈다. 페니는 기독교가 사람이라면 혹시 자기를 좋아할지도 모른다는 생각이 처음 들었다. 자기와 기독교가 잘 지낼지도 모른다는, 서로 공통점이 있을지도 모른다는 생각이 들었다.

페니가 내게 자신이 그리스도인이 된 경위를 처음 얘기하던 날 우리는 로렐허스트 공원을 걷고 있었다. 내가 사는 집에서 쭉 내려가면 나오는 아름다운 공원으로 레즈비언들이 개를 산책시키러

가는 곳이었다.

"나딘과 나는 나딘의 방에서 몇 시간씩 얘기하곤 했어요." 그녀는 입을 뗐다. "대부분 남자나 학교 얘기였지만 끝날 때는 항상 하나님에 대해 얘기했어요. 나는 한 번도 나딘이 뭘 팔고 있다고 느껴 본 적이 없고 그런 점에서 나딘이 마음에 들었어요. 나딘은 마치 하나님을 아는 것처럼, 그날 하나님과 전화 통화를 한 것처럼 그렇게 말해요. 전혀 부끄러운 기색이 없어요. 전에 만났던 어떤 그리스도인들은 그랬거든요. 그들은 마치 하나님이 비누나 진공청소기라도 되는 듯 하나님을 팔아야만 하는 듯했고 정작 내 말은 듣지 않는 것 같았어요. 내 사정이야 알 바 없고 그저 자기네 상품을 사주기만을 바란 거지요. 나는 내가 몇 사람의 성격만 보고 모든 그리스도인을 판단했음을 깨달았어요. 그것도 두렵더군요. 전에는 그리스도인들을 다 괴짜라고 쉽게 매도할 수 있었는데 나딘이 나타났으니 말이에요. 나딘은 내 분류 체계에 맞지 않았어요. 나딘의 하나님은 나딘과 교류하는 존재였고, 그뿐 아니라 나딘은 하나님이 자기를 좋아한다고 믿더군요. 멋있다고 생각했어요. 게다가 나딘의 신앙은 영적인 것인데도 설득력 있는 인도주의를 낳았어요. 잔뜩 흥분이 되더군요. 나는 착해지고 싶어도 착하지 않고 이기적인데 나딘은, 글쎄, 꽤 착했으니까요. 이기적이지 않았다는 말이죠. 그런데 나딘이 나더러 함께 마태복음을 읽어 보고 싶지 않느냐고 물었고 난 정말 그러고 싶었어요. 예수 얘기가 몽땅 사실인지 알아보고 싶었어요. 물론 예수가 기독교와 연관된다는 이유만으로 나는, 여전히 예수에 대해 문제가 많았고 자칭 그리스도인이 될 가능성도 전혀 없었어요. 하지만 직접 알아봐야겠다는 생각이 들더군요. 그래서 그러자고 했지요."

"그래서 그때부터 성경을 읽기 시작했나요?" 나는 물었다.

"네. 우리는 초콜릿을 먹고 담배를 피우며 성경을 읽곤 했어요. 내게 묻는다면, 그 방법밖에 없어요. 돈, 성경은 초콜릿과 딱 어울려요. 나는 늘 성경이 샐러드에 가깝다고 생각했는데 아니에요. 초콜릿 쪽이에요. 우리는 마태복음을 통독하기 시작했는데 전부아주 재미있었어요. 알고 보니 예수는 아주 불온하고 직선적이더군요. 외교적이지 않고요. 그런데도 만약 그분을 만난다면 그분이정말 나를 좋아할 거라는 느낌이 들었어요. 돈, 예수를 만나면 그분이 나를 좋아할 거라는 그 생각이 얼마나 나를 홀가분하게 했는지 말로 설명 못합니다. 라디오에서 어떤 기독교인들의 말을 들을때는 그런 기분 든 적 없거든요. 혹시 만난다면 그 사람들은 나한테 호통을 칠 거라고 늘 생각했지요. 하지만 예수는 달랐어요. 그분이 사랑한 사람들과 그분께 된서리를 맞은 사람들이 있는데, 나는자꾸만 그분이 사랑한 사람들 쪽에 동질감이 드는 거예요. 정말 다행이었죠. 그들은 다 망가진 사람들, 삶에 지쳐 끝장내고 싶었던 사람들, 절망적인 사람들, 버림받은 자들이나 이교도들이었으니까요. 다른 사람들, 평범한 사람들도 있었지만 그분은 전혀 편애가 없더군요. 그 자체도 기적이에요. 그 사실 하나가 그분의 가장 초자연적인 행위일 수도 있어요. 인간은 누구나 편견이 있는데 그분은 그렇지 않았어요."

"그런 생각은 못해 봤습니다." 나는 말했다.

"그분은 전혀 편견이 없었어요, 돈. 우리도 그럼 안되죠. 그런데 들어 보세요, 여기가 압권이에요. 읽다 보니 예수님이 땅에 대해 말하는 부분이 나왔어요."

"땅?"

"예. 마태복음에 예수님이 땅 얘기하는 부분 있잖아요. 땅에 씨를 뿌리는데 어떤 씨는 땅이 좋아서 잘 자라고 어떤 씨는 돌밭이나 나쁜 땅에 떨어져 잘 자라지 못하지요. 그 말을 듣는 순간, 돈, 내 안의 모든 것이 펄쩍펄쩍 뛰었어요. 좋은 땅이 되고 싶은 마음이 간절한 거예요. 좋은 땅이 되는 것, 그것밖에 소원이 없었어요! 예수님, 제발 제가 좋은 땅이 되게 해주세요! 그런 심정이었죠."

"그래서 그때 그리스도인이 된 거군요!"

"아뇨. 그건 나중이에요."

"그럼 어떻게 됐나요?" 나는 물었다.

"그달 그러니까 12월 말, 기숙사 아래층에서 요란한 파티가 있었는데 나는 술과 마약에 잔뜩 취해 상태가 별로 좋지 않았어요. 그래서 친구 나오미가 방에 있나 보려고 위층에 올라갔는데 없잖아요. 그래서 내 방에 내려와 그만 바닥에 무너져 내렸어요. 그렇게 잠깐 누워 있을 때 일이 터졌어요. 지금부터 내 말을 믿겠다고 약속해야 돼요."

"약속이라니요?"

페니는 걸음을 멈추고 코트 주머니에 손을 넣었다.

"좋아요. 하지만 난 미친 건 아니에요." 그녀는 심호흡을 했다. "하나님이 나한테 말하는 소리가 들렸어요."

"말소리가?" 나는 물었다.

"네."

"뭐라고 하시던가요?"

"이러셨어요. '페니, 지금뿐 아니라 영원까지 너한테 줄 더 좋은 삶이 있다.'" 이 말을 하면서 페니는 마치 울음을 억제하듯 손으로 입을 가렸다.

"정말 하나님이 그러시던가요?" 나는 말했다.

"네." 페니는 손 사이로 말했다. "내 말을 믿나요?"

"믿겠죠."

"당신이 믿든 말든 상관없어요." 페니는 다시 걸음을 뗐다. "실제 있었던 일이니까요, 돈. 희한했어요. 하나님이 말하다니. 난 얼마나 흥분했는지 몰라요. 마약 기운인가 하는 생각도 들었지만 동시에 마약이 아니라는 걸 알았죠." 페니는 이마에 손을 대고 고개를 저으며 웃었다. "그날 밤의 내 일기를 보여줘야 되는데. 하나님 맙소사, 하나님이 나한테 말하다니, 그런 식이었죠. 요새 나는 하나님 생각에 기분 최고예요. 하나님이 나한테 말을 걸고 있어요. 다시 말해 달라고 자꾸 그래도 그러시진 않더군요. 아마 내가 처음 들었기 때문인가 봐요."

"네, 어쩌면. 그러니까 하나님이 말씀하시던 그 밤에 당신은 그리스도인이 됐나요?"

"아뇨."

"하나님이 말씀하신 뒤에도 그리스도인이 되지 않았네요."

"네."

"왜요?"

"난 술과 마약에 취해 있었어요, 돈. 중요한 결정을 내릴 때는 정신이 말짱해야죠."

"딴은 그렇군요." 나는 수긍했다. 하지만 아직도 나는 그녀가 이상해 보였다. "그래서 어떻게 됐습니까?"

"글쎄요." 페니는 운을 뗐다. "두어 밤이 지나 나는 더 이상 이렇게 살고 싶지 않다고 무릎 꿇고 말했어요. 착해지고 싶었던 거죠. 다른 사람들을 사랑하도록 하나님이 날 도와주시기를 바랐어요. 내가 원하는 삶은 그것뿐인데 잘 안됐으니까요. 이미 나는 예수가 자신의 주장대로 하나님임을 믿게 됐어요. 어떻게 그 결론에 이르렀는지는 모르겠어요. 수학 문제를 푸는 것과는 달랐어요. 전혀 딴 문제였지만 난 그분이 하나님임을 알았어요. 속으로 알았어요. 하지만 그날은 하나님께 나를 용서해 달라는 기도만 했어요. 그때가 내가 그리스도인이 된 때예요. 아주 간단했어요." 페니는 다시 손을 주머니에 넣고 멋진 푸른 눈으로 나를 보았다. "그거예요." 그녀는 말했다. "당신은 행복한가요?" 그 마지막 말을 하면서 그녀는 혀를 쏙 내밀며 웃었다.

"다시 얘기해 줘요, 페니. 프랑스 도착 시점부터."

"왜요?"

"좋은 이야기니까요. 다시 해줘요." 나는 말했다.

"아뇨. 한 번으로 족해요. 나중에 기독교 책 같은 것 쓸 때 써먹으려고 그러는 거죠?"

"그런 일은 절대 없습니다." 나는 힘주어 말했다.

5. 믿음_ 펭귄의 섹스

기독교 신앙의 얄궂은 점은, 믿으면서도 동시에 믿지 못한다는 점이다. 이는 가상의 친구를 두는 것과 다르지 않다. 나는 예수님을 믿는다. 나는 그분이 하나님의 아들임을 믿지만, 앉아서 누군가에게 그것을 설명할 때마다 나는 손금 보는 점쟁이, 서커스단에서 일하는 사람, 항상 없는 얘기를 지어내는 아이, 스타트렉이 허구인 줄도 모르는 스타트렉 동호인이 된 심정이다.

내 친구 하나가 그리스도인이 될 때까지는 그렇다.

믿음을 전하는 일에 지독히도 숫기가 없는 나인지라, 10년에 한 번씩이나 있는 일이지만 그 기쁨은 말할 수 없다. 그들의 눈에서 나는 이 이야기가 진실임을 본다.

리드의 온 식구가 로라한테 뭔가 문제가 있다고 내게 말했다. 우울증 같다고 했다. 나는 벽이 희고 높아 박물관처럼 멋있는 볼룸

라운지 강의실로 그녀에게 달려갔다. 로라는 내 앞에 앉았는데 강의가 끝난 후에도 나가지 않았다. 나도 그랬다. 그녀를 귀찮게 할 생각은 없었으나 슬픈 일이 있는 건 분명했다.

"요즘 어때요?" 내가 물었다.

"잘 지내지 못해요." 그녀는 내게 얼굴을 돌렸다. 아침나절에 울었다는 것을 눈을 보아 알 수 있었다.

"무슨 문제라도?"

"전부 다요."

"남자 문제?" 나는 물었다.

"아뇨."

"학교 문제?" 나는 물었다.

"아뇨."

"하나님 문제?"

로라는 나를 보고만 있었다. 눈이 지치고 젖어 있었다. "그런 것 같아요, 돈. 모르겠어요."

"조금이라도 설명할 수 있겠어요? 기분이라도."

"내 삶이 엉망인 기분이에요. 설명 못해요. 그냥 엉망이에요."

"그렇군요." 나는 말했다.

"돈, 그냥 고백하고 싶어요. 나는 못된 짓들을 했어요. 당신한테 고백해도 될까요?"

"나한테 고백한다고 득 될 것도 없을 텐데." 내가 말하는 사이 로라는 손가락으로 눈을 훔쳤다.

"나를 쫓아오는 것 같아요, 돈."

"쫓아오다니, 누가요?" 나는 물었다.

"하나님이요."

"그렇다면 너무 좋은 일이지요, 로라. 난 당신 말을 믿어요. 하나님이 당신을 원하신다고 믿어요."

"나를 쫓아오는 것 같아요." 로라는 되풀이했다.

"그분이 뭘 원하는 것 같아요?"

"모르겠어요. 난 못해요, 돈. 당신은 몰라요. 난 못해요."

"뭘 못해요, 로라?"

"그리스도인이 되는 것."

"왜 그리스도인이 될 수 없죠?"

로라는 아무 말이 없었다. 그저 나를 바라보다 지친 눈을 돌렸다. 그녀는 한숨을 내쉬며 무릎에 양손을 떨구었다. "내 일기장을 읽어 주고 싶네요." 그녀는 멍하니 벽을 보며 말했다. "한편으로는 믿고 싶은 마음도 있어요. 일기장에 그런 내용을 썼어요. 우리 식구들은 믿어요, 돈. 나도 믿어야 할 것 같아요. 믿지 않으면 죽을 것 같아요. 하지만 다 너무 엉터리잖아요. 철저한 엉터리."

"로라, 당신은 왜 캠퍼스에서 그리스도인들과 어울리는 겁니까?"

"몰라요. 그저 호기심이겠죠." 그녀는 다시 눈을 닦았다. "당신은 바보가 아니에요. 내가 알아요. 그런 당신이 어떻게 이 따위를 믿을 수 있는지 이해가 안돼요."

"실은 나도 이해가 안돼요." 나는 말했다. "하지만 난 하나님을 믿어요, 로라. 내 안에 있는 뭔가가 믿게 만들어요. 그리고 이제 나는 하나님이 당신을 쫓아오고 있다고, 당신도 믿기를 원하신다고 믿어요."

"무슨 말이에요?" 그녀는 다시 한숨과 함께 무릎에 손을 떨구며 물었다.

"아까 고백하고 싶다고 했지요. 내 생각에는 하나님이 당신과 관계 맺기를 원하고 계시고, 그것은 그분께 직접 고백하는 것으로 시작됩니다. 그분은 용서해 주십니다."

"당신이 그런다고 쉬워지지 않아요, 돈. 꼭 나를 용서해 줄 하나님이 필요하다는 생각은 없어요."

"알아요. 하지만 내가 믿기로는, 바로 그게 지금 당신한테 일어나고 있는 일입니다. 사회 정의의 행위라고 봐도 괜찮아요. 아무도 제 잘못을 인정하지 않아 온 세상이 무너지고 있습니다. 하지만 하나님께 용서를 구함으로써 당신은 자신의 결함을 기꺼이 인정하는 겁니다."

로라는 잠시 말없이 있다가 작은 소리로 중얼거렸다. "난 못해요, 돈. 이건 결단이 아니에요. 결정할 일이 아니에요."

"무슨 뜻인가요?"

"난 그렇게 못해요. 진심이 아닌데 말만 할 수는 없잖아요." 좌절의 기색이 역력했다. "난 못해요. 그건 마치 누군가와 억지로 사랑에 빠지려 하거나 자기가 제일 좋아하는 음식이 팬케이크라고 주문을 거는 것과 같아요. 그런 일들은 결정하는 게 아니라 그냥 되는 거예요. 하나님이 실체라면 내게도 그냥 돼야 돼요."

"그건 맞아요. 하지만 걱정 말아요. 괜찮아요. 하나님은 당신을 여기까지 데려오셨습니다, 로라. 남은 길도 데려가실 겁니다. 시간이 걸릴 수는 있지만."

"하지만 힘드네요." 그녀는 말했다. "난 믿고 싶지만 믿을 수 없어요. 이 상태가 정말 싫어요!"

로라는 방으로 돌아갔다. 이튿날 나는 페니한테서 이메일을 받았는데, 자기도 로라와 대화를 나눴다고 했다. 페니는 답답해하는 로라를 위해 기도해 달라고 내게 부탁했다. 페니는 로라의 감정을 정말로 같이 느끼며 로라와 많은 시간을 함께 보낼 거라고 했다.

나는 로라에게 내놓을 설명이 없다. 내 생각에 그런 설명은 존재하지 않는다. 예수님을 믿는 내 믿음은 합리적이거나 과학적으로 보이지 않지만, 그럼에도 나는 무슨 수로도 그 믿음을 떨쳐낼 수 없었다. 로라는 모든 진실한 것은 합리적이라고 믿는 사람이므로 내 생각에 뭔가 합리적인 것을 찾고 있었다. 하지만 그렇지 않다. 예컨대 사랑은 진실한 감정이지만 합리적이지 않다. 다시 말해 사람들은 사랑을 실제로 느낀다. 나도 사랑해 보았고 많은 사람들이 사랑해 보았으나, 사랑은 과학적으로 증명될 수 없다. 아름다움도 그렇다. 빛도 과학적으로 증명될 수 없지만 우리 모두는 빛을 믿으며 빛에 힘입어 사물을 본다. 진실하지만 이치에 닿지 않는 것들이 얼마든지 있다. 내가 보기에 로라의 문제 중 하나는 이치에 닿는 하나님을 원하는 것이었다. 그분은 그런 분이 아니다. 내가 개미의 이치에 닿지 않는 것만큼이나 그분은 내 이치에 닿지 않는다.

저번 날 토니와 나는 호스 브라스 주점에서 로라 얘기를 하고 있었다. 믿음에 대해 믿음이 생기는 경위에 대해 얘기하던 중, 토니는 나더러 어떻게 하나님을 믿느냐고 물었다.

토니가 그리스도인인데도 막상 설명하려니 구차하게 느껴졌다. 마치 내가 피터 팬이나 치아의 요정을 믿는다고 말하는 듯한 기분이었으나 나는 피터 팬이나 치아의 요정을 믿지 않는다. 나는 하나님을 믿는데, 앞서 말했듯이 내가 믿음을 만들어 낸다기보다 뭔가가 나로 하여금 믿게 만든다는 느낌이 훨씬 강하다. 사실 나는 처음 믿을 때 믿을 마음이 없었다고까지 말할 수 있다. 내 지성은 안 믿고 싶었으나 내 영혼, 더 깊은 본능은 토니가 자기 아내 사랑하기를 돌연 멈출 수 없는 것만큼이나 하나님 믿기를 멈출 수 없었다. 사람이 믿음의 내용을 선택할 때도 있지만 믿음의 내용이 사람을 선택할 때도 있다. 나의 이 경우가 그랬다.

"내가 예수님을 믿는 이유를 이해하는 데 정말 도움이 됐던 게 뭔지 아나, 토니?"

"뭔데?"

"펭귄." 나는 말했다.

"펭귄?"

"펭귄." 나는 확인해 주었다. "자네 펭귄에 대해 잘 아나?"

"아니." 토니는 웃었다. "펭귄 얘기 좀 들어 볼까."

"저번 날 밤 교육방송 '동물의 왕국'에서 펭귄을 보았네. 펭귄은 500여 마리씩 큰 무리를 지어 다닌다지. 겨울철 혹한기면 북으로 헤엄쳐 이동하는데 얼음에 부딪칠 때까지 북으로 멀리멀리 간다네. 꼭 영화 판타지아에 나오는 만화 같더군. 500마리가 일제히 헤엄치다가 얼음에 부딪치면 하나씩 물에서 뛰어나와 배로 미끄럼을 타기 시작하지. 미끄럼을 타면서 일종의 궤도를 만들고는 서로 줄서서 뒤따라 가는 거야. 며칠씩 그런다지 아마."

"며칠씩 배로 미끄럼을 탄다?" 토니가 물었다.

"며칠씩." 나는 말했다.

"왜?"

"나도 모르지." 나는 고백했다. "하지만 얼마 후 펭귄들은 미끄럼 타기를 그만두고 큰 원으로 돌면서 소리를 내기 시작하지. 그게 짝을 찾는 거라는군. 이상도 하지. 펭귄 나이트클럽이나 디스코텍 같더라니까. 그렇게 짝을 찾을 때까지 뒤뚱거리며 춤판을 돌더군."

"그러고는?" 토니는 약간 웃으며 물었다.

"펭귄 섹스."

"펭귄 섹스?"

"그래, 펭귄 섹스. 바로 텔레비전 화면에서 동물 포르노를 보는 줄 알았네."

"어떻던가?" 그가 물었다.

"별것 없더군." 나는 말했다. "약간 실망했네."

"그런데 펭귄의 섹스가 하나님을 믿는 것과 무슨 상관이 있다는 거지?" 토니는 물었다.

"말하려던 참이네. 그보다 우선, 펭귄이 하는 일은 그뿐이 아니라네. 첫째, 암컷들은 알을 낳는데 서서 낳는다네. 길이가 1인치쯤 되는 알이 다리 사이로 툭 떨어지면 암컷은 알을 자기 발 위에 올려놓지. 그러면 수컷이 암컷한테 가고, 암컷은 수컷에게 알을 넘겨주지. 다음, 여기가 압권인데, 암컷들은 가 버린다네. 며칠씩 걸려 바다로 돌아가 뛰어들어 고기를 잡는 거야."

"수컷한테 알을 맡기고 암컷은 가 버린다?"
토니가 물었다.

"그렇다니까. 수컷이 알을 맡는 거지. 수컷들은 다리 사이의 작은 주머니에 알을 넣고는 알 위에 앉는다네. 그리고 커다란 원으로 모여들어 서로 몸을 따뜻하게 하지. 원 안쪽의 펭귄들이 아주 천천히 바깥쪽으로 이동했다가 다시 안으로 들어온다네. 그렇게 교대로 원 바깥쪽으로 가는데 날씨가 너무 춥기 때문일세. 그러기를 꼬박 한 달이야."

"한 달이나!"

"응. 수컷들은 한 달 동안 물 밖에서 알 위에 앉아 있는 거야. 먹지도 않고서. 알만 지키는 거지. 그러다 암컷들이 돌아오는데, 마침 암컷이 돌아올 때 거의 하루도 틀리지 않고 알이 부화한다네. 생전 새끼를 낳아 본 적이 없는데도 암컷들은 수컷한테 돌아가야 할 날을 아무튼 정확히 아는 걸세. 펭귄 새끼는 그렇게 태어난다네."

"아주 재미있군." 토니는 내게 박수를 보냈다. "자, 그래서 연관성은?"

"실은 나도 모르네. 왠지 펭귄한테 동질감이 들거든. 뚱딴지 같은 말이겠지만 펭귄을 보면서 나도 그중 하나라는 생각이 들었네. 펭귄들 속에는 언제 어디로 가라고 지시하는 레이더가 있어. 도무지 이치에 닿지 않지만, 어쨌든 암컷들은 새끼가 태어나는 바로 그날 돌아오고 레이더는 언제나 정확하거든. 내 안에도 예수님을 믿으라고 말하는 레이더가 있다네. 아무튼 펭귄 레이더는 펭귄을 완벽하게 잘 인도하지. 내가 내 안의 레이더에 따르는 것도 어쩌면 어리석은 일이 아닐 걸세."

내 대답을 듣고 토니는 미소를 지었다. 그리고 맥주잔을 들며 말했다. "자, 펭귄을 위하여."

G. K. 체스터턴(Chesterton)은 『정통』(Orthodoxy)이란 책에서 미치는 건 시인들이 아니라 장기 두는 사람들이라 했다. 맞는 말이라 생각한다. 펭귄을 설명하려 들면 미친다. 그냥 보고 즐기는 게 상책이다. 기독교 신앙의 경위도 설명할 수 없다고 나는 생각한다. 그것은 신비다. 기독교 영성의 그 점이 나는 좋다. 이는 설명될 수 없으나 그럼에도 아름답고 진실하다. 느껴지는 것이며 영혼에서 온다.

며칠 후 나는 침대에서 기어나와 책상 위의 성경책을 폈다. 솔직히 읽을 마음이 안 나서 컴퓨터를 켜고는 건설중이던 심시티 시뮬레이션 타운을 건드렸다. 이메일을 체크해 보니 로라의 메일이 보였다. 새벽 이른 시간에 보낸 것이었다. 제목은 "그냥, 이래저래……"였다.

소중한 친구 돈에게,

간밤에 마태복음을 통독했어요. 밤을 새웠어요. 멈출 수가 없어 마가복음도 다 읽었어요. 당신의 이 예수는 미치광이거나 하나님의 아들입니다. 마가복음 중간 어디쯤에서 난 그가 하나님의 아들임을 깨달았어요. 이제 나도 그리스도인이 됐나 봐요. 기분이 한결 낫습니다. 오늘 밤에 캠퍼스에 나오세요. 커피나 한잔 해요.

사랑으로, 로라

6. 구원_ 섹시한 당근

포틀랜드에 정착하기 오래전, 기독교 영성으로 회심한 직후에 나는 하나님과의 밀월 기간을 경험했다. 나는 방바닥에 드러누워 성경을 읽으며 몇 시간이고 말씀에 빨려들곤 했는데, 말씀마다 내 가슴을 꽉 끌어안는 힘센 팔 같았다. 말씀이 살아있어 저 혼자 생각하고 움직이는 듯했고, 하나님은 인도와 위로와 힘을 주시며 내 머릿속에 꿈틀거리는 생각들 같았다.

한동안 나는 세상이 시계이고 하나님이 그 뚜껑을 열어 부품들을 내게 보여주시는 기분이었다. 사회적, 영적 세계의 정교한 원리들은 내게 무슨 놀이 같았고, 그 터에서 나는 가는 곳마다 신바람이 났다.

성경의 진리들은 마술이었고, 천국의 메시지 같았고, 삶에 힘을 더해 주는 신기한 암호 같았고, 슬픔을 기쁨으로, 고난을 도전으로, 시련을 기회로 바꿔 놓는 무슨 힘이었다. 내 삶에 시시한 건 하나도 없었다. 그리스도인이 되고 나니 인간관계의 모든 면이 황홀하게 다가왔고, 정교하고 복잡한 자연 경관은 그 완벽함을 뽐냈다. 수평선에 섞여 드는 하늘의 색조들, 머나먼 구름을 화염이나 불꽃놀이처럼, 갓 날기 시작한 천사의 날개처럼 불태우는 남부 텍사스의 황혼.

하나님은 더 이상 슬롯머신이 아니라 능력으로 인간 영혼을 움직이는 영이었다. 하나님이 내 의문들을 감지하셨거나 애당초 내 영혼 깊은 곳에 그것을 심어 놓으셨던 모양인지, 아직 묻지도 않은 내 의문들에까지 답이 주어진 것 같았다. 그리스도인이 된다는 건 즐거운 경험이었다.

그러나 행복이 오래가는 사람은 많지 않으리라. 기쁨이란 일시적인 것이다. 짧다는 증거가 있어 기쁜 것이다. 그래서 내가 느끼던 마술도 일부 시들해지기 시작했다. 마치 크리스마스에 새 톱을 받은 사람이 첫날 아침 그 중량감을 느끼며 힘에 감탄할 뿐, 그것이 두고두고 자기 노동에 쓰일 연장이라고는 생각지 못하는 것과 같다.

초기에 나는 영적 감정이 줄곧 로맨틱하게 오래가기를 바라는 우를 범했다. 사랑의 **감정**이 여상하기를 바라는 새 커플처럼, 나는 믿음도 하나님과 내가 향기로운 꽃밭을 거니는 건 줄 알았다. 생각과 다른 현실 앞에 나는 혼란에 빠졌다.

기쁨의 상실보다 더 맥 빠졌던 일은 죄와의 싸움이 되살아난 것이다. 그리스도인이 되었건만 왜 나는 아직도 정욕, 탐심, 시기와 싸우고 있나? 왜 파티에서 만취하거나 시험 볼 때 부정행위를 하고 싶단 말인가?

고등학교 때 내 가장 친한 친구들은 딘 버키바일과 제이슨 홈즈였다. 딘과 제이슨은 둘 다 테니스 부원이었는데 나도 연습 상대가 될 만은 했는지라, 우리는 휴스턴의 무더운 밤을 대부분 시립공원 코트에서 공을 치며 보냈다. 우리는 오후에 일찌감치 나가서는 시에서 전등을 끄는 10시, 11시까지 치다가 주차장에 앉아 맥주를 마셨고 제이슨은 대마초를 피우곤 했다.

딘의 아버지는 회복중인 알코올 중독자로 술을 끊은 지 7년째인가 그랬다. 그는 아담한 키에 잘생긴 남자였는데, 영화 '진정한 용기'에 나오는 존 웨인처럼 말에 허풍이 심했다. 술 마시던 시절에 그는 굉장한 사연이 많았다. 하룻밤은 음주운전 중에 운전대 앞에서 의식을 잃어, 주차된 경찰 순찰차를 정면으로 들이받은 적도 있다고 했다. 음주 비화며 문신 따위를 지닌 딘의 아버지를 나는 늘 우러러보았다. 그는 당시 병원에서 일하며 검은색 볼보를 몰고 있었다. 우리 집 차는 뷰익이었다. 내 어머니는 음주운전을 해본 적이 없었고 내 아버지는 혹 있을지도 모르나 얼굴을 본 지 오래였다.

딘과 제이슨과 함께 주차장에 앉아 있노라면 나는 영화 속 인물처럼 진짜 이 세상 사람이 된 기분이었다. 그들은 둘 다 교회 중심으로 살지 않는 부유한 가정 출신이었다. 그들과 함께 있으면 나는 마치 내주에 윔블던 시합에 나가 경기 후 와인을 홀짝이며 사인이라도 해줄 것처럼 멋지고 아주 세련된 사람이 된 듯했다.

딘과 나는 당시 교회 고등부 공동회장을 맡고 있었다. 딘은 그것을 하나도 진지하게 여기지 않았다. 회장직에는 진지했지만 신앙 문제, 인생에 벌어지는 형이상학적인 일 따위에는 아니었다. 나는 그를 교회수련회에 데려가려 하곤 했지만 그는 한 번도 내켜하지 않았다. 수련회는 새 학기를 바로 앞둔 여름 막바지에 있어서, 만일 수련회에 가면 가책 때문에 다시 술에 손대는 데 족히 두 달은 걸릴 것이므로 그는 절대 가지 않았다. 한번은 내가 수련회에 다녀온 직후, 딘이 맥주 두 상자를 사다 놓고 나를 자기 집에서 자게 했다. 첫 죄책감을 극복해야 가을의 모든 파티를 즐길 수 있다며 그는 나도 취해야 한다고 했다. 나는 혼자서 한 상자쯤 마셨다. 딘과 나는 시립공원에 나가 달빛 아래 비틀비틀 농구공을 던졌으나 하나도 들어가지 않아 욕만 해댔다.

나는 대체로 음주를 꺼리지 않았다. 딘은 친구로서 최고였다. 내 생각에 그는 사람들을 정말 사랑했고 그 점이라면 제이슨도 마찬가지였다. 그들은 여느 누구처럼 즐기며 살기를 좋아했다. 하지만 내 경우는 달랐다. 나는 정말 하나님을 기쁘게 하고 싶었다. 하다못해 조금이라도 하나님을 기쁘게 하고 싶었다. 나는 하나님이 내 삶에 실제로 직접 해주신 일이 있다고 느껴졌다. 고등부 공동회장이니 그래도 한동안 술을 끊으려 해야 되는 것 아닌가 하는 생각도 있었다.

테니스 코트에서 어울리던 어느 밤, 제이슨이 꽤 큰 대마초 봉지를 꺼냈다. 딘은 대마초를 거의 피우지 않았다. 맛을 싫어했고, 도취감이 든 적이 없다고 했다. 나는 한 번도 피워 본 적이 없었으나 그날 밤 제이슨은 셋 다 해봐야 한다며 제법 세게 나왔다. 좋은 발상은 아니었다. 나는 이미 맥주를 다섯 병쯤 마셔 꽤 취기가 있었다. 맥주와 대마초가 섞이면 안 좋다는 얘기를 나는 들었었다. 딘은 제이슨의 파이프를 재기 시작했고, 제이슨이 제법 흥분하기에 나도 해보겠다고 했다.

솔직히 나는 그저 그랬다. 전혀 좋지 않았다. 말했듯이 나는 이미 꽤 취해 있었는데 대마초가 들어오자 미칠 것 같았다. 5분도 못되어 탈이 났다. 폭풍 중에 배 밑창의 짐가방에 갇힌 기분이었다. 뱃속이 온통 울렁거리기 시작했다. 손과 이마에 땀이 났고 무릎에 핏기가 가시면서 저려왔다. 나는 한 마리 닭이었다.

딘의 집으로 걸어가, 나는 개 냄새나는 뒷마당에 드러누웠다. 뱃멀미 속에 선잠이 들었는데 꿈속에 악어들과 기독교방송 토크쇼 진행자들이 나왔다. 제이슨이 밖으로 나와 내 옆에 누워서는, 진리에 대해 사설을 늘어놓으며 나더러 저 위에 누가 있다고 생각하느냐고 물었다. 제이슨은 진리란 마약의 도취감 중에 부여되는 그 무엇이라고 믿고 있었다. 나중에 그는 대학으로 떠났다. 친구들 말에 의하면, 그는 캠퍼스 몇 마일 밖에서 속옷 바람으로 자다가 깨는 걸로 유명했는데 어쩌다 거기까지 갔는지 본인도 몰랐다. 그날 밤 그는 내게 진리에 대해 말했다. 진리란 우리가 알면서도 아는 줄 모르는 것이라 했다. 그는 삶의 의미를 찾는 열쇠는 아마도 다른 행성들에 있나 보다고 했다.

"돈." 그는 내 대답을 끌어내려 했다.

"뭔데?" 나는 뱃멀미를 앓으며 거기 누워 있었다.

"그자들이 저 별에 살고 있을지도 몰라."

"누가, 제이슨?"

"외계인들."

하나가 차를 몰 만큼 정신이 들자마자 그들은 나를 집에 데려다주었다. 나는 내 방 창문으로 기어들어가 바닥에 대자로 뻗어서는 배가 좌초하기를 기다렸다.

그 순간 나는 오래전에 느낀 가책, 어머니의 크리스마스 선물에 대한 가책에 의문이 들었다. 모두 하나님 잘못인 것 같았다. 하나님이 내게 그런 가책을 항상 주신다면 나는 죄를 짓지 않을 텐데, 절대 술 취하거나 마약을 피우지 않을 텐데 하는 생각이 들었다.

그날 밤 구토를 참으려 바닥을 구르던 나는, 세상의 똑똑한 사람이 아닌 것 같았다. 윔블던 테니스 시합을 끝낸 사람도 아닌 것 같았다. 딘의 아버지도 술 취하여 경찰차를 받았을 때 별로 행복했을 것 같지 않다. 행복했다면 술을 끊지 않았을 것이고 그 모든 모임에 참석할 필요도 없었을 것이다. 우리가 살면서 가장 바라는 것들, 자유를 줄 것처럼 생각되는 것들은 정작 우리에게 필요한 것이 아니라고 나는 생각한다. 내가 이런 개념으로 쓴 동화가 있는데 실은 아이들을 위한 게 아니다.

옛날에 도널드 토끼라는 토끼가 살았다.

도널드 토끼는 아침마다 그루터기 카페에 갔다.

어느 날 아침 도널드 토끼는 그루터기에서 섹시한 당근을 보았다.

도널드 토끼는 섹시한 당근을 쫓기로 했다.

그러나 섹시한 당근은 아주 날랬다.

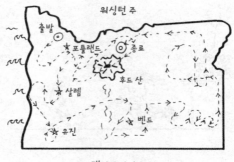

도널드 토끼는 섹시한 당근을 쫓아 오리건 주를 다 돌았다.

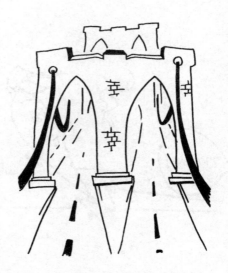

그리고 전국을 다 돌아 뉴욕 시까지 갔다.

도널드 토끼는 섹시한 당근을 쫓아 달나라까지 갔다.

도널드 토끼는 지칠 대로 지쳤다.

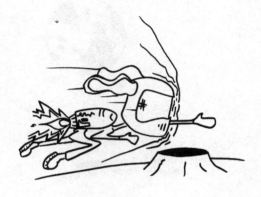

하지만 마지막 안간힘을 다해 도널드 토끼는 섹시한 당근에게 돌진했다.

그리하여 도널드 토끼는 섹시한 당근을 잡았다.

이야기의 교훈은,
사람이 초점을 잃지 않고 열심히 노력하며 끝까지 포기하지 않으면
자기 삶에 원하는 바를 결국 얻는다는 것이다.

불행히도, 이 이야기가 끝나고 얼마 안되어
도널드 토끼는 당근을 먹다가 목이 메어 죽었다.
그러므로 이야기의 두 번째 교훈은,
때로 우리가 살면서 가장 원하는 것들이 우리를 죽인다는 것이다.

내가 가장 원하는 것들이 나를 죽인다는 이거야말로 정말 인생의 얄궂은 면이다. 비트 시인 토니는 최근 내게, 어둠을 사랑하거나 빛을 사랑하는 것에 관한, 빛을 사랑하기는 얼마나 어렵고 어둠을 사랑하기는 얼마나 쉬운가에 관한 옛 성경을 읽어 주었다. 결국 우리는 자기가 하고 싶은 일을 한다. 나는 내가 무슨 일이든 올바른 이유 때문에 한다고 생각하고 싶지만 그렇지 않다. 나는 무슨 일이든 내가 좋거나 싫으니까 한다. 죄 때문에, 내가 자아에 중독되어 타락의 잔해 속에 살고 있기에, 내 몸과 마음과 애정은 나를 죽이는 것들을 사랑하기 일쑤다. 토니의 말대로 예수님은 우리에게 마땅히 사랑해야 할 것들, 천국의 것들을 사랑할 수 있는 힘을 주신다. 토니는 예수님을 따르는 사람들이 바른 대상을 사랑하면 지상에 하나님 나라를 세우는 데 일조하는 것이며 그건 멋진 일이라고 말한다.

나는 하나님의 도움 없이 바른 것들을 사랑하려 했으나 불가능했다. 나는 일주일만 다른 인간에 대해 부정적인 생각 없이 살아 보려 했으나 할 수 없었다. 그 실험을 해보기 전까지만 해도 나는 내가 괜찮은 사람인 줄 알았으나, 해보고 나서는 내가 하루 종일 사람들에 대해 나쁜 것들을 생각하며, 토니의 말처럼 내 본능적 욕망이 어둠을 사랑하는 것임을 깨달았다.

이 딜레마에 대한 내 해답은 자기훈련이었다. 나는 억지로 노력하여 선행도 할 수 있고 다른 사람들을 좋게 생각할 수도 있을 줄 알았으나, 이는 생판 모르는 사람한테 다가가 그와 사랑에 빠지려는 것만큼이나 어려웠다. 한동안 모션을 취할 수야 있겠지만, 조만간 내 마음은 자기가 진짜 사랑하는 것이 어둠임을 입증할 것이

다. 그러면 나는 일어나 다시 시도할 것이다. 인간성을 말살하는 악
순환이다.

7. 은혜_ 거지들의 나라

나는 한때 근본주의 기독교인이었다. 수명은 여름 한철이었다. 빛을 사랑하는 것처럼 "행동하고" 어둠을 사랑하는 것처럼 "행동하지" 않고자 나 자신을 훈련시키려 하던 바로 그 시기였다. 전에 나는 은혜를 너무 많이 말하는 설교자들이 몹시 못마땅했었는데, 이는 그들이 훈련 따위는 필요 없다고 나를 유혹했기 때문이다. 내 생각에 인간이란 옆에서 닦달해야 하는 존재였고 만일 내가 경건하지 못하다면 그것은 내 주변 사람들이 그 역할을 잘 못해서였다. 은혜를 얘기하면 온 교회가 사창굴로 변할 것처럼 나는 생각되었다. 나는 정말 멍청했나 보다.

콜로라도 주의 어느 근본주의 기독교 캠프에서 일하던 동안, 내 자기의는 절정에 도달했다. 나는 다른 남자 일곱과 함께 로키산맥의 오두막에 기거하고 있었는데, 우리는 예수를 위해 해군 특수

부대 요원처럼 살아야 된다는 전투적 기독교에 홀딱 빠져들었다. 지금 고백하면서도 부끄럽기 짝이 없다.

우리는 줄곧 금식하고 하루 두 번씩 함께 기도하고 성경을 암송하고 서로 등을 두드려 주는 식이었다. 여름이 끝날 무렵 우리는, 성경을 굉장히 많이 읽고 누구를 임신시키지도 않은 자신들이 못내 자랑스러웠다. 하지만 서로가 곁에 없으면 와르르 무너져 아이들 상대로 마약 밀매에 나설 것만 같아 우리는 헤어진 후의 대책이 걱정되었다. 아마도 나였던 것 같은데, 우리 중 하나가 텔레비전 보기, 흡연, 음악 듣기 등 꼬박 1년간 해서는 안될 일들을 쭉 적어 계약서를 작성하기로 했다. 우리의 개인주의적 자기의의 헌법이었다. 계약서에 따라 우리는 날마다 성경 읽고, 기도하고, 여기저기 긴 성경 본문을 암송해야 했다. 어느 밤 우리는 종이와 펜을 들고 둘러앉아 제사를 드렸는데, 저마다 도살할 양을 더 크고 멋있게 그려 서로 이기려 했다. 우리는 남학생 사교클럽의 정반대였다. 흥청망청한 술판과 떠들썩한 파티로 남성 호르몬을 발산하는 대신 마치 스테로이드를 복용한 성경책 외판원처럼, 말하자면 예수님과 가슴팍을 부딪치며 그분의 수하가 된 것이다.

나는 차를 얻어 타고 오리건 주로 돌아와, 내가 아는 사람도 없고 나를 아는 사람도 없는 변두리에 아파트를 구했다. 내 목에 구슬 목걸이를 걸었는데, 구슬 하나하나는 각 계약 가담자를 상징했고 가운데 십자가는 우리가 다 이 일을 작정하고 1년간 수사로 살 것임을 일깨워 주었다. 사는 곳이 새 도시 새 지역이다 보니 처음에는 쉬웠으나 얼마 후부터 목걸이가 내 목을 조르기 시작했다.

성경 읽기부터 차질이 생겼다. 읽기 싫다거나 내용에 반감이

든 게 아니고 그냥 깜빡 잊곤 했다. 성경책은 내 침대 옆 방바닥, 더러운 빨래더미 밑에 있었다. 눈에 안 보이면 마음도 멀어지는 법. 나는 한 달씩 성경을 잊고 지내다가 방을 치우고 더러운 빨래더미를 집어들면 거기 내 성경책이 죽은 애완견처럼 나를 노려보곤 했다.

하루는 저녁나절에 포틀랜드 시내 파이오니아 광장을 거닐고 있는데 길 건너의 파이프와 담배 가게가 눈에 띄었다. 나는 들어가서 한번 둘러보기로 했다. 나올 때는 새 파이프를 들고 나왔는데, 1년이 차기까지 절대 피우지는 않겠다고 다짐했다. 15달러 정도였으니 괜찮은 가격이었다. 나는 계약기간 만료 전에 담배가 상할 줄 알면서도 담배 세일도 그냥 지나칠 수 없었다. 나는 스케이트보드 타는 사람들, 뮤지션들, 장기 두는 사람들, 커피 마시는 사람들이 있는 파이오니아 광장에 앉았다. 나는 그냥 기분만 느껴 보려 파이프에 담배를 재기로 했다. 파이프를 입에 무니 그 감각, 이 사이에 물린 파이프의 느낌이 살아났다. 그러다 나는 불을 붙였다. 그리고 피웠다.

성경과 금연에 무너진 후 나는 계약서의 텔레비전 부분도 약간 타협하기로 했다. 아파트에서 좀 내려가면 '뉴욕 탈출 피자'인가 뭔가 하는 실내 피자집이 있었고 거기 대형 스크린 텔레비전이 있었다. 나는 월요일 밤에 내려가 풋볼을 보곤 했는데, 월요일은 금식하는 날이었으므로 이는 이중으로 죄였다. 편의상 내가 금식일을 수요일로 바꾸어도 친구들 중 아무도 개의치 않을 것 같았다. 금식을 하도 미루다 보니 3개월 후에는 장장 열이틀을 금식해야 하는 상황이 벌어졌다. 한 해 동안 내가 금식한 횟수는 두 번이었지 싶다. 아마도.

나는 그 한 해가 싫었다. 정말 싫었다. 아침마다 패배자가 된 기분이었다. 패배자였으므로 거울 보기도 싫었다. 즐겁게 살아가는 사람들을 보면 화가 났다.

피자집에서 돌아오면서 나는 꼭 못된 짓을 저지른 범인 같았고, 그리스도인이 될 팔자가 아닌 것 같았고, 하나님께 불순종했으니 무슨 벌을 받을까 싶었다. 총체적 실패였다. 다른 친구들한테서 편지가 오기도 했는데 일부는 제법 잘하고 있었다. 나는 답장하지 않았다. 나는 하나님만 저버린 게 아니라 내 근본주의자 형제들을 저버리고 있었다!

내 절친한 친구 중 하나인 우리 교회 목사도 신앙 초기에 비슷한 감정을 경험했다. 릭은 열아홉 살 때 그리스도인이 되었다. 그리스도인이 되기 전 그는 치코 주립대학에서 풋볼을 했는데 거기라면 당시 전국에서 첫째가는 파티 학교였다. 릭도 파티라면 할 만큼 했다. 그러나 몇 달간 주연(酒宴)에 빠져 살다 보니 그는 인생에 술과 섹스보다 큰 만족은 없을까 하는 생각이 들었다. 그는 하나님을 찾기 시작했다. 그래서 다음 일요일 아침, 그는 기어이 술을 마다한 채 정말 인근 교회에 걸어가 예배에 참석했다. 릭이 교회에 처음 발길을 들여 놓는 순간이었는데, 마침 그날 목사는 죄에 대해 말하며 우리는 다 죄인이라 했고, 예수님에 대해 말하며 그분이 죽어 하나님이 우리 죄를 용서하실 수 있게 됐다고 했다. 예배가 끝날 때 릭은 기도하고 그리스도인이 되었다.

몇 주 후 릭의 새 교회 목사들이 모두 정장 차림으로 심방을 왔고 릭은 커피를 끓여 그들을 대접했다. 모두 둘러앉아 커피를 마시며 점잖게 대화하고 있는데 머리 위로 대마초 냄새가 풍겨 왔다. 릭의 친구가 옆방에서 대마초를 피우고 있었던 것이다. 릭은 목사들에게 권했더니 거절하더라며, 그래도 기분은 별로 나쁘지 않더라고 내게 말하며 웃었다.

목사들은 릭에게 그의 회심을 환기시키며, 이제 죄를 용서받았으니 의로운 삶에 힘쓰는 것이 중요하다고 설명했다. 릭도 숙취가 없으면 주일예배 설교를 듣기가 훨씬 쉽겠다고 생각하며 그들 말에 수긍했다. 그래서 릭은 죄 대신 깨끗한 삶을 택했고, 한동안 잘했으나 이내 친구들과 파티를 벌이고 싶거나 여자친구와 섹스를 하고 싶어지면서 도덕적 노력에 번번이 실패했다. 자기를 구원해주신 하나님을 실망시키는 것 같아 그때가 자기 인생에 가장 우울한 시기였다고 릭은 내게 말한다.

우리 목사 릭은 자기 욕망을 제어하지 못하는 무력함에 괴로웠다. 자기가 새 생명을 얻고 천국 열쇠를 받았는데도 예수님께 순종으로 반응하지 못하는 것 같았다. 그래서 어느 저녁 그는 무릎 꿇고 하나님께 죄송하다고 말했다. 착하게 순종하고 싶은 간절한 마음을 그분께 아뢰었다. 그러고는 침대 끝에 앉아, 능히 세 사람을 죽일 만큼의 근육 이완제와 수면제를 삼켰다. 그는 태아처럼 웅크린 채 죽기를 기다렸다.

릭은 내게 말하기를, 돌아보면 자기가 너무 교만하여 하나님의 은혜를 거저 받지 못했다고 했다. 누가 누구에게 어떤 빚도 지지 않은 체제 속에 사는 법을 그는 몰랐다. 하나님께 빚을 갚기가 힘들수록 릭은 더 숨고 싶었다. 하나님은 그에게 고리대금업자인 셈이었다. 하나님이 아무 대가도 바라지 않으심을 그도 알았지만, 그 사실은 머리에서 가슴으로 전달되지 않았고 그래서 그의 삶은 고문 같았다.

어떤 사람들은 아무 어려움 없이 하나님의 은혜를 받아들이는데, 어떤 사람들은 굉장히 어려움을 겪는 이유를 나는 아주 오랫동안 이해할 수 없었다. 나 자신은 어려움을 겪는 쪽에 속했다. 평소 은혜에 대해 듣고 은혜에 대해 읽고 은혜에 대해 노래까지 부르면서도, 정작 은혜를 받아들이는 일은 나로서는 이해할 수 없는 행동이었다. 내 죄 값을 치르지 않아도 된다는 것, 거기에 대해 죄책감을 느끼거나 자학하지 않는다는 것이 내게는 부당해 보였다. 그뿐 아니라 은혜는 내가 구하던 답이 아닌 것 같았다. 그건 너무 쉬웠다. 나는 마치 내가 용서를 얻어 낸 듯한 느낌, 하나님과 내가 서로 호의를 베푸는 친구 사이인 듯한 느낌을 원했다.

깨달음은 뜻밖의 장소인 식품점에서 왔다. 나는 몇몇 친구들과 함께 고원사막에 좀 있다 오려고 후드 산으로 가던 길이었다. 단신이던 나는 식품점에 들러 주말에 쓸 물건을 사기로 했다. 계산대 앞에 줄을 서 있는데 내 앞의 부인이 푸드 스탬프(식료품 구입용으로 정부에서 저소득층에 발행하는 전표—옮긴이)로 물건 값을 치르고 있었다. 나는 푸드 스탬프를 그때 처음 보았는데, 생각보다 여러 색이었고 스탬프라기보다 돈 같아 보였다. 그녀가 그것을 꺼내는 동안 본인도 나도 계산대 여자도 분명 마음이 불편했다. 나는 도와줄 수 없어 안타까웠다. 그녀의 식료품 값을 내가 대신 내주고 싶었으나 그러면 더 난처한 상황이 벌어질 터였다. 계산대 여자는 증명서 확인과 서명으로 재빨리 업무를 처리한 뒤 부인의 계산을 마쳤다.

98

식료품을 봉지에 잘 넣어 카트에 담는 동안 부인은 한 번도 고개를 들지 않았다. 그녀는 남들의 시선이 느껴질 때 흔히들 하는 식으로 어딘지 경직된 동작으로 계산대에서 멀어져 갔다.

그날 오후 산 넘어 차를 몰면서 나는, 동정 받을 사람은 그 여자가 아니라 나임을 깨달았다. 왠지 나는 사람이 가난하면 구제뿐 아니라 동정의 대상이라 믿고 있었다. 나는 그녀에게 먹을 것을 사주고 싶었던 게 아니다. 그거라면 정부가 이미 하고 있었다. 나는 그녀의 존엄성을 사주고 싶었다. 하지만 나는 그녀를 판단함으로 오히려 그 존엄성을 박탈하는 자였다.

한 달 동안 푸드 스탬프로 산다면 어떨까. 얼린 피자, 제한된 업체의 우유, 커피 등 내 카트의 물건들과 내 옷차림을 살피는 고객들의 따가운 시선을 느끼면서 식품점에 줄서서 내 지갑에서 빈자의 환한 전표를 꺼내는 심정은 어떤 것일까. 내가 좋은 직장에 다니며 돈도 잘 번다고 그들에게 설명하고 싶어지리라.

나는 자비를 베푸는 건 좋지만 내가 자비의 대상이 되고 싶지는 않다. 내가 은혜를 그토록 어려워하는 이유가 여기 있다.

몇 년 전 나는 한 친구에게 기도제목을 내고 있었다. 제목을 쭉 말하면서 나는 많은 친구들과 가족들 얘기를 했으나 내 개인의 문제는 함구했다. 친구는 내 고민을 털어놓으라고 솔직히 말했으나 나는 아니라고, 내 문제들은 그리 심각하지 않다고 말했다. 친구는 자신에 찬 교사의 음성으로 재빨리 대답했다. "돈, 자네는 하나님의 자비가 없어도 되는 존재가 아니야." 그 순간 그는 내 동기가 고상하지 않고 교만함을 일러 주었다. 나는 나보다 친구들을 더 생각했던 게 아니라 스스로 하나님의 은혜가 없어도 되는 존재로 믿고 있었다.

릭이 그랬듯이 나도 너무 교만하여 하나님의 은혜를 받아들이지 못한다. 내 힘으로 얻어 내 하나님께 뭔가 드리고 싶은 정도까지는 아니라 해도, 내 힘으로 얻어 내 자비의 대상만은 면하고 싶은 것이다.

그날 오후 산길을 달리며 내가 너무 교만하여 하나님의 은혜를 받아들이지 못함을 깨닫던 순간 나는 겸손해졌다. 내가 누구기에 스스로 하나님의 자비가 없어도 되는 존재로 생각한단 말인가? 그리고 똥 같은 내 자존심 때문에 어쩌자고 하나님의 풍성한 의를 버린단 말인가?

릭은 그렇게 침대에 누워 죽기를 기다리다가 하나님이 "네 목숨은 네 것이 아니라 내가 너를 값 주고 샀다"고 하시는 말씀을 들었고, 그 순간 깊은 평안을 느꼈다고 한다. 릭은 하나님과의 관계에서 자신의 역할은, 하나님의 무조건적 사랑을 겸손히 받아들이는 것임을 머리로만 아니라 가슴으로 깨달았다고 내게 말했다.

물론 우리 목사는 자신도 설명 못할 기적으로 여전히 살아있다. 스스로 어찌해 보기도 전에 그는 잠에 빠져들었는데, 이튿날 아침에 깨 보니 수면제 따위를 언제 먹었느냐는 듯이 힘이 넘쳤다.

자살 미수로 회생한 후 릭은 성경대학에 갔고, 거기서 만난 여자와 결혼하여 현재 네 자녀를 두었다. 1년 좀 전에 그는 미국에서 가장 교회가 없는 지역으로 정평이 난 포틀랜드 시내에 교회를 개척했다. 첫 집회에는 우리들 여덟 명뿐이었으나 지금 교회는 500명 이상으로 성장했다. 주일마다 여남은 명의 불신자들이 우리 교회를 찾아오며, 매주 릭은 그들에게 하나님의 오래 참으시는 사랑을 전한다. 예수님을 말할 때 그는 꼭 그분을 아는 것처럼, 오늘 아침 그분과 전화 통화를 한 것처럼 말한다. 릭이 하나님을 사랑함은 우선 하나님의 무조건적 사랑을 받아들이기 때문이다.

릭에 따르면 나는 하나님이 먼저 사랑하셨기에 그분을 사랑할 수 있고, 그분을 사랑하기에 그분께 순종할 수 있다. 만일 하나님의 사랑을 받아들이지 못한다면 나는 반응으로 그분을 사랑할 수 없고 나아가 그분께 순종할 수 없다. 자기훈련으로는 절대 의나 깨끗함을 느낄 수 없으나 하나님의 사랑을 받아들이면 된다. 하나님의 무조건적 은혜와 과분한 사랑을 받아들일 줄 아는 것이야말로, 그분께 순종으로 반응하는 데 필요한 모든 에너지원이다. 하나님의 호의와 값없는 사랑을 받아들이는 행위는 마귀가 우리한테 원치 않는 바다. 우리 내면의 귀에 혹 우리가 아무 짝에도 쓸모없는 실패자요 패배자라는 음성이 들리거든, 이는 신부로 하여금 신랑이 신부를 사랑하지 않는다고 믿게 만들려는 사탄의 음성이다. 이는 하나님의 음성이 아니다. 하나님은 호의로 우리를 부르시며 뜨거운 사랑으로 우리의 성품을 바꾸신다.

우리는 그리스도의 신부를 향한 그분의 사랑이 『로미오와 줄리엣』처럼 두 대등한 인물 간의 거침없고 불타는 사랑 같기를 꿈꾼다. 내 생각에 그것은 『말괄량이 길들이기』의 비앙카를 좇는 루첸티오에 더 가깝다. 즉 적대적인 신부를 호의와 인내와 사랑으로 연모하는 신랑에 가깝다.

우리의 "행동"은 자기훈련으로는 아주 변화될 수 없으나 사랑에 빠지면 인간은 불가능할 줄 알았던 일도 해낸다. 게을러터진 남자들이 자기 여자를 얻기 위해 영불해협을 헤엄쳐 건넌다. 릭의 말을 되풀이할 가치가 있을 것 같다. 우리는 하나님의 사랑을 받아들임으로써 그분과 사랑에 빠지며, 오직 그때에만 순종에 필요한 에너지가 생긴다.

하나님의 자비를 기꺼이 받아들이는 겸손이 있을 때 우리는 나라를 받는다. 거지들의 나라가 교만한 자의 착각보다 낫다.

8. 신_ 우리의 보이지 않는 작은 친구들

하나님이니 뭐니 하는 게 말짱 실없는 짓이라는 의문이 연례 행사처럼 나를 찾아온다. 그리스도인이면 누구나 알듯이, 우리는 회의(懷疑)를 상대해야 한다. 정말이다. 막상 회의가 닥칠 때면 마치 온 우주가 무너지기라도 할 듯이 너무 절절하고 두렵다. 침대에 누워 내 믿음의 터무니없음을 생각하던 때가 특히 기억난다. **하나님. 하나님을 누가 믿나? 모두가 마냥 실없어 보인다.**

나는 하나님을 믿는 것이 가상의 친구를 두는 것만큼이나 비합리적으로 보였다. 알다시피 가상의 친구를 둔 사람들에게 붙여주는 여러 명칭이 있다. 우리는 그들을 특수병원에 수용한다. 하나님을 믿는 내 믿음도 일종의 정신착란일지도 몰랐다. 나는 실성하는 중인지도 몰랐다. 그리스도를 믿는 걸로 시작한 내가 어느새 부활절 토끼와 함께 차를 마시거나 토스터를 껴안고 춤추며 "적군이

온다!"고 소리칠지도 모른다.

그러다 나는 다른 종교들을 생각하기 시작했다. 심각하게 하나님을 배반하거나 한 건 아니고 다만 생각했을 뿐이다. 나는 코란이 인기를 끌기 전에 이미 코란을 통독했다. 기독교가 비합리적일진대 다른 종교들도 그렇다는 생각을 나는 한 번도 해보지 못했다. 내가 불교 신자였으면 하고 바랐던 적이 더러 있다. 불교에서 뭘 믿는지도 정확히 모르면서 그것을 진리로 믿을 수 있기를 바랐던 것이다. 통통한 불상의 배를 문지르다 갑자기 선한 생각과 훈련된 행동에다 새 차까지 생기는 심정이 어떨까 궁금했다. 나는 부동산업계에 뛰어들 것이고 금발의 미녀와 결혼하리라. 그리고 내가 사회와 교육에 대해 얘기하는 동안 금발의 미녀가 딴청을 부려도, 내가 불상을 문지르면 그녀는 저널리스트 수잔 팔루디나 케이티 쿠릭의 지성으로 바뀌리라.

이런 문제를 깊이 생각하며 우주의 의미에 대한 독창적 해답에 내 상상력을 총동원하고 있을 즈음, 나는 버스를 타고 내가 좋아하는 저자가 자신의 신간을 낭송하기로 되어 있는 파월스 서점으로 갔다. 정말이지 파월스는 세상에서 가장 큰 서점이다. 새 책과 헌 책. 내 친구 하나는 값싼 음식도 꼽는다. 파월스는 내가 포틀랜드를 좋아하는 이유 중 하나다. 시내의 낡은 건물에 5십만 권 이상의 책이 있는데, 전부 먼지와 잉크 냄새가 나고 이 두 고약한 냄새가 신기하게 섞여 뭔가 아름다운 것이 나온다. 파월스는 내게 또 하나의 교회요 일종의 페이퍼백 판 천국이다.

파월스에 저자 강연이 있을 때면 나는 일찌감치 나가 책방을 둘러본다. 문학 코너에서 시작해 종교로 넘어간 다음, 정치와 사회 운동을 대강 훑어본 뒤 끝으로 저자 행사가 열리는 쪽에 있는 예술 코너로 간다. 그날 밤 내가 보러 간 저자는 그리스도인 남자로, 제물낚시와 오리건 주의 물을 소재로 글을 쓰는 낚시꾼이자 야외생활 애호가다. 가 보니 벌써 자리가 다 차서 벽에 기대어 서 있는데 그가 들어왔다. 그는 생각보다 큰 키에 삐쩍 말라서 팔다리에 힘이 없어 보였다. 카키색 바지에 격자무늬의 플란넬 셔츠 차림이었다. 그는 교육방송 시청자 내지 조류(鳥類)에 대해 잘 아는 사람 같아 보였다.

저자는 파월스 직원의 안내로 자신의 서명한 책들이 놓인 짧은 서가를 돌아, 무리의 뒤편으로 들어와 계단통에 모습을 드러냈다. 손에 신문과 서류 폴더를 들고 있었는데 폴더 안의 종이는 헝클어져 있었다. 손때 묻은 자신의 신간도 한 부 들고 있었다. 그는 오리건 주의 보배, 물에 생명을 더하여 야외생활의 멋을 자기 말로 전해 주는 유명 작가, 우리가 인간이요 아름다운 경험을 향유하는 존재임을 일깨워 주는 사람으로 소개되었다. 청중은 박수를 보냈고 나는 우우 소리를 냈다. 저자는 꽤 상냥하게 웃으며 연단에 서서, 우선 신문사설을 느긋하게 훑으면서 국제정책과 종교에 관한 중앙지 기사들을 읽었다. 그는 마치 집안의 오랜 요리법을 알려 주듯이, 우리가 실제로는 필기하지 않았지만 마치 모두 필기하고 있는 것처럼, 그렇게 읽었다.

그는 그 밤에 아니면 그 해에 일진이 안 좋았던 모양인지 약간 굼떴고, 마치 자신의 정치적 입장에 다른 사람들도 동조하고 있음을 입증이라도 하려고 기사를 읽는 것 같았다. 그가 정치문제 하나하나마다 자기 입장을 밝힌 뒤 그 입장을 입증하는 칼럼니스트의 글을 읽는 동안 우리는 불편하게 앉아 있었다. 나는 그가 물고기에 대해 읽기를 정말 바랐다. 물고기는 정말이지 아주 안전하다. 물고기라면 물의를 일으킬 일이 별로 없다. 솔직히 나는 그에게 반감이 들기 시작했다. 꼭 어니스트 헤밍웨이가 레이 스와리즈를 흉내내는 걸 지켜보는 기분이었다.

지금 내가 말하고 있는 저자는 훌륭한 작가다. 그 점 분명히 해둔다. 나는 그의 작품을 아주 좋아한다. 그가 신문을 읽겠다는데 내가 누구라고 말릴 건가? 원한다면 그는 거기 서서 색칠용 그림책에 색칠을 할 수도 있었다. 하지만 나는 물고기에 대해 듣고 싶었다. 초록빛 바위를 따라 은빛 몸으로 유영하는 물고기들을 눈을 감고서 보고 싶었다. 강물소리를 듣고, 내 다리를 휘돌아 세차게 흐르는 물살을 느끼고, 제물을 공중으로 슬쩍 날려, 긴장감이 감도는 수면에 떨어뜨리고 싶었다. 대신에 나는 국제정책에 꼼짝없이 갇혀 있었다.

내가 아무나, 아무거나 좋아하는 그런 사람이었으면 좋겠다. 때로 내 기분은 아주 부정적이다. 나는 아무 노래나 듣고 아무 영화나 보고 아무 책이나 읽을 수 있는 친구들이 있는데, 그들에게는 모든 것이 훌륭해 보인다. 그럴 수 있는 사람들이 나는 정말 부럽다. 이런 말을 하는 이유는, 마침내 저자가 자기 신간을 읽기 시작했을 때 그 내용이 전혀 내 마음에 들지 않았기 때문이다. 나는 내 비판적 사고와 싸웠으나 그의 신간을 그의 천재적인 기존 작품과 비교하지 않을 수 없었다. 신간의 말은 공허하고 진부하고 시류 영합적이며 매출을 의식한 냄새가 가득했다. 이는 그의 말이 아니라 잘 팔리는 말, 귀를 간질이고 특정 독자층을 노린 말이었다.

영성 부분에서 그는, 자신의 기독교 소신에서 이탈하여 마호메트를 부각시켜 나를 놀라게 했다. 그는 마호메트가 자신의 영웅이라 했다. 나는 마호메트에 대해 별 문제가 없으나 미국에서 자란 중년의 백인 남자들이 마호메트를 영웅으로 내세우는 것은 납득하기 어렵다. 마호메트가 선을 행치 않아서가 아니라(행했다) 마호메트를 영웅이라 부르는 것이 지독히 시류 영합적이기 때문이다. 그 저자의 동기를 판단하고 있는 줄 나도 알지만, 기독교와 이슬람교를 절반씩 섞은 개념을 수용하는 것보다 시류를 더 잘 탈 수 있을까? 그 남자는 의류회사 카탈로그의 옷처럼 종교적 명제를 껴입고 있었다.

이 남자의 종교적 사고에서 단연 가장 거슬린 점은 그것이 내 사고의 방향과 정확히 일치한다는 것이었다. 내 눈앞에 지나가는 내 미래를 보는 듯했다. 나는 시류 영합에 달통한 영성작가가 되어 가는 중이었다. 섬뜩했다.

시류에 영합한 그 작가는 카와자 칸디르(Khwaja Khandir, 회교와 힌두교에서 예언자나 성인으로 숭배함—옮긴이)가 자신의 낚시 가이드라고 했다. 그는 카와자 칸디르를 이슬람교 버전의 성령이라 표현했다. 카와자 칸디르가 자기에게 물고기가 어디 있는지 알려 주고, 돈을 관리하거나 내면에 평화를 얻거나 아내를 기쁘게 하는 법 등 인생사 전반을 가르쳐 준다는 것이었다. 모두 속 보이는 허울 좋은 얘기였다. 마치 미래 크리스마스의 유령이 나를 찾아와 "이봐, 돈. 너도 장차 저 남자처럼 줏대 없는 여피족 기독교 작가가 될 거야"라고 말하는 것 같았다.

예수 아닌 신을 믿어 보려던 내 욕망은, 내 생각에, 다분히 권태와 상관있었다. 나는 뭔가 새로운 것을 원했다. 내 머릿속에서 생각하고 믿고 가지고 놀 뭔가 참신한 것을 원했다. 솔직히 나는 이스라엘 자손의 곤경이 이해가 된다. 모세가 하나님과 얘기하러 올라가 한동안 내려오지 않자 백성들은 눈에 보이고 손에 만져지는 신, 존재를 절대 확신하며 예배할 수 있는 신을 요구한다. 하나님과 얘기하다 돌아온 모세는 거짓 신을 숭배하는 이스라엘 자손을 보고는 격노한다. 모세가 산에서 내려오던 순간, 나 자신이 이스라엘 자손이라 상상해 보았다.

"뭐하고 있느냐, 돈?" 모세가 묻는다.

"금송아지를 예배하고 있습니다."

"어째서? 살아계신 유일한 하나님을 버리려는 이유가 무엇이냐?"

"그분이 보인다든지 그분께 말할 수가 없잖아요. 그분의 존재조차 확실히 모르겠습니다."

"너 마약이라도 먹었냐, 돈? 하나님이 홍해를 가르실 때 너 거기 없었어? 하나님이 땅에 양식을 내리시고 반석에서 물을 내시고 구름으로 우리를 인도하실 때 너 거기 없었어?" 모세가 호통을 친다.

"모세님, 진정하시고 제 말 좀 들어 보세요. 당신은 늘 올라가 하나님과 대화한 뒤 햇볕에 타서 내려오고 하나님은 당신의 장막 주위에 구름으로 머무시며 당신의 지팡이로 뱀이 되게 하시지만 우리는 아무것도 없습니다. 아무것도! 우리와 하나님 사이에는 개인적 커뮤니케이션이 없단 말입니다, 모세님. 우리는 광야의 양떼일 뿐이며 솔직히 이집트에서 노예로 살 때가 더 좋았습니다. 당신의 하나님이 우리를 여기다 데려다 놓았지요. 우리도 신이 필요합니다. 숭배할 신이 필요합니다. 극히 인간적 차원에서 만지고 느끼고 교류할 수 있는 신이 필요합니다. 그래서 소를 만든 겁니다. 게다가 이건 목걸이로 찰 수도 있습니다."

"돈." 모세가 대답한다. "너를 죽여 참되신 유일한 하나님이 계신 집으로 보내기 전에 똑똑히 알아 둬라. 하나님은 인간의 손으로 만들어진 적도 없고 앞으로도 영영 없다는 것을 알아 둬라. 그분은 어떤 상상의 산물이 아니다. 그분은 시류에 영합하지 않는다. 그리고 하나님이 우리를 이집트에서 인도해 내신 것은 너희 백성들이 그분께 부르짖었기 때문이다. 그분은 긍휼의 하나님이시기에 너희 기도에 응답하신 것이다. 그분은 너희를 사탄에게 버려두실 수도 있었다. 하나님이 너희 기도에 응답하시는 방법을 두고 불평하지 마라. 너는 지금도 마귀가 다스리는 땅에 살고 있다. 하나님은 우리에게 새 땅을 약속하셨고 우리는 거기에 도달할 것이다. 문제는 하나님의 불이행이 아니라 너의 무엄함이다."

모세의 말이 옳았다. 하나님은 나를 예배하시려고, 내 편한 수준에 맞게 자신을 뜯어고치시려고 여기 계신 게 아니다. 내 문제의 일부는 내가 보다 가깝고 현실적인 영성을 원하는 데 있는 것 같다. 나는 사람들이 부적을 품고 다니고, 주문을 외우고, 별을 쳐다보는 이유를 알 것 같다. 그들은 외롭다. 연인이나 친구가 없어 외롭다는 뜻이 아니다. 우리는 우주적인 의미에서 외롭다. 자신이 과거의 별들과 그 별들의 별들로 메아리치는 무한한 허공에 매달린 작은 지구 위의 작은 인간이라는 사실 속에 외롭다. 하나님은 청취자 전화를 받는 라디오 프로그램의 진행자가 아닌 것이다.

그러나 그날 밤 시류에 영합하는 그 작가가 파월스 서점에서 책을 읽는 동안, 나는 아프가니스탄과 파키스탄에서 죽어가는 모슬렘 아기들을 생각했다. 폭탄에 맞고 있는 이라크의 아이들을 생각했다. 그리고 카와자 칸디르를 생각했다. 시류에 영합하는 그 작가가 감히 어떻게 카와자 칸디르가 자기를 데리고 낚시나 다닐 시간이나 혹은 원함이 있다고 생각했는지 나는 궁금했다. 그 작가는 현실성 있게 유행에 앞서려 했으나 그 와중에 이슬람 세계 전체를 깔아뭉개고 있었다. 게다가 그는 예수를 배반하고 있었다. 내게 그는 평화를 원해서 두 딸을 변태들에게 내준 롯을 연상시켰다. 시류에 영합한 그 작가는 아무도 죄책을 느낄 필요가 없도록, 아니 자기가 뭔가 최신 유행의 것을 믿고 싶어서 마호메트와 예수를 서로 손잡게 해 내보내고 있었다.

나는 토니에게 그 작가 얘기를 했다. 그 남자가 예수를 배반하고 이슬람 전체를 짓밟는 것이 내 귀에 심히 거슬렸다고 말했다. 시류에 영합하는 그 작가 얘기를 듣더니 토니는 눈을 감고 한숨을 쉬었다. 나는 그에게 왜 그렇게 괴로워 보이느냐고 물었다. 그는 가책이 들어서 그렇다고 했다.

"가책이라니 뭐에 대해서, 토니?"

"자네가 한 말에 대해 가책이 드네." 토니는 말했다. "그 남자는 이슬람교 자체를 제대로 연구하거나 받아들인 적도 없으면서 스스로 영적인 존재로 보이려고 이슬람 용어를 들먹이고 있네. 그저 이용하는 거지. 자신의 쾌락을 위해 강간하는 거지."

"자네가 왜 거기에 가책을 느끼나?" 나는 물었다. "이슬람 사상에 대해 자네가 그런 식으로 말하는 걸 난 들어 본 적이 없는데."

"아네." 토니는 말했다. "하지만 나도 예수님께 똑같은 짓을 하거든."

토니가 그 말을 하는 순간, 마치 진리가 방 안에 들어와 우리 곁에 앉는 것 같았다. 예수님이 내 머리를 살짝 붙드시고 내 눈의 들보를 빼내시는 것 같았다. 모든 것이 분명해졌다. 내가 거짓 신들을 원한 것은, 예수님이 내 뜻대로 재롱을 부리지 않기 때문임을 나는 한순간에 깨달았다. 토니처럼 내 믿음의 관건도 영성의 실천이 아니라 이미지와 자아에 있었음을 나는 깨달았다.

그 작가가 우리 시에 온 것은 내게 있어 뭔가의 시작이었다. 내 진정한 기독교의 시작이었다. 시류에 영합하는 그 작가와 카자 칸디르 그리고 비트 시인 토니는 변화의 씨앗이었다. 나는 그리스도를 알았지만 실천하는 그리스도인이 아니었다. 이미지만 신앙인일 뿐 나는 종교와 철학의 금송아지들에게 절하고 있었다. 이는 개안(開眼)의 순간, 자신의 참 모습을 잊을래야 잊지 못하도록 정직히 거울을 들여다보는 순간이었다. 가식을 벗는 순간이었다. 그 순간 이후로 일이 재미있어지기 시작했다.

9. 변화_ 옛 신앙의 새 출발

예수님을 만나고 그분을 하나님의 아들로 믿는 사람이라면 누구나
평생 그분을 따르기로 결단하는 시점이 있다. 사도 바울처럼 그분
을 만나는 즉시, 그리스도인이 되는 그 순간, 그렇게 결단하는 사람
들도 있다. 사도 베드로처럼 부분적인 헌신과 영적 혼란의 세월을
보낸 후에야 열정을 다해 뛰어드는 사람들도 있다. 그런가 하면 창
조주와 연합하는 참 기쁨에 들어가지 않은 채 하나님의 사랑과 은
혜의 혜택을 일부만 누리는 사람들도 있을 수 있다.

　고등학교를 졸업하고 얼마 안되어 나는 휴스턴 외곽의 큰 교
회 대학부를 인도하게 되었다. 명예로운 자리인지라 처음에는 나
도 그 직분을 중시했다. 나는 몇 시간씩 성경을 연구하여 말씀을 준
비했고 학생들도 좋아했다. 처음에는 대타 교사였다. 대학부 사역
자가 한 주간 자리를 비우게 되어 나한테 대신 부탁했던 것이다. 말

씀 요청이 다시 들어왔을 때 나는 도넛 앞에 선 호머 심슨처럼 그 기회를 반색했다. 머잖아 나는 상시 교사가 되었다. 나는 주목과 칭찬 속에 헤엄쳤고, 그것이 좋았고 그것을 탐했고 아예 거기 익사하다시피 했다.

주목받으면 받을수록 나는 이상해졌다. 금방이라도 텔레비전에 나 자신의 종교 프로그램을 만들 것만 같았다. 물론 그건 약간 과장이지만 아무튼 그랬다. 나는 늘 웃고 늘 악수하고 늘 아기들에게 뽀뽀해 주고 늘 말씀을 전했다. 내 입에서 "하나님이 함께하신다", "주님의 축복을 빈다" 같은 말들이 나왔다. 삼류 소설가처럼 나는 상투적 표현들을 썼다.

나는 대학부를 2년 동안 인도했는데, 처음에는 즐거웠으나 오래지 않아 자신이 사기꾼처럼 느껴졌다. 나 자신에게 진저리가 났다. 토크쇼 진행자처럼 들리는 내 목소리마저 듣기 싫었다.

어느 날 오후 나는 담임목사에게 면담을 청하여 그에게 떠나겠다고, 세상에 들어가 생각을 정리하겠다고 말했다.

"얼마나 가 있을 건가?" 그는 물었다.

"모르겠습니다." 나는 어깨를 으쓱해 보였다.

"자네 괜찮나?"

"그럴 겁니다. 어쩌면." 나는 말했다.

"뭔지 말할 수 있겠나?" 그는 걱정되는 기색이었다.

"아뇨, 별로요."

"자네한테 휴식이 필요한 건 알겠네. 두어 주 쉬면 어떻겠나?"

"더 오래 쉴 생각이었습니다." 나는 말했다.

"얼마나?"

114

"모르겠습니다. 이런 일에 시간을 정할 수 있나요?"

"무슨 일인데, 돈?"

"모르겠습니다." 나는 창밖을 내다보며 말했다.

"자네 상태를 내게 말해 주겠나?"

"아뇨. 말로 표현하려 해봤지만 안됩니다. 그냥 많이 지쳤어요. 정신적으로 고갈되었습니다. 기계적으로 재주나 부리고 있는 기분입니다. 하나님이 저를 통해 가르치고 계신 것 같지 않아요. 가식적인 존재가 된 것 같습니다. 꼭 해야 할 말을 하고 꼭 해야 할 일을 하지만, 진심으로 내 마음에서 우러난 게 아닙니다."

"진짜 자네가 하고 싶은 말, 하고 싶은 일은 뭔가?" 그는 내게 물었다.

"모르겠습니다. 그래서 떠나려는 겁니다."

"자네, 믿음의 위기를 맞은 건가?" 그는 다시 걱정되는 기색이었다.

"어쩌면요. 믿음의 위기가 뭡니까?" 나는 물었다.

"자네, 하나님을 믿나?"

"네. 그분과 함께 떠나고 싶습니다."

"아무런 회의도 없나?" 그는 물었다.

"네. 하나님에 대해서든 뭐에 대해서든 회의는 없습니다. 문제는 접니다. 늘 마음에 없는 말을 하는 것 같거든요. 학생들한테는 믿음을 전해야 한다고 말하지만 정작 저는 내 믿음을 전하고 싶은 마음이 안 듭니다. 학생들한테는 말씀 안에 거해야 한다고 말하지만 저는 말씀을 가르쳐야 하기 때문에만 말씀을 봅니다. 저번 날 저는 한 학생에게 '하나님의 축복을 빈다'고 말했습니다. 그게 무슨 뜻인가요? 어려서부터 그런 말을 해왔지만 그게 무슨 뜻인가요? 그러다 보니 내 입에서 나오는 허튼소리가 죄다 생각났습니다. 모든 상투적인 표현들, 모든 앵무새 같은 구호들. 하나님을 광고하고 다니지만 정작 그 제품을 쓰지 않는 사람이 접니다. 이런 제 모습이 더 이상 싫습니다."

"그래서 떠나야 한다는 건가?" 그는 재차 물었다.

"네."

"어디로 갈 건가?"

"미국으로요."

"미국?" 그는 어리둥절해 보였다.

"미국이요."

"지금 여기가 미국일세, 돈."

"예, 알아요. 하지만 미국에는 다른 곳들도 있습니다. 다른 곳들을 보고 싶습니다. 저번 날 지도를 보았더니 텍사스는 구릉 몇에 초록이 듬성듬성할 뿐 온통 황토색이지만, 다른 곳들은 울퉁불퉁한 큰 산들이 있어 초록이 더 짙더군요. 그런 데로 가고 싶습니다."

"하나님이 저 바깥 어디에 계신 것 같은가? 저 멀리 울퉁불퉁한 곳에?"

"하나님은 어디나 계시다고 생각합니다."

"그런데 왜 굳이 떠나야 되나?"

"더 이상 여기에 못 있겠어서요. 여기서는 온전한 내가 아닌 것 같습니다. 일부만 성한 것 같고, 되다 만 것 같습니다. 지쳤어요. 이 교회가 어때서가 아닙니다. 제가 문젭니다. 뭔가 실타래가 꼬이면서 저는 실제의 제가 아니라 당위적인 인간이 되었습니다. 돌아

가서 실제의 저를 찾아 여기 당위적인 인간 앞으로 데려와야 될 것 같습니다. 말이 되는지 모르겠습니다. 초록빛 울퉁불퉁한 곳에 대해 제가 하는 말을 아시겠습니까?"

이런 식의 대화가 한 시간 가량 계속되었다. 실제의 내가 초록빛 울퉁불퉁한 곳에 있다고 나는 주저리주저리 늘어놓았다. 말도 안되는 소리였다. 담임목사가 앰뷸런스를 불러 나를 데려가게 하지 않은 게 신기할 정도다.

그때 나는 그리스도인이라면, 본인이 알든 모르든, 누구나 원하는 것을 원치 않았나 생각된다. 내가 원했던 것은 하나님이다. 나는 손에 만져지는 교류를 원했다. 그러나 솔직히 그 이상으로 나는 내가 누구인지 알고 싶었다. 나는 로봇이나 곤충, 우주에 떠다니는 희한한 덩어리가 된 기분이었다. 하나님과 접촉만 된다면 그분이 내가 누구이며 왜 그런 존재인지 설명해 주실 수 있을 거라고 나는 믿었다.

예수님께 참으로 헌신하기 전의 몇 날 몇 주는 비참하고 외로울 수 있다. 나는 인간 경험에 대해 억울한 마음이 있었던 것 같다. 나는 인간이 되겠다고 자처한 적이 없다. 아무도 모태에 와서 내게 상황을 설명해 주지 않았고, 세상에 나가 살고 호흡하고 먹고 기쁨과 고통을 느끼는 일에 내 허락을 구하지 않았다. 인간으로 존재한다는 것이 정말 해괴한 일이라는 생각, 우리가 꼼짝없이 살갗에 갇히고 중력으로 지구에 매인 채 어쩔 수 없이 이성(異性)에 끌리고 어쩔 수 없이 음식을 먹고 화장실에 가야 한다는 생각이 들기 시작했다. 아마도 나는 미쳐 가고 있었나 보다. 나는 수중에서 호흡할 수 없다는 사실을 억울해하며 꼬박 일주일을 보냈다. 나는 하나님께 물고기가 되고 싶다고 말했다. 잠에 대해서도 약간 억울했다. 우리는 왜 자야 하나? 원하는 만큼 깨어 있을 수 있다면 좋겠는데, 하나님은 나를 수면이 필요한 이 몸 안에 두셨다. 삶은 더 이상 자유의 경험 같지 않았다.

담임목사와 대화한 지 열두 시간쯤 후에 나는 친구와 함께 폭스바겐 캠핑 밴에 올라 초록빛 울퉁불퉁한 곳으로 떠났다. 전국일주 일주일 만에 우리는 그랜드캐니언 밑에 가 있었는데, 알고 보면 그곳은 초록보다 울퉁불퉁함 쪽이 더 많다. 정말이지 등산하다 죽는 줄 알았다. 내 체력으로 무리였다. 그래서 바닥의 거대한 구덩이 밑에 이르렀을 때 내 꼴은 말이 아니었다. 물론 절경이었던 건 분명하지만, 머리가 빠개지는 것 같았다. 하체에 감각이 없으면 어디 호젓이 앉아 절경을 감상할 기분도 안 나는 법이다. 울퉁불퉁하지 않더라도 말이다.

그랜드캐니언은 강에서보다 위에서 보면 더 장관이다. 일단 안으로 들어가면 모든 것이 유타 주나 다를 바 없다. 그러나 친구와 함께 강가에서 자면서 나는 하나님과의 소중한 순간을 경험했다. 등산 후 온몸이 욱신거렸으므로 나는 바보 짓할 기분이 아니었다. 하나님 마음에 들려고 하지도 않았고 말 표현도 바르지 않았다. 나는 그저 아이가 아버지한테 말하듯 하나님께 말하며 기도를 시작했다.

강가의 무수한 별빛 아래 나는 가만히 하나님을 불렀다.

"여보세요?"

별들은 조용했다. 강은 물고기들만 알아들을 수 있는 사투리로 말했다.

"죄송해요, 하나님. 당신에 대해 너무 헷갈려서, 너무 위선자가 돼서 죄송해요. 너무 늦었지 않기를 바랍니다. 저는 내가 누구이고 당신이 누구이고 믿음이 무엇인지 잘 몰라요. 하지만 당신이 말하고 싶다면 전 여기 있어요. 어렸을 때 제 마음에 가책을 주시는 당신을 느낄 수 있었지요. 당신은 지금도 저와 통하려 하고 계신 것 같아요. 하지만 제게 당신은 외계인처럼, 멀리 계신 분처럼 느껴집니다."

별들은 그대로였고 강에서도 계속 물고기 언어만 들렸다. 그러나 거기 누워 솔직한 모습으로 하나님께 말하다 보니 마음이 좀 편해지기 시작했다. 약간 꽤씸했던 옛 친구에게 사과하는 기분이었는데 친구는 괜찮다며 자기는 아무 생각 없었다고 말하는 듯했다. 나는 다시 시작하거나 아예 처음 시작하는 것 같았다. 하나님께 자신을 드린다는 건 그런 거다. 어떤 사람들은 감정이 아주 격해지고 어떤 사람들은 중대한 결정을 내린 뒤의 평안 외에 별 느낌이 없다. 나는 깊은 평안을 느꼈다.

그랜드캐니언의 밤은 너무 아름답다. 무지하지 않으신 하나님이 붙들고 계시는 수십억의 별들도 너무 아름답다(별들은 악보의 음표처럼, 자유시처럼, 블루 재즈 안에 소용돌이치는 침묵의 신비처럼 거기 달려 있다). 거기 누워 나는, 하나님이 저 위 어딘가에 계시다는 생각이 들었다. 물론 그분이 계심을 나는 늘 알았으나 이번에는 배고픔이나 목마름을 알듯이 그렇게 알고 느꼈다. 하나님을 아는 지식이 내 머리에서 나와 가슴으로 스며들었다. 당신을 배반하고 행음을 일삼는 사랑하는 인류에게 반쯤 화가 나 있으면서도, 대책 없이 인류를 사랑하며 그 사랑에 흠뻑 취하여 지구를 내려다보시는 하나님의 모습을 나는 상상해 보았다.

왜 내 몸 안에 피가 있어, 내 사지에 생명을, 내 두뇌에 생각을 보내고 있는지 조금 알 것 같다. 하나님이 나를 원하신다. 그분은 나를 보호하고 사망의 음침한 골짜기에서 인도하여 그분의 임재와 영생의 고원으로 올리기 원하신다. 육신을 입고 이 땅을 걷는 내가 유한한 존재임을 나는 안다. 사탄이 나를 유혹하고 있고 사탄이 우리 모두를 유혹하고 있으나, 내가 보호받는 것은 우리 구주요 구원자를 모르는 이들에게 그분을 전하기 위함이다. 그래서 바울은 이의가 없었다. 그래서 그는 오늘 맞고 내일 옥에 갇혔다 풀려나 다시 맞아도 절대 하나님께 이유를 묻지 않았다. 그는 이 땅이 타락한 곳임을 알았다. 로마의 법이 인류를 구원할 수 없고 인류 스스로 구원할 수도 없으며, 누군가 건져 주어야 함을 그는 알았다. 그리고 그는 자기가 약속의 땅에 와 있지 않고 아직 광야에 있음을 알았고, 여호수아와 갈렙처럼 "나를 따르라, 하나님을 믿으라!"고 외쳤다.

이제야 나는 안다. 프랑스 기숙사 방에서 하나님이 페니에게 다가가고 계셨음을 안다. 로라와 내가 논했던 인종차별이 혼란의 씨앗, 악한 자의 씨앗에서 자람을 안다. 미치광이처럼 이 땅을 맹공격하며 르완다의 부족들간에 싸움을 붙이고 콩고 남자들의 귀에 여자를 보호하지 말고 강간하라고 속삭이는 사탄이 보이는 듯하다. 사탄은 제3세계의 사교(邪教)들, 아르헨티나의 경제적 혼돈, 기업의 이익만 따지는 미국 기업주들의 탐욕 속에 일하고 있다.

거기 별빛 아래 누워, 나는 인간으로 존재한다는 것이 얼마나 큰 책임인가 생각했다. 내가 인간임은 하나님이 나를 지으셨기 때문이다. 내가 고난과 유혹을 경험함은 인류가 사탄을 따르기로 했기 때문이다. 하나님은 나를 구하시려 내게 다가오고 계신다. 나는 그분을 의지하는 법을 배우고 있고, 그분의 교훈대로 살아 보호받는 법을 배우고 있다.

10. 소신_ 멋의 탄생

가장 최근 내 신앙의 고민은 지적인 고민이 아니다. 사실 그런 고민은 이제 하지 않는다. 하나님을 믿지 않으며 그분의 부재를 증명할 수 있는 사람들도 있고, 하나님을 믿으며 그분의 존재를 증명할 수 있는 사람들도 있음을 우리는 조만간 알게 된다. 하나님이 변론의 주제였던 시대는 오래전에 끝나고 지금은 어느 쪽이 더 똑똑하냐의 문제가 되었거니와, 솔직히 나는 신경 안 쓴다. 내가 지적인 이유로 하나님을 떠나리라고는 생각되지 않는다. 그나저나 인간이 알면 뭘 아나? 그런 일이 절대 없기를 기도하지만 내가 만일 그분을 떠난다면 사회적 이유, 정체감의 이유, 깊은 정서적 이유, 만인이 만사를 행하는 바로 그 이유로 떠날 것이다.

시애틀 출신의 내 친구 줄리 캔리스는 레이첼이라는 고운 어머니를 두었는데, 작고 왜소한 레이첼은 내가 놀러 가면 늘 내 이름

을 기억해 준다. 어느 날 아침 나는 부엌 카운터에 앉아 레이첼에게
사랑과 결혼에 대해 말하고 있었는데, 남편 얘기가 나오자 그녀의
얼굴에 살짝 빛이 났다. 드문 일이지만 그 순간 나는 속내를 내보이
며, 아내가 영화를 보거나 책을 읽거나 내 벌거벗은 모습을 본 후
갑자기 나한테 사랑이 식을지도 몰라 나는 결혼이 두렵다고 말했
다. 무엇이 그런 사태를 유발할지 알 수 없는 일이다. 레이첼은 커
피에서 피어오르는 김 사이로 나를 보며, 관계만 제대로 되어 있다
면, 어느 날 깨어 하나님을 그만 믿을 수 없는 것만큼이나 어느 날
깨어 결혼을 벗어나고 싶어질 수 없다고, 아주 지혜롭고 위안이 되
게 말했다. 사실은 사실이라는 것이었다.

　　하나님을 믿는 것이 결단이기도 하지만, 그 못지않게 사랑에
빠지는 것과도 같음을 나는 그때 깨달았다. 사랑은 절로 오는 일이
자 동시에 내가 정하는 일이다. 내가 줄리의 어머니 얘기를 꺼낸 것
은 사랑에 대해 말하고 싶어서가 아니라 믿음에 대해 말하고 싶어
서다. 나는 믿음도 우리에게 절로 오는 것이라고 생각하게 되었다.
물론 데이터도 꽤 개입되지만 대체로 믿음은 줄리의 어머니가 남
편에 대해 느끼는 것 같은 깊디깊은 신념, 삶이란 바로 이것이며 그
밖의 것은 대안이 될 수 없다는 소신이다.

　　최근 나는 배우 겸 작가인 에단 호크(Ethan Hawke)를 좋아한
다는 여자와 얘기를 나누었다. 호크는 소설을 두어 편 내놓았는데,
정말 잘 썼겠지만 나는 읽어 보지 못했다. 나는 그가 작가 더글러스
쿠플랜드(Douglas Coupland)의 팬임을 알고 있는데, 내게 묻는다면
그건 좋은 일이며 그래서 아마도 나는 언젠가 그의 책을 읽어 보고
싶다. 그러나 그녀는 그를 한 인간으로서 너무너무 좋아한다고 했

고 그래서 나는 이유를 물었다. 그녀는 대답하기 전에 한참 생각해야 했는데, 대답인즉 그가 그냥 배우가 아니라 배우 겸 작가라서 그렇다고 했다. 나는 그가 배우 겸 작가라서, 그를 좋아하느냐고 물었고 그녀는 그렇다고 했다. 심오해 보였다. 나는 심기가 뒤틀려서 그녀에게 그가 무엇을 믿는지 아느냐고 물었다. 그녀는 무슨 뜻이냐고 했다. 나는 그의 소신이 무엇인지 아느냐며 그녀를 정색하고 쳐다보았다. 그녀는 무엇에 대한 소신이냐고 물었다. 나는 아무거나에 대한 소신이라고 답했다. 그녀는 의자에 깊숙이 앉으며 모른다고, 그가 무엇을 믿는지 모른다고 했다. 나는 그녀에게 그가 멋있어 보이느냐고 물었다. 물론 멋있다고 그녀는 말했다.

바로 그것이 나를 지독히 답답하게 한다. 나는 우리가 대중문화의 우상들을 정말 좋아하고 추종하고 떠받드는 것이 그들의 믿는 바에 동조하기 때문인지, 아니면 그냥 멋있어 보여서 그들을 떠받드는 것인지 모르겠다.

저번 날 나는, 우리가 왜 대중 인물들을 우상화하는지 궁금해졌다. 물론 내 나름대로 이론이 있다. 내 생각에 우리는 멋있어지려는 욕구가 있고, 사회 저변에는 어떤 사람들은 멋있고 어떤 사람들은 멋있지 않다고 말하는 기류가 있다. 그리고 멋있어지는 것은 정말 대단히 중요하다. 그래서 텔레비전이나 라디오에 멋있는 사람이 나오면 우리는 자신을 그 사람과 연계시켜 자신의 가치를 느낀다. 내게 있어 이런 풍조의 문제는, 자신과 연계시키는 그 사람이 무엇을 믿는지 우리가 전혀 모른다는 것이다. 사람이 무엇을 믿고 무엇을 표방하는가는 뒷전이고, 멋만 중시하는 것, 그것이 문제다. 다시 말해 멋만 있으면 됐지 내가 삶에 대해 무엇을 믿든 아무도 관심 없다. 결국 문화 저변에 흐르는 기류는 각자 무엇을 믿고 무엇을 하여 사회를 돕고 있느냐에 근거하여 사람에게 가치를 부여하는 게 아니라, 멋이 있느냐 없느냐를 근거로 사람의 가치를 정하기 때문이다.

에단 호크를 좋아하는 내 친구를 트집 잡을 마음은 없다. 그녀는 아주 똑똑하고 소신도 깊으나, 다만 나는 그녀의 얄팍한 면을 잡아냈다는 사실이 좋다. 얄팍하다 함은 그녀가 자신을 누군가와 연계시키고 그를 "멋있게" 보면서도, 그가 무엇을 믿는지 모른다는 뜻이다. 내가 그녀를 잡아내고 좋아하는 이유는, 그것이 평소의 그녀 모습이 아니고 평소의 내 모습이기 때문이다. 나는 내 그 점이 싫고 그녀의 그 점이 좋으며, 그래서 그녀가 약점을 보이자 그녀도 내 부류라는 사실을 지적하고 싶었던 것이다.

나는 부시의 이라크 공격 방안을 반대하러 시카고 집회에 온 한 여자에게 홀딱 반했었다. 우리가 내 친구 집 거실에 둘러앉아 시국을 논하고 있는데 그녀가 발끈하더니 한순간 주먹을 치켜들며 말했다. "부시를 타도하라!" 그 뒤로 나는 그녀에게 반했던 마음이 싹 가셨다. 내가 조지 부시를 좋아해서가 아니라, 그녀가 자신이 왜 조지 부시를 싫어하는지 전혀 몰랐기 때문이다. 그녀는 집회에 가서 좋은 밴드 음악을 듣고, 멋진 복장에 히피 머리를 한 멋있는 사람들을 많이 보았을 뿐이다. 그녀 자신이 무엇을 믿을지 정하는 근거는, 그것을 믿는 다른 사람들이 그녀에게 어필하는 특정 유행을 따르고 있느냐 여부였다. 나는 그녀 안에서 내 모습을 꽤 많이 보았고 그래서 두려웠다. 그런 여자들을 보노라면 나는 페니와 결혼하고 싶어지는데 페니야말로 소신이 분명하기 때문이다. 페니는 소신대로 산다. 나는 페니에게 결혼을 청했으나 그녀는 관심이 없었다. 지금도 나는 한 달에 한 번씩 페니에게 전화로 청혼하지만 그녀는 화제를 바꿀 뿐이다.

내 안에 작업이 필요한 부분은 이 소신의 문제다. 간디는 다른 뺨을 돌려대라고 하신 예수님을 믿었다. 간디는 대영제국을 무너뜨리고 카스트 제도에 깊은 흠집을 내고 세상을 변화시켰다. 테레사 수녀는 못생긴 이들과 냄새나는 이들까지, 인간은 다 한없이 귀하다고 말씀하신 예수님을 믿었다. 테레사 수녀는 인간이 이기심 없이 살 수 있음을 보여 세상을 변화시켰다. 베드로는 바울의 호통을 들은 후 결국 복음을 믿었다. 베드로와 바울은 하나님 없는 곳들에 작은 교회들을 세워 세상을 변화시켰다.

에미넴은 자기가 다른 래퍼들보다 더 나은 래퍼라고 믿는다. 심오하다. 우리 다 에미넴을 따르자.

여기 함정이 있고, 내 요지도 그것이다. 나는 예수님의 존재를 믿는 것만큼이나 사탄의 존재를 믿거니와, 사탄은 우리가 무의미한 이유로 무의미한 것들을 믿기 원한다. 하나님이 우리를 자아중독의 구덩이에서 구하려 하심을 그리스도인들이 정말로 믿는다면 어떨지 상상할 수 있나? 세상의 절반 이상이 빈곤 속에 살고 있음을 이해한다면 미국인들이 어떻게 할지 상상할 수 있나? 그들은 생활방식을 바꾸고 다른 물건을 사며 다른 정치인들을 뽑지 않을까? 우리가 바른 것들, 참된 것들을 믿는다면 지구상에 문제가 그리 많지 않을 것이다.

단, 깊은 소신의 문제는 대가가 따른다는 것이다. 그런데 내 안에는 뭔가가 있다. 진리에 책임이 수반되며 만약 뭔가를 정말로 믿는다면 그것이 행동으로 이어져야만 하기 때문에, 진리를 아예 싫어하는 간사하고 이기적인 야수 같은 것이 있다. 뭔가를 믿는다는 것은 너무도 거추장스런 일이다. 멋도 없다. 영화 '청춘 스케치'니 '웰컴 투 사라예보'니 국제사면위원회의 의미에서야 멋있겠지만, 그런 멋이래야 유행하는 헤어스타일 정도에 지나지 않는다. 여자들이 한동안은 거기에 푹 빠지지만 그게 전부가 아니다. 우리는 큰 집과 비싼 옷도 원해야만 하는데, 결국 믿음의 수명도 한철의 유행으로 끝나기 때문이다. 결국 우리는 에단 호크가 무엇을 믿는지 몰라도 그를 좋아한다. 믿음도 유행성 고백이 되었다. 뭔가를 믿기 때문에 믿는 일은 더 이상 없다. 믿어서 멋있으니까 믿을 뿐이다.

기독교의 믿음, 진짜 기독교의 믿음, 하나님과 마귀와 천국과 지옥이 있다는 믿음의 문제는, 그것이 최신 유행의 믿음이 아니라는 것이다.

한때 나는 기독교를 멋있게 만들 수 있다면 세상을 변화시킬 수 있다고 생각했다. 기독교가 멋있으면 모든 사람이 자신의 죄성을 해결하기 원할 것이고, 모든 사람이 죄성을 해결하면 세상의 문제는 대부분 풀릴 것이기 때문이었다. 나는 기독교를 멋있게 만드는 최선의 길은 예술을 사용하는 것이라 결론지었다. 나는 누구나 본받고 싶어 할, 유행에 밝은 그리스도인에 관해 단편소설을 쓰려고 했다.

유행에 밝은 그 그리스도인은 깊었다. 깊은 물이었다. 시인이었다. 마약과 창녀에 취해 살던 시절, 그는 프랜시스 톰슨(Francis Thompson)을 공부했다. 그는 『천국의 사냥개』(The Hound of Heaven)와 『낯선 땅 어디에도』(In No Strange Land)와 T. S. 엘리

128

엇(Eliot)의 『네 개의 4중주』(Four Quartets)를 공부했다. 그는 담배를 피우며 낭만주의 문학을 읽었다. 미국문학도 읽었다. "나는 우리 세대의 가장 훌륭한 지성들이 광기로 추락하는 것을 보았다"는 알렌 진스버그(Allen Ginsberg)의 말은 그가 보기에 죄성에 관한 말이었다. 그는 사회 정의에도 관심이 있었다. 그는 스케이트보드도 탈 줄 알았고 록밴드에 속해 있었다.

그의 이름은 톰 토킨스였는데, 비록 싱거운 이름이지만 그는 자신이 타는 낡은 트라이엄프 오토바이로 그것을 극복했다. 내 소설에서 톰 토킨스는 금발머리를 가닥가닥 딴 여자와 가볍게 데이트를 하고 있었다. 그녀는 불교 신자였고 그는 그리스도인이었다. 그는 그리스 정교회에 다녔다. 그녀는 어쩌다 한 번씩 그와 함께 교회에 갔으나 그는 절대 그녀의 신앙에 동참하지 않았다. 그는 그녀의 신앙이 얄팍하며 너무 유행성이라고 생각했다. 그는 그녀의 아파트 옥탑 방에서 점심을 먹다가 그렇게 말했고 그녀는 버럭 화를 냈다. 그러다 그녀는 울었으나 그는 위로해 주지 않았다. 그는 일어나 재킷을 걸치고 담뱃불을 붙인 다음 그녀에게 교회에 간다고 말했다. 그녀는 "당신네 크리스천들은 진리에 대해 어떻게 그렇게 배타적이냐!"고 소리쳤다. 그는 거울을 보고 재킷을 펴면서 혼자 속삭였다. "그야 원래 그러니까 그렇지. 원래 그러니까."

그는 밖으로 나갔고 그녀는 혼자 남아 괴로워 울며 작은 불상의 배를 문질렀다. 그는 그녀를 다시 생각하지 않다가 다음날 그 아파트를 지나가게 되었다. 톰 토킨스가 안에 들어가니 오후인데도 그녀는 자고 있는데 얼굴이 온통 붉고 눈물로 젖어 있다. 그는 오토바이 재킷에서 엘리자베스 배릿 브라우닝(Elizabeth Barrett

Browning)의 시집을 꺼내 그녀가 가만히 잠에서 깰 때까지 '포르투갈인의 소네트'(Sonnets from the Portuguese)를 읽어 주었다. 그는 그녀 곁에 누워 자신의 한 팔에 그녀의 머리를 뉘었다. 그녀는 그의 겨드랑이에 얼굴을 묻고 흐느꼈으나 그는 멈추지 않고 읽었다.

> 내 사랑이여, 내가 내던져진 이 지구의
> 황량한 평원에서 그대는 나를 일으켜 주었고
> 늘어진 고수머리 사이로 생명의 숨결을
> 불어넣어, 모든 천사들이 보는 가운데,
> 당신의 구원의 키스 앞에 내 이마가 다시금
> 희망으로 빛나게 했다네! 내 사랑, 내 사랑이여,
> 세상이 떠났을 때 당신은 나에게로 왔고
> 하나님만을 찾던 나는 그대를 발견했다네.

저번 날 나는 동부의 어느 대학 사람들을 다룬 영화를 보았는데 상당히 지저분한 영화였다. 등장인물로 마약 거래상에 건달인 남자가 있는데 영화 속의 모든 사람이 그를 사랑했고 그와 섹스를 나누기 원했다. 나와 함께 사는 그랜트는 저번 날 내게 말하기를, 여자들은 항상 못된 남자들을 좋아한다고 했다. 내 생각에 내 친구 에이미가 그렇다. 내 친구 수지도 그랬으나 수지의 말로 자기는 그 단계를 뗐고 이제 비교적 자상하고 안정된 남자들을 좋아한다고 했다.

그러나 톰 토핀스의 특징은 소신이 강하다는 것이다. 그는 흔들리지 않았다. 절대 권하고 싶지 않은 그 지저분한 영화의 마약 거래상에게 있는 바로 그것이 톰 토핀스에게도 있었으니 곧 소신이었다. 마약 거래상은 자기 등을 두드려 주며 세상을 가르쳐 줄 사람을 찾은 게 아니라, 비록 타락 일색일망정 비록 사람들을 지옥으로 이끌망정, 그는 소신껏 처신하고 움직였다. 당신도 뭔가를 열심히 믿으면 사람들이 당신을 따라다닌다. 당신이 뭔가를 믿기만 한다면 사람들은 당신이 무엇을 믿는지는 따지지 않는다. 사람들이 뭔가에 열심인 당신을 따름은, 자기들이 모르는 뭔가를, 우주의 의미에 대한 단서를 당신이 안다고 생각하기 때문이다. 그러나 열정은 뭔가를 가리키기 쉬운 만큼이나 아무것도 가리키지 않을 수도 있으므로 위험하다. 래퍼가 자기 랩의 위대함을 열심히 노래한다면 그의 열정은 아무것도 가리키지 않는 거다. 그는 아무 데도 도움이 안된다. 그의 믿음은 이기적이고 얄팍하다. 그러나 래퍼가 주변 사회, 압제와 정의를 노래한다면 이는 한 메시지, 곧 자기 바깥의 그 무엇에 대한 열정이다. 사람들이 무엇을 믿느냐는 중요하다. 사람들이 무엇을 믿느냐는 그들의 외모와 재주와 열정의 강도보다 더 중요하다. 맹목적인 열정은 바퀴 없는 차에 기름을 붓는 것과 같다. 그 차로는 어디로도 갈 수 없다.

내 친구 데모꾼 앤드류는 소신의 사나이다. 앤드류가 최루가스를 맞아가며 데모하러 가는 이유는, 변화의 목소리가 된다는 소신 때문이다. 내 공화당 친구들은 내가 앤드류를 영웅으로 그리면 속상해하지만 나는 대가를 마다않고 꿋꿋이 소신을 펴는 앤드류가 좋다. 앤드류의 입장에 동의하지 않음에도 불구하고 나는 그가 자기 소신을 위해 희생을 감수하는 모습이 좋다. 그리고 그의 소신이 사회운동에 관한 거라서 좋다.

앤드류는 정치적 운동만으로 부족하다고 말한다. 그는 법은 절대 세상을 구원할 수 없다고 말한다. 토요일 아침이면 앤드류는 노숙자들을 먹인다. 그는 길가에 임시 주방을 설치하고는 길거리에 사는 사람들에게 아침식사를 차려 낸다. 커피를 대접하고 홈리스 친구들과 함께 앉아 얘기하고 웃으며, 그들이 기도하기 원하면 함께 기도도 한다. 그는 정말 대단한 자유주의자다. 다만 앤드류는 그것이 예수께서 자기에게 원하시는 일이라 믿는다. 앤드류는 허울뿐인 열정을 믿지 않는다.

위대한 기독교 지도자들은 모두 사고가 단순하다. 앤드류는 골프 한 라운드에 거액을 소비하면 경기가 활성화되고 가난한 자들에게 일자리가 생긴다는 통화침투 이론으로 자신의 선행을 포장하지 않는다. 그는 예수께서 가난한 자들을 먹이라 하심은 우리더러 직접 그렇게 행하라는 뜻이라고 그대로 믿는다.

믿는다고 말하는 것이 믿는 것이 아니라 행하는 만큼이 믿는 것임을 내게 가르쳐 준 사람은 앤드류다.

나는 말로는 사람들에게 예수님을 전하는 일이 중요하다고 하면서 정작 나는 전한 적이 없다. 앤드류는 만일 내가 사람들에게 예수님을 소개하지 않는다면 그것은 내가 그분을 중요한 존재로 믿지 않는 거라고 아주 친절히 설명해 주었다. 앤드류는 내가 정치가처럼 살지 말고 그리스도인답게 살아야 한다고 말했다. 말했듯이 앤드류는 사고가 단순하다.

최근에 교회를 시작한 젊은 목사인 내 친구 하나는 이따금씩 내게 미국 교회의 새 얼굴에 대해, 포스트모던 교회에 대해 말한다. 그는 새 교회는 옛 교회와 달리 문화와 인간 고뇌에 부응할 거라고 말한다. 내 생각에 예수님과 복음의 능력을 믿지 않고서 문화에 부응한 교회는 역사상 없었다. 이른바 새 교회가 최신 유행하는 음악과 멋있는 웹페이지를 믿는다면 역시 문화에 부응하지 못한다. 이는 사람들을 맹목적 열정에 빠뜨리려는 사탄의 또 다른 도구일 뿐이다.

언젠가 토니는 나더러, 위해서 죽을 수 있는 것이 있느냐고 물었다. 나는 오래 생각해야 했는데 이틀 동안 생각한 후에도 답은 짧았다. 결국 내가 위해서 죽을 수 있는 원리는 그리 많지 않았다. 나는 복음이 인류에게 알려진 유일한 혁명적 사상이라 믿기에 복음을 위해 죽을 수 있다. 페니, 로라, 토니를 위해서도 죽을 수 있다. 릭을 위해서도 죽을 수 있다. 앤드류는 뭔가를 위해 죽는 것은 영광이 따르므로 쉽다고 말할 것이다. 뭔가를 위해 사는 것이 어려운 일이라고 앤드류는 말할 것이다. 뭔가를 위해 사는 것은 유행, 영광, 인정을 벗어난 일이다. 우리는 자신이 믿는 바를 위해 산다고 앤드류는 말할 것이다.

데모꾼 앤드류의 말이 옳다면, 내 삶이 곧 내 소신이라면, 내가 믿는 고상한 것은 그리 많지 않다. 내가 세상에서 가장 중요한 사람이라는 것이 나의 제일가는 소신임을 내 삶이 증거해 준다. 내 삶이 증거인 까닭은, 내가 어느 누구보다도 나 자신의 의식주와 행복을 더 챙기기 때문이다.

나는 더 나은 것들을 믿는 법을 배우고 있다. 다른 사람들이 존재하고, 유행은 진리가 아니며, 예수님이 역사상 가장 중요한 인물이고, 복음이 우주에서 가장 강력한 힘이라는 소신을 터득하는 중이다. 나는 허울뿐인 것들에 열심 내지 않고 정의와 은혜와 진리에 열정을 기르는 법을, 예수님이 사람들을 좋아하시며 심지어 사랑하신다는 개념을 전하는 법을 배우고 있다.

11. 고백_옷장에서 나오다

어려서 내가 주일학교에 다닐 때 우리 반 교사는 과녁 같은 원 모양의 큰 포스터를 벽에 붙였다. 그녀는 우리더러 주변의 그리스도인이 아닌 사람들 이름을 종이쪽지에 적게 한 뒤 그 이름들을 과녁의 바깥 원에 꽂았다. 바깥쪽 원은 그만큼 예수님을 몰라서 멀다는 뜻이고 안쪽 원은 예수님과 관계를 맺게 된다는 뜻이었는데, 그녀는 연말까지 그 이름들을 안으로 옮기는 것이 우리의 목표라고 했다. 눈에 보이는 목표가 있으니 멋있는 방법이라고 나는 생각했다.

내 주변에 그리스도인이 아닌 사람들은 없었지만, 나는 상상력이 풍부한 아이였는지라 이름 몇을 지어냈다. 태드 대처도 있었고 윌리엄 윙카도 있었다. 교사는 내 말을 믿지 않았고 내게 그건 수모였으나, 그럼에도 바로 다음 주에 태드와 윌리엄이 둘 다 극적인 회심 체험을 통해 그리스도인이 되어 대규모 사탄숭배 집단과

지하 마약 조직을 해체시키자 반 친구들은 흥분했다. 나는 공중부양도 빼놓지 않았다.

그해를 통틀어 그리스도인이 된 사람은 비록 실존 인물은 아니더라도 태드와 윌리엄뿐이었다. 아주 오래도록, 내가 아는 어느 누구도 그리스도인이 되지 않았는데, 이유는 다분히 내가 파티에서 술 취했을 때 말고는 아무에게도 예수님 얘기를 하지 않았기 때문이다. 그나마 그것도 마음의 빗장이 많이 풀려서 그랬을 뿐인데, 그때도 나는 울거나 발음이 똑똑치 못했으므로 아무도 내 말을 알아듣지 못했다.

내가 릭의 개척 교회인 이마고-데이(Imago-Dei)에 다니려고 시내로 이사했을 때, 릭은 사람들이 예수님을 하나님의 아들로 생각하든 말든 상관없이 아주 진지하게 그들을 사랑하고 있었다. 릭이 그들을 사랑하려 한 까닭은, 그들이 배고프거나 목마르거나 외로웠기 때문이다. 마치 세상 어디의 터진 상처를 우리가 손바닥을 펴 막아야 한다는 듯이 릭은 인간 고뇌 앞에 마음 아파했다. 우리가 전도를 무슨 이름으로 부르든 그는 전도를 전혀 벽 위의 과녁으로 보지 않았고, 삶의 의미에 대해 사람들의 생각을 우리와 일치시키는 것이 목표가 아니었다. 그는 전도를 당면한 필요를 채워 주는 것으로 보았다. 내게 그것은 아름답고도 두려워 보였다. 아름다워 보인 것은 내게도 동일한 필요가 있었기 때문이다. 그러니까 나는 물이나 음식이 필요한 만큼이나 내게 예수님이 필요함을 정말 알았다. 그러나 동시에 두려웠던 것은 기독교가 우리 문화 전반에 매우 미련한 것이며, 이런 문제로 사람들을 귀찮게 하는 걸 내가 절대 싫

136

어했기 때문이다.

나는 사람마다 제 삶을 살도록 두어야 한다는 주의가 아주 강한 사람인지라, 혹 내 믿음을 나눌 때면 마치 내 서열을 높이려는 점조직 세일즈맨이 된 기분이다.

그리스도인이 아닌 내 친구들 중 일부는 그리스도인들이 고집 세고 무조건 우기고 끼어들기 잘한다고 생각하지만, 실은 그렇지 않다. 그들은 삐걱거리는 바퀴다. 대다수 그리스도인들은 다른 사람들의 공간과 자유를 절대 존중하는데, 다만 예수 안에서 기쁨을 발견하여 그것을 나누고 싶을 뿐이다. 그래서 긴장이 있다.

최근 어느 라디오 인터뷰에서 그리스도인이 아닌 진행자가 내게 기독교의 변호를 엄중히 부탁했다. 나는 그에게 그럴 수 없다고, 아니 그 단어를 변호할 마음조차 없다고 말했다. 그는 내게 그리스도인이냐고 물었고 나는 그렇다고 했다. "그런데 왜 기독교를 변호하고 싶지 않다는 겁니까?" 그는 이상하다는 듯 물었다. 나는 그 단어의 뜻을 더 이상 모른다고 말했다. 그날 그 프로그램을 듣던 수많은 청취자들 중에는 기독교에 대해 끔찍한 일을 겪은 사람들도 있었다. 기독교 학교 교사가 그들에게 소리 질렀을 수도 있고, 목사가 그들을 학대했을 수도 있고, 그리스도인 부모가 그들을 억박질렀을 수도 있다. 그들에게 **기독교**라는 단어는 내가 아는 어떤 그리스도인도 변호하지 않을 그런 뜻이 되어 버렸다. 그 단어를 두둔해 봐야 나는 그들의 화만 더 돋울 뿐이다. 나는 그럴 마음이 없다. **기독교**라는 단어를 들을 때 무슨 생각이 나느냐고 길 가는 사람들을 붙잡고 물어보면 답은 십인십색일 것이다. 사람마다 뜻이 제각각인 단어를 내가 어떻게 변호할 수 있나? 라디오 프로 진행자에게 나는 차라리 예수에 대해, 내가 어떻게 예수의 존재와 그가 나를 좋아하심을 믿게 되었는지 말하겠다고 했다. 진행자는 눈물이 글썽한 눈으로 나를 바라보았다. 방송이 끝난 후 그는 나더러 함께 점심을 먹자고 했다. 그는 내게 말하기를, 자기는 기독교는 정말 싫지만 언제나 예수님을 하나님의 아들로 믿고 싶었노라고 했다.

내 경우 사람들에게 믿음을 나누는 일은 기독교를 버리고 기독교 영성을, 즉 체험할 수는 있지만 설명은 안되는 비정치적 신비 체제를 수용함으로써 시작되었다. **기독교 영성**과 달리 **기독교**는 나를 흥분시키는 단어가 못되었다. 나를 흥분시키지 못하는 신앙을 멀쩡한 의식으로 친구에게 전할 수는 없었다. 내가 경험하고 있지 않은 것을 나눌 수는 없었다. 나는 기독교를 경험하고 있지 않았다. 기독교는 내게 해준 일이 하나도 없다. 그것은 수학으로, 옳고 그름과 정치적 신념 체제로 느껴졌을 뿐 신비롭지 않았고, 하나님이 내 삶에 놀라운 일들을 하시려고 천국에서 다가오시는 게 아니었다. 설령 내가 누구에게 기독교를 전했다 해도, 그것은 다분히 내가 상대를 하나님과 이어 주는 게 아니라 내 입장에 동조시키려는 것처럼 됐을 것이다. 나는 기독교라면 더 이상 아무것도 나눌 수 없지만 예수님에 대해, 그분과의 관계에 따라오는 영성에 대해 말하는 것은 너무 즐겁다.

비트 시인 토니는 요즘의 교회가 부상당한 짐승 같다고 말한다. 그에 따르면 우리는 한때 힘과 영향력이 있었으나 지금은 없고, 그래서 수많은 교회 지도자들은 그것이 못마땅해 버릇없는 아이처럼 굴고, 자기 뜻대로 안되니까 화를 낸다. 그들은 마치 원칙대로 하는 것처럼 자기 행동을 위장하지만 실은 그게 아니라 악감정이라고 토니는 말한다. 그들은 보결 선수로 벤치에 앉아 있는 게 싫어 공을 싸들고 집에 가기 원한다. 토니와 나는 하나님이 우리에게 원하시는 것은 겸손히 보결 선수 벤치에 앉아 간디처럼, 예수님처럼 다른 뺨을 돌려대는 것이라는 데 뜻을 같이했다. 믿음을 나누는 바른 자리는 권력욕의 자리가 아니라 겸손과 사랑의 자리라는 게 우리의 결론이었다.

해마다 리드 대학에는 렌 페어라는 축제가 열린다. 캠퍼스는 문을 닫고 학생들은 파티를 벌인다. 경비를 세워 관계당국의 접근을 막고는 다들 술과 마약에 잔뜩 취하며 아예 나체로 활보하는 사람들도 있다. 금요일 밤에는 대체로 술에 취하고 토요일 밤에는 대체로 마약에 취한다. 학교는 마약 환각의 부작용을 전문으로 치료하는 화이트 버드라는 의료 단체를 불러온다. 학생들은 캄캄한 조명의 특수 라운지들을 만들고 텔레비전 화면을 달아 급속한 환각을 부추긴다.

우리 소그룹의 몇몇 그리스도인 학생들은 이때야말로 옷장에서 나와 적은 수지만 캠퍼스에 그리스도인들이 있음을 만인에게 알릴 절호의 기회라고 판단했다. 어느 날 오후 비트 시인 토니와 나는 내 방에서 빈둥거리며, 과거에 그리스도인들에게 적의를 표출한 적도 있는 학생들 무리에게 어떻게 우리의 정체를 설명할 것인지 대책을 의논했다. 우리 친구들처럼 우리도 렌 페어가 절호의 기회라고 생각되었다. 나는 우리가 캠퍼스 한복판에 고백 부스를 설치하고 "당신의 죄를 고백하시오"라는 팻말을 써 붙여야 한다고 말했다. 그렇게 말한 이유는 많은 학생들이 죄를 지을 것이 뻔했기 때문인데, 사실 기독교 영성은 죄의 고백과 회개로 시작된다. 나는 농담이라고 덧붙였다. 그러나 토니는 기발하다고 생각했다. 그는 내 소파에 앉아 상상의 나래를 폈고, 나는 1초간 그러다 1분간 그가 정말로 그것을 원한다는 생각이 들어 덜컥 겁이 났다.

"토니." 나는 아주 부드럽게 말했다.

"뭐?" 그는 반대쪽 벽을 멍하니 바라보며 말했다.

"우리 그런 것 안해." 나는 말했다. 그는 벽에서 시선을 내려 내 눈을 똑바로 쳐다보았다. 그의 얼굴에 미소가 번졌다.

"아니, 우린 한다. 돈. 하고말고. 우린 고백 부스를 설치한다!"

우리는 구내식당에 모였다. 페니, 나딘, 미치, 아이븐, 토니, 나. 토니는 내가 아이디어를 냈다고 말했다. 모두가 나를 보았다. 나는 토니의 말이 거짓말이며 내게 아이디어 같은 건 없다고 말했다. 모두가 토니를 보았다. 토니는 내게 흉한 얼굴을 해보이며 모두에게 아이디어를 말하라고 했다. 나는 실행에 옮겼다가는 맞아죽을 게 뻔한 멍청한 아이디어가 있다고 말했다. 모두 안으로 다가섰다. 나는 우리가 캠퍼스 한복판에 고백 부스를 설치하고 "당신의 죄를 고백하시오"라는 팻말을 써 붙여야 한다고 말했다. 페니는 양손으로 입을 가렸다. 나딘은 미소를 지었다. 아이븐은 웃음을 터뜨렸다. 미치는 냅킨에 부스 설계도를 그리기 시작했다. 토니는 고개를 끄덕였다. 나는 오줌을 찔끔 쌌다.

"분명히 학생들이 태워 버릴 거예요." 나딘이 말했다.

"출구를 만들면 돼요." 미치가 손가락을 쳐들고 말했다.

"좋은 생각이에요, 돈." 아이븐이 내 등을 두드렸다.

"난 관여하고 싶지 않아요." 페니가 말했다.

"나도." 내가 말했다.

"좋아요, 여러분." 토니가 모두 주목시켰다. "여기 함정이 있어요." 그는 몸을 안으로 약간 기울이며 생각을 가다듬었다. "사실 우리는 고백을 받지 않을 겁니다." 우리는 다 어리둥절하여 그를 보았다. 그는 말을 이었다. "우리가 그들에게 고백할 겁니다. 예수님을 따른다는 우리가 사랑이 부족했고 미움을 품었으니 미안하다고 고백할 겁니다. 우리는 십자군에 대해 사죄하고 텔레비전 전도자들에 대해 사죄하고 가난하고 외로운 사람들을 외면한 것을 사죄하며 그들에게 용서를 구할 겁니다. 우리의 이기적인 모습으로 캠퍼스에 예수님을 잘못 대변했다고 말할 겁니다. 부스를 찾아오는 사람들에게 우리는 예수님이 그들을 사랑하신다고 말할 겁니다."

뭔가 아름답고 진실한 것이 탁자를 쿵 내리친 게 분명했으므로 우리는 다 말없이 앉아 있었다. 우리는 다 그것이 훌륭한 아이디어라 생각했고 서로의 눈빛에서 그것을 읽을 수 있었다. 사죄한다면, 십자군에 대해 그리고 콜럼버스와 및 그가 하나님의 이름으로 바하마에서 자행한 집단학살에 대해 사죄한다면, 멕시코에 상륙해 그리스도의 이름으로 인디언을 살육하며 미국 서부로 올라온 선교사들에 대해 사죄한다면, 속이 후련할 것 같았다. 나는 그런 일들이 예수와 전혀 무관하다고 어서 말해 주고 싶었고, 내가 여러 모로 주님을 잘못 대변해 온 것을 어서 사과하고 싶었다. 내가 주님이 사랑하신 사람들을 사랑하려 하지 않고 판단하고 인권 문제를 말로만 떠든 것은, 곧 주님을 배반한 것임을 나는 느낄 수 있었다.

우리의 잘못을 조금이라도 인정하면 기독교라는 종교 체제 전체에 욕이 된다고 생각했기에 나는 그때까지 늘 기독교를 옹호했었지만, 우리는 종교 체제가 아니라 그리스도를 따르는 사람들이다. 그리고 중요한 행동, 바른 행동은 그동안 우리가 예수의 길을 막았던 것을 사죄하는 일이었다.

나중에 나는 주차장에서 리드의 아주 오만한 어느 교수와 대화를 나누었는데, 그는 내게 리드에 왜 왔느냐고 물었다. 청강생이지만 실은 리드에서 공부하는 소수의 그리스도인들과 교류하러 왔다고 나는 말했다. 교수는 나더러 기독교 전도자냐고 물었다. 나는 아니라고, 나 자신을 전도자로 보지는 않는다고 말했다. 그는 내 행위를 하와이 원주민들에게 서구 가치관을 주입하려 했던 쿡 선장의 행위에 비유했다. 그는 내 눈을 보면서 원주민들이 쿡을 죽였다고 말했다.

그는 리드에 온 내게 그보다 나은 행운을 빌어 주지 않았다.

오토바이를 타고 집에 오는 내내 나는 씩씩거리며, 주차장 그 자리에서 그 교수를 늘씬하게 패주는 장면을 상상했다. 그의 교활한 미소와 지적인 오만이 눈에 선했다. 물론 기독교인들이 인류에게 몹쓸 짓을 많이 했지만 나는 아니었다. 나는 아무도 죽이지 않았다. 게다가 인류에게 그런 범죄를 저지른 그 사람들은 예수를 따르는 자들이 아니었다. 그들은 정부 사람들이었고, 정부는 언제나 하나님을 미끼로 군중을 조종하여 자기네를 추종하게 만든다.

클린턴과 부시는 둘 다 예수를 따르는 자로 자처한다. 누구나 자기 뜻을 관철시키려면 예수의 입장도 자기와 같다고 말한다. 하지만 그건 예수님 잘못이 아니다. 며칠 전 토니는 약간 슬픈 얼굴로 캠퍼스에 왔다. 주차장에서 어느 자동차 범퍼에 붙어 있는 이런 스티커를 보았던 것이다. "크리스천들을 더 이상 사자 밥으로 내줄 수 없어 유감이다."

　나는 고백 부스에 들어가는 일을 놓고 기도했다. 내가 진심으로 사죄할 수 있을지 자신이 없었다. 우리에게 적잖이 상처를 입힌 문화를 향해 나 자신을 낮출 수 있을지 자신이 없었다. 그러나 페니의 얼굴과 아이븐의 눈에서 나는 이것이 그들이 원하는 바임을 볼 수 있었다. 둘은 그런 사람들을 친구로 삼아 사랑하기 원했고 그 대가는 그들에게 중요하지 않았다. 둘은 분명히 토니나 나보다 상처가 많았건만 자기들이 입었던 숱한 상처에 개의치 않았다. 우리는 목재를 구해다 내 차고에 두었다. 금요일 밤 우리는 논문 퍼레이드에 나가 모든 사람이 술에 취하고 드럼을 두드리고 맥주를 뿌리며 춤추는 것을 지켜보았다. 토니와 나는 수사처럼 입고 파이프를 피우며 아수라장 속을 걸었는데, 군중들이 마구 뿜어내는 술에 옷이 젖었다. 사람들은 우리에게 와 뭐하는 거냐고 물었고, 우리는 다음 날 캠퍼스에 고백 부스가 생길 거라고 말했다. 그들은 경악하며 우리를 보았고, 더러는 우리에게 제정신이냐고 묻기도 했다. 우리는 고백 부스를 설치할 테니 와 보라고 했다.

　이튿날 아침 남들이 다 숙취로 자는 동안, 미치와 토니와 나는 부스를 짓기 시작했다. 미치는 설계도를 그려 놓았었다. 부스는 컸다. 내 생각보다 훨씬 커서 제법 헛간처럼 경사진 지붕도 있고 안에 작은 방도 둘 있었는데, 하나는 수사용이고 하나는 고백자용이었다. 우리는 고백자들이 부담 없이 드나들 수 있도록 두 방 사이에 절반 높이의 벽을 치고 커튼을 달았다. 우리 방 쪽에는 빗장 있는 문도 달아 아무도 들어와 우리를 끌어내지 못하게 했다. 나딘은 페인트로 부스 바깥에 "고백 부스"라고 큼직하게 썼다.

캠퍼스에 기운이 돌기 시작하자 옆을 지나가던 사람들이 우리한테 뭐하는 거냐고 묻곤 했다. 그들은 서서 부스를 신기하게 쳐다보며 물었다. "어떻게 하는 거예요?" 우리는 "죄를 고백하면 됩니다"라고 말했다. 그들은 "누구한테요?"라고 말했다. 우리는 "하나님한테요"라고 말했다. 그들은 "하나님 같은 건 없어요"라고 설명했다. 이렇게 대담한 일은 처음 본다고 말하는 이들도 있었다. 그들은 하나같이 친절해서 우리를 놀라게 했다.

내가 부스 밖에 서 있는데 100여 명의 대규모 청색 군중이 전원 나체에 청색 페인트를 칠하고는 캠퍼스를 가로질러 달리기 시작했다. 부스 곁을 지날 때 그들은 소리를 지르며 손을 흔들었다. 나도 손을 흔들었다. 잡지책 속에서가 아니라 진짜로 벌거벗은 사람들을 보면 이상해 보인다.

토요일 밤의 렌 페어는 생기와 흥취가 넘친다. 해는 캠퍼스 위로 떨어지고 학생들은 어둠이 깔리자마자 테니스장 위로 불꽃을 쏘아 올린다. 학생들은 언덕에 드러누워 눈앞이 뿌연데도 넋을 잃고 불꽃을 가리키며 웃는다. 그 밤의 하이라이트인 야광 오페라 시간이 되면 원형극장이 학생들과 친구들로 꽉 찬다. 오페라는 급속한 환각을 부추기기 위한 것이다. 배우들은 온통 검은 옷을 입고 오색 인형들과 소품들을 들고 나오는데 그것들은 검은 조명 아래서 빛을 발한다. 다들 괴성을 지르고 난리가 난다.

파티는 거의 새벽까지 계속되며 그래서 비록 늦었지만 우리는 부스 가동에 들어갔다. 우리는 횃불들을 붙여 부스 바로 밖 땅바닥에 박았다. 토니와 아이븐은 내가 일착으로 들어가야 한다고 말했고, 나는 싫었지만 용기를 내서 부스에 들어갔다. 버킷 위에 앉

144

아 천장을 보노라니 내 파이프에서 나는 연기가 컴컴한 구석에 유령처럼 모여들었다. 캠퍼스 저편 학생회관에서 와자한 소리가 들려왔다. 모든 멋있는 댄서들, 흰 셔츠를 입고 검은 조명 속을 누비는 여자들, 위층 턴테이블에 앉은 남자들, 영상이 명멸하는 대형 스크린, 만인의 몸속까지 두들기며 모두를 일으켰다 앉혔다 일으켰다 앉혔다 하는 굉음의 스피커들을 나는 머릿속에 그렸다. '아무도 고백 같은 건 안해. 춤추다 말고 죄를 고백할 사람이 누가 있어?' 그런 생각이 들었다. 그리고 나는 이것이 형편없는 아이디어임을, 전혀 하나님의 아이디어가 아님을 깨달았다. 화내는 사람도 없겠지만 별로 신경 쓰는 사람도 아무도 없을 터였다.

기독교 영성은 전혀 시의성이 없다고 내 생각은 계속되었다. 설령 하나님이 계시다 해도 여기는 그분이 설 자리가 없다. 다들 진리와 대화하고 싶다지만 진리란 더 이상 없다. 유일한 진리는 멋있는 것, 텔레비전에 나오는 것, 어느 블록에서 어떤 데모가 벌어지고 있나 그것뿐이며 데모의 이슈는 중요하지 않다. 그곳에 누가 오는지, 끝나고 파티가 있는지, 파티에 가면 잘 어울릴 수 있을지, 그것만이 중요하다. 그 한복판에서 우리는 자전거를 타고 다니는 모르몬 교인과 같다. 거기 앉아 나는 이 모두가 사실인지, 기독교 영성조차 사실인지 의아해졌다. 무슨 진리든 평소 그러려니 하다가도 막상 회의론자한테 설명하려면 의문이 드는 법이다. 나는 별로 설명할 기분이 내키지 않았다. 부스 안에 있기도 싫었고 멍청한 수사 옷도 벗고 싶었다. 나는 떠들썩한 파티 자리로 가고 싶었다. 그쪽에 있는 사람들은 다 멋있는데 우리는 그저 종교적이었다.

토니한테 다 싫다고 말하려던 참인데 마침 토니가 커튼을 젖히면서 첫 고객이 왔다고 말했다.

"안녕하쇼?" 사내는 얼굴에 웃음을 지으며 의자에 앉았다. 그는 내 파이프 담배 냄새가 좋다고 말했다.

"고맙소." 나는 말했다. 내가 이름을 묻자 그는 제이크라고 했다. 나는 그와 악수를 했는데 정말이지 어찌할 바를 몰랐기 때문이다.

"그러니까 이게 뭐요? 렌 페어에서 한 음탕한 얘기를 여기서 죄다 털어놓아야 된다 그거요?" 제이크는 말했다.

"아닙니다."

"그럼 뭐요? 무슨 수작이오?" 그는 물었다.

"수작이 아니고 고백하자는 겁니다."

"내 죄를 고백하라 그겁니까?"

"아뇨. 그런 게 아닙니다."

"그럼 뭐하자는 거요? 수사 옷차림은 다 뭐고?"

"그러니까 우린, 알다시피 이 캠퍼스의 크리스천들입니다."

"그야 알지요. 크리스천들이 있을 곳은 못되지만 나도 듣는 귀는 있으니까."

"고맙소." 나는 말했다. 그는 아주 인내심이 많고 너그러웠다. "어쨌든 우리 몇 안되는 사람들은 지난 세월 크리스천들이 사람들에게 저지른 잘못들을 생각하게 된 겁니다. 알잖아요, 십자군이니 뭐 그런 것……"

"그렇다고 당신이 그런 일에 직접 가담한 건 아니잖아요."

"그야 그렇죠." 나는 말했다. "하지만 그래도 우리는 예수를 따르는 자들입니다. 우리는 그분이 하나님이라고 믿어요. 그분이 특정한 사상들을 표방했는데 우리가 그걸 대변하는 일을 잘 못한 겁니다. 그분은 우리더러 자기를 잘 대변하라고 당부했는데 그 일이 아주 어려울 수 있거든요."

"딴은." 제이크는 말했다.

"그래서 캠퍼스의 우리 그룹이 당신에게 고백하고 싶은 겁니다."

"당신이 나한테 고백해요!" 제이크는 웃음을 터뜨렸다.

"예. 우리가 당신한테 고백합니다. 그러니까 내가 당신한테 고백하는 거지요."

"정말이오?" 그는 웃음을 거두고 정색했다.

나는 그렇다고 했다. 그는 나를 보면서, 그럴 필요 없다고 했다. 나는 있다고 했다. 그 순간 나는 모든 일에 대해 제이크에게 미안하다고 말해야만 할 것 같은 생각이 아주 강하게 들었다.

"뭘 고백할 건데요?" 그가 물었다.

나는 고개를 저으며 바닥을 보고 말했다. "전부 다요."

"말해 보세요." 그가 말했다.

"많습니다. 짧게 말하지요." 나는 시작했다. "예수님은 가난한 자들을 먹이고 병든 자들을 고쳐 주라고 하셨습니다. 나는 제대로 그래 본 적이 없습니다. 예수님은 나를 박해하는 사람들을 사랑하라 하셨습니다. 나는 욕을 퍼붓기 일쑤지요. 특히 위협을 느낄 때, 내 자아가 위협당할 때 말입니다. 예수님은 신앙과 정치를 섞지 않았습니다. 나는 어려서부터 섞으며 자랐습니다. 그것이 그리스도의 중심 메시지를 가로막았습니다. 나는 그게 잘못인 걸 압니다. 나처럼 그리스도를 아는 사람들이 그분이 말하려 하신 메시지를 그냥 전달하는 게 아니라 저 자신의 속셈을 대화에 끌어넣기 때문에 많은 사람들이 그분의 말씀을 듣지 않는다는 걸 나는 압니다. 그 밖에도 아주 많아요."

"이봐요, 괜찮아요." 제이크는 아주 따뜻하게 말했다. 그의 눈이 젖기 시작했다.

"그래서" 나는 헛기침을 하며 말했다. "그 모든 일에 대해 죄송합니다."

"제가 당신을 용서합니다." 제이크는 진심으로 말했다.

"고맙습니다." 나는 말했다.

그는 그대로 앉아 바닥을 보고 촛불을 보더니 말했다. "정말 좋은 일들 하시네요. 많은 사람들이 들어야 됩니다."

"우리가 많은 사람들에게 상처를 주었던가요?" 나는 물었다.

"당신은 내게 상처를 준 적이 없어요. 크리스천이 된다는 것이 별 인기가 없다고 생각할 뿐입니다. 이런 곳에서 특히요. 상처 입은 사람들이 굉장히 많다고는 생각하지 않습니다. 대다수 사람들은 그저 텔레비전에 비치는 장면에 강하게 반발하지요. 잘 차려입고 공화당을 후원하는 그 모든 설교자들 말입니다."

"그건 전부가 아닙니다." 나는 말했다. "그건 텔레비전일 뿐입니다. 자신의 삶을 바쳐 가난한 자들을 먹이고 힘없는 자들을 변호하는 친구들이 제 주변에도 있습니다. 그리스도를 위해 하는 일이지요."

"당신은 예수를 정말로 믿는군요, 그렇죠?" 그가 물었다.

"예, 그렇다고 생각합니다. 대부분의 경우는 그렇습니다. 간혹 회의가 들 때도 있지만 대부분은 그분을 믿지요. 내 안에 뭔가가 있어 믿게 만드는 것 같은데 설명은 못하겠습니다."

"아까 그리스도의 중심 메시지가 있다고 했잖아요. 난 정말 크리스천이 될 마음은 없지만 그래도 그 메시지라는 게 뭐요?"

"그 메시지란 인간이 하나님께 죄를 지었고 하나님이 세상을 인간에게 맡기셨다는 것, 누구든 거기서 구원받고 싶고 누구든 한순간 모든 게 공허하게 느껴질 때 본인이 원하면 그리스도가 구원해 주신다는 것, 그 반역에 가담한 데 대해 용서를 구하면 하나님이 용서하신다는 것입니다."

"십자가는 무슨 뜻인가요?" 제이크가 물었다.

"하나님은 죄의 대가가 죽음이라고 하십니다." 나는 말했다. "그런데 예수님이 죽으셨으니 우리는 아무도 죽지 않아도 됩니다. 그것을 믿으면 크리스천이 되는 거지요."

"그래서 사람들이 십자가 목걸이를 차고 다니나요?" 그가 물었다.

"그렇겠죠. 제가 보기엔 유행 같아요. 어떤 사람들은 목에 십자가를 걸거나 몸에 문신을 새기거나 하면 거기에 일종의 마술적 힘이 있다고 믿지요."

"당신도 그렇게 믿습니까?" 제이크가 물었다.

"아뇨." 나는 대답했다. 나는 마술적 힘은 예수를 믿는 믿음에서 온다고 생각한다 말했다.

"당신은 하나님에 대해 뭘 믿습니까?" 나는 그에게 물었다.

"모르겠소. 안 믿은 지 오래됐으니까. 과학성이 너무 빈약하거든요. 그래도 난 하나님을 믿는 것 같아요. 이 모든 것, 우리가 살고 있는 세상이 누군가한테서 나왔다고 믿거든요. 모든 게 아주 혼란스럽네요."

"제이크, 원한다면 당신도 하나님을 알 수 있습니다. 혹시 예수를 부르고 싶은 마음이 들거든 그분이 곁에 계신다 그 말이지요."

"고맙소. 진심인 줄로 믿습니다." 그의 눈이 다시 촉촉해졌다. "정말 좋은 일들 하시네요." 그는 똑같이 말했다. "친구들한테 소문 내야겠어요."

"고마워해야 할지 말아야 할지 모르겠네요." 나는 웃었다. "난 여기 앉아 내 잘못을 몽땅 고백해야 되니까요."

그는 자못 진지하게 나를 보며 말했다. "가치 있는 일입니다." 그는 내게 악수를 하고 부스를 나갔는데 이미 다른 사람이 들어오려고 대기중이었다. 그런 식으로 두어 시간 계속되었다. 나와 얘기한 사람은 서른 명쯤 됐고, 토니도 부스 밖 피크닉 테이블에서 따로 고백을 진행했다. 많은 사람들이 고백이 끝나면 포옹을 원했다. 부스를 찾아온 사람들은 다 고마워했고 너그러웠다. 그 과정을 통해 나는 변화되고 있었다. 들어갈 때는 회의를 품고 갔으나 나올 때는 당장 죽어 그분 곁에 가도 좋을 만큼 예수님을 믿는 믿음이 강해져 있었다. 그날 밤이 우리 많은 이들에게 변화의 시발점이 아니었나 생각된다.

아이븐은 학생들을 그룹으로 인솔하여 인근 노숙자 쉼터에 가 가난한 자들을 먹이기 시작했는데, 밴에 스무 명 정도밖에 탈 수 없었기 때문에 자주 학생들을 돌려보내야 했다. 우리는 빈곤의 날이라는 행사를 개최하여 학생들에게 가난한 자들과의 연대감 실천을 위해 하루 3달러 미만으로 살도록 당부했다. 학생들이 100명도 넘게 참여했다. 페니는 볼룸 라운지에서 인도(印度)의 빈곤을 주제로 강연했는데 75명 이상의 학생들이 왔다. 그전까지는 우리의 가장 큰 행사에도 참석자가 열 명 수준이었다. 우리는 그리스도인들에 대한 적의를 말로 표현할 수 있는 장을 마련하고 학생들을 초대했다. 우리는 우리의 믿음에 관한 질문에 응답했고, 상처받은 사람들을 향한 우리의 사랑을 설명했고, 인류에 대한 우리의 잘못들을 다시금 사죄하며 리드 공동체의 용서를 구했다. 우리는 그들이 베푼 새로운 우정들을 향유했고, 특별히 그리스도인이 아닌 사람들을 위한 성경공부가 캠퍼스에 한꺼번에 네 개나 진행되기도 했다. 우리는 많은 학생들이 그리스도를 다시 생각하는 것을 보았다. 그러나 무엇보다 우리 그리스도인들은 주변 사람들과의 관계가 바로잡힌 것을 느꼈다. 무엇보다 우리는 용서받은 심정과 감사를 느꼈다.

고백이 있던 밤 나는, 새벽 두세 시경에 수사 옷을 팔에 끼고 캠퍼스를 걸어 나오다가 앞마당 외곽의 커다란 참나무 근방쯤 왔을 때 돌아서서 캠퍼스를 보았다. 제법 학구적이고 고풍스러워 보였고 학생회관에서 나오는 불빛도 보이고 쿵쾅거리는 음악도 들렸다. 학생들이 잔디밭에서 키스하고 길에서 서로 쫓고 있었다. 웃음과 춤과 구토가 있었다.

나는 예수님이 이곳에 꼭 맞는다는 느낌이 절실하게 들었다. 그분이 여기에 맞지 않으면 어디에도 맞지 않는다는 느낌이 절실하게 들었다. 그곳에서 나는 아주 평화로웠고 정신이 말똥말똥했다. 나는 하나님과 아주 잘 통하는 기분이었는데, 그것은 내가 많은 사람들에게 많은 잘못을 고백하면서 막혔던 체증이 확 뚫렸기 때문이고, 내 무관심과 판단으로 해를 입혔던 사람들한테 용서를 받았기 때문이다. 잠깐 거기 앉아 있고 싶었으나 날씨가 춥고 잔디가 축축했다. 나는 집에 와 소파에서 잠들었다. 이튿날 아침 커피를 끓여 그레이스랜드 집 현관에 앉으니 전날 밤의 일이 정말로 있었던 일인지 아스라이 느껴졌다. 이제 나는 옷장에서 나왔다. 그리스도인이 된 것이다. 오래전 나는 하나님께 개심했으나 이제 세상을 향해 개심했다. 나는 나서서 믿음을 나누고 싶은 사람이 되었다. 뭔가 멋있고 뭔가 다르게 느껴졌다. 그렇게 후련할 수 없었다.

12. 교회_ 화나지 않고 다니는 법

나는 독립적인 인간이라고 말해야 옳다. 나는 뭐든 제도화된 건 싫다. 기업도 싫다. 제도나 기업이 틀렸거나 나쁘다는 말이 아니다. 내가 싫다는 것뿐이다. 어떤 사람들은 고전음악을 싫어하고 어떤 사람들은 피자를 싫어하고 나는 제도가 싫다. 이런 반감은 많은 것들에 기인할 수 있다. 기업 사무실에 들어갈 때 느껴지는 비인간적 느낌이나 은행에 전화할 때 만나는 음성메일 시스템일 수도 있다. 모든 패스트푸드점 직원들의 무표정한 얼굴이나 저녁식사중에 걸려와 내 장거리전화 가입 회사를 묻는 세일즈 전화일 수도 있다. 이런 사람들은 절대 그냥 대화할 마음은 없고 항상 속셈이 있다.

그러나 제도에 대한 내 반감은 대체로 느낌, 설명될 수 없는 그 무엇이다. 물론 제도의 장점도 있다. 전통이 한 예다. 역사가 풍부하고 사상이 짙게 밴 하버드의 복도들, 우리 집에서 5마일 반경

내에만도 줄잡아 30개는 되는 구수하고 따듯한 스타벅스 커피 전문점. 그 많은 일자리는 또 어떤가? 기업이라는 기관이 없으면 사람들이 어디서 일할 건가? 그러니 필요하다. 제도. 전통. 그러나 대체로 나는 그것들이 싫다. 좋아할 의무도 없다. 내 권리다.

같은 이유로 나는 교회도 싫다. 아니 싫었다고 말해야 하리라. 나는 어쩌다 한 번씩 천주교 예배에 참석하는 걸 좋아하지만 이는 내게 다르게 느껴지기 때문일 것이다. 나는 침례교에서 자랐다. 나는 가끔씩 텔레비전 종교방송을 보는 걸 좋아한다. 코미디 유선방송 채널인 코미디 센트럴보다 낫다. 나는 심리학을 공부하여 종교 채널 앞에 앉아 그 사람들의 문제를 분석하고 싶다. 한동안 나는 텔레비전 전도자들에게 아주 매료되었다. 형편상 텔레비전 사역은 못하지만 컴퓨터가 있었으므로 나는 기독교 채팅방에 들어가 사람들을 치유하려 하곤 했다. 처음에는 재미있었으나 곧 따분해졌다.

내 친구들 중 더러는 자기 교회를 떠나 그리스 정교회로 갔다. 멋있어 보인다. 그리스 정교회. 단 당신이 그리스인이라면 안된다. 그리스인이라면 마치 체제에 순응하듯 그쪽에 가는 게 당연해 보인다. 내가 그리스인이라면 절대 그리스 정교회에 가지 않을 것이다. 내가 그리스인이라면 침례교회에 갈 것이다. 그럼 그쪽 사람들이 모두 나를 이색적이고 멋있다고 생각할 것이다.

나는 지금 다니는 교회를 사랑한다. 내가 교회에 대해 이렇게 말하게 될 줄은 꿈에도 몰랐다. 내가 교회를 사랑할 수 있으리라고는 전혀 생각지 못했다. 그러나 이 교회를 나는 사랑한다. 이름은 라틴어로 "하나님의 형상"을 뜻하는 이마고-데이다. 라틴어는 이색

적이고 멋있다.

전에 다니던 교회들의 경우 나는 개밥의 도토리 같았다. 마치 "숟가락 하나 더 놓은" 것처럼 늘 입양아가 된 기분이었다. 그런 것 있잖은가? 나는 받아들여지긴 했으나 이해받지 못했다. 상에 숟가락만 하나 더 있었지 나는 가족의 일원은 아니었다.

교회를 비난해서 이로울 게 없으니 교회 전반을 도매금으로 나쁘게 말하지는 않겠다. 내가 다녔던 교회는 몇 군데밖에 되지 않지만 각 교회마다 나는 똑같은 긴장을 맛보았다. 이 주제를 꺼낸 이유는 그뿐이다.

나는 전에 다녔던 교회들의 이런 점들이 싫었다. 첫째, 사람들이 내게 예수를 팔려는 것처럼 느껴졌다. 나는 세일즈맨으로 일한 적이 있는데 그때 우리는 팔려는 제품의 유익을 낱낱이 열거해야 한다고 배웠다. 일부 설교자들의 설교를 듣는 내 느낌이 딱 그랬다. 그들은 언제나 기독교 신앙의 유익을 열거했다. 그게 내 심기를 건드렸다. 유익이 없다는 말이 아니라, 유익은 있지만 그렇다고 꼭 영성을 진공청소기처럼 말해야 하나? 나는 예수님을 제품으로 느껴 본 적이 없다. 나는 그분이 인격이기를 원했다. 그뿐 아니라 그들은 언제나 자기네 교회 자랑에 열을 올렸다. 주보는 꼭 무슨 기업체 광고지 같았다. 이런저런 집회가 삶을 바꿔 놓을 거라는 말이 빠지지 않았다. 삶을 바꿔 놓는다? 그게 무슨 뜻인가? 몹시 미심쩍게 들렸다. 나는 그들이 매사에 팔려고 들 게 아니라 그냥 나한테 사실 그대로 말해 줬으면 좋겠다. 일주일 내내 광고 공세에 시달리다가 교회에 가니 거기마저 광고가 더 있는 그런 기분이었다.

전에 다녔던 교회들의 문제가 또 있다. 그들은 공화당의 앵무
새 같았다. 그렇게 사사건건 정당 노선을 끌어와야 하나? 공화당원
들이 그렇게 완벽한가? 한 가족이 되려면 조지 부시를 예수님으로
생각해야만 할 것 같았다. 하지만 내 생각은 달랐다. 나는 예수님이
공화당의 많은 정책들에 정말 동조할 거라고 생각하지 않았고, 그
점에 관한 한 민주당도 마찬가지였다. 내게 느껴지는 예수님은 정
치 인물이 아니라 종교 인물이었다. 한번은 나는 몇 사람이 둘러선
자리에서 우리 목사가 자기는 빌 클린턴을 혐오한다고 말하는 것
을 들었다. 클린턴의 정책을 좋아하지 않는 거야 이해가 가지만, 나
는 내 영성이 내게 혐오의 이유를 주는 게 아니라 내 혐오를 앗아
가기를 원한다. 나는 견딜 수 없었다. 그게 내가 그 교회를 떠난 이
유 중 하나다. 그 교회를 다님으로써 내가 공화당의 앞잡이가 된 기
분이었다. 그 사이 공화당원들은 그리스도의 대의에 콧방귀조차
뀌지 않는데도 말이다.

내게 거슬렸던 문제를 하나만 더 말하고 입을 다물겠다. 전쟁
기류다. 전에 다녔던 교회들은 전쟁 기류를 옹호했다. 그들은 우리
가 전투중이라고 했고 나도 동의하는데, 다만 그들은 우리의 전투
대상이 빈곤, 혐오, 불의, 교만, 어둠의 세력임을 절대 명시하지 않
았다. 그들은 자유주의자들과 동성애자들이 우리의 전쟁 대상이라
고 생각하도록 우리를 내버려두었다. 그들의 가르침대로라면 나는
내가 세상의 선인이고 자유주의자들이 세상의 악인이라고 믿어야
했다. 예수님은 우리가 다 악하고 그분이 선하다고 가르치셨고, 그
분은 지금 전쟁이 벌어지고 있고 우리가 그 전쟁의 인질이기에 우
리를 구하기 원하신다. 사실을 말하자면 우리는 히피들과 자유주

의자들과 심지어 민주당원들도 사랑해야 하며, 하나님은 우리가 그들을 우리보다 낫게 여기기를 원하신다. 여기에 못 미친다면 무엇이든 예수님의 가르침에 충실하지 못한 것이다.

그래서 나는 일요일 밤마다 신도시 교회의 20대 연령층 사역에서 50여 명의 사람들을 가르쳤으나 속으로는 죽어가고 있었다. 대예배에는 더 이상 가지도 않았다. 대학부 담당 목사는 나한테 왜 교회에 오지 않느냐고 물었다. 그는 아주 친절하고 인정이 많았으며 내가 안 보여 서운하다고 했다.

비트 시인 토니가 말하기를 나는 외교적 수완이 없단다. 그는 내가 속마음을 너무 다 내보인다고, 내 말의 파장을 생각해야 한다고 말한다. 나는 나도 모르게 진짜 무뢰한이 될 수도 있다. 나는 그 목사에게 교회에 갈 때마다 화가 난다고 말했는데, 그는 자기를 빗댄 말로 들었던 모양이다. 나는 내 기분을 설명하려 했던 건데 서로 주파수가 달랐던 것이다. 나는 마치 내가 완전히 틀렸으면서도 모두들 내 비위에 맞춰 주기를, 예수가 누구였고 누구이며 우리에게 원하시는 삶이 무엇인가에 관하여 모두들 내 생각에 맞춰 주기를 바라는 바보, 천치, 멍청이가 된 기분이었다.

그즈음 나는 내게 맞는 교회를 찾게 해달라고 하나님께 기도하기 시작했다.

내 친구 중에 시애틀 출신의 마크라고 있는데, 그는 워싱턴 대학교 인근 마을에 있는 꽤 멋있는 교회의 목사였다. 그 교회에는 예술가들이 많이 나왔고, 히피족과 여피족과 일반 라디오를 듣는 사람들이 많았다. 나는 방문차 한번 올라갔는데 그곳에 모인 공동체가 마음에 들었다. 모처럼 숨을 쉬는 기분이었다. 시애틀의 마크네 교회를 방문하면서 나는 세상에 나 혼자가 아님을 깨달았다. 내 친구들에게, 당시 내가 다니고 있던 교회의 친구들에게 그 교회 얘기를 했으나 그들은 이해하지 못했다.

마크는 일반 잡지들에 기사도 여러 번 쓰고 라디오 인터뷰에도 몇 차례 소개되면서 욕쟁이 목사로 평판이 났었다. 마크가 욕을 많이 했던 것은 사실이다. 왜 그랬는지 나는 모른다. 그는 대학생이 되어서야 그리스도인이 되었으므로 어쩌면 목사가 욕을 하면 안된다는 걸 몰랐을지도 모른다. 내 친구들 중 더러는 인간들로 하여금 욕하게 만드는 것이 마귀의 목표라고 믿었던 모양인지 그들은 마크가 뭐에 씌었다고 생각했고, 나더러 그의 일에 조금도 관여해서는 안된다고 말했다. 욕 때문이었다. 하지만 앞서 말했듯이 나는 속으로 죽어가고 있었고, 마크는 비록 욕은 했지만 많은 사람들에게 예수님을 전하고 있었고, 사회참여에 열심이었으며 자유주의자들과 괴짜들 등 교회가 무시하는 많은 사람들을 사랑하는 것 같았다. 교회를 찾게 해달라고 하나님께 기도하던 즈음 나는 욕 잘하는 목사 마크의 전화를 받았는데, 그는 친한 친구가 교회를 개척하러 포틀랜드로 이사할 거라면서 나더러 같이 해보라고 했다.

릭과 커피 잔을 마주하고 앉은 나는 그가 유쾌한 사람이라는 인상을 받았다. 그는 치코 주립대학에서 풋볼선수를 지낸 거구였다. 당시 우리는 둘 다 씹는담배를 했으므로 그건 공통점이었다. 그는 무슨 마피아처럼 토니 소프라노(미국 HBO에서 방영된 블랙 코미디의 마피아 소두목—옮긴이)의 멋진 목소리를 낼 줄 알았다. 교회를 개척하는 마피아 두목이라도 되는 것처럼 그는 걸핏하면 그 소리를 냈다. 욕도 몇 마디 했으나 마크만큼 심하지는 않았다. 릭은 자기 집에 몇몇 사람들이 모여 포틀랜드에 교회를 개척하는 일을 의논하고 있다면서 나도 오라고 초청했다. 나는 하나님의 기도 응답이라 느껴져 거기로 갔다. 사람은 고작 여덟 명쯤 됐는데 대부분 아이들, 고등학교를 갓 졸업한 십대들이었다. 솔직히 고등부에 와 있는 기분이었다. 일이 되겠나 싶었다. 릭의 거실에 둘러앉은 우리에게 릭의 아내가 커피를 내왔고, 릭은 수많은 교회들이 도심을 떠나 교외로 나갔다는 통계를 우리한테 읽어 주면서, 그러나 자기는 도심에 교회를 개척하고 싶다고 했다. 교회를 잘못 알고 있는 사람들에게 릭은 정말 교회의 이미지를 회복하고 싶어 했다.

머잖아 스무 명 정도가 되어 우리는 시내 부근 한 대학의 작은 채플을 빌려 교회를 시작했다. 사람도 스무 명밖에 안되는데다 대부분 아이들이었으니 교회에 가면 이상했지만, 그래도 나는 하나님이 내 기도에 응답하고 계시다는 믿음이 있었다.

솔직히 교회는 별 성장이 없었다. 서른 명 정도를 맴돌았는데 전부 다른 교회들에서 이마고로 옮겨 온 사람들이었다. 숫자가 크게 중요하지 않다는 거야 나도 알지만 솔직히 나는 이마고가 성장하기를 원했는데, 그것은 내 이전 교회 친구들에게 우리의 성공을 알리고 싶었기 때문이다. 하지만 우리는 성장하지 않고 서른 명 선을 맴돌았다.

우리는 일요일 밤에 모였고 수요일 밤에 다시 기도회로 모였다. 기도회에 나오는 사람들은 훨씬 적었다. 고작 여남은 명이었고 아주 따분했다. 변질된 AA(알코올 중독 방지회) 모임 같았다. 우리는 둘러앉아 이런저런 신변사를 얘기하다 잠시 기도하고는 흩어졌다. 한번은 릭이 꽤 지친 모습으로 나타났다. 그는 무슨 목회자 리셉션에 가서, 교회가 예수를 모르는 사람들과 접촉을 잃었다는 내용의 강연을 듣고 왔다. 릭은 깊은 가책을 느꼈다면서 우리더러 회개하고 이제부터 우리와 딴판인 사람들을 사랑해야 하지 않겠느냐고 물었다. 우리는 다 그렇다고 말했으나 그 의미는 누구도 몰랐던 것 같다. 릭은 그러려면 우리가 선교적인 삶을 살아야 한다고, 우리와 다른 사람들과 의도적으로 친구가 되어야 한다고 말했다. 솔직히 나는 그 말이 싫었다. 그저 우리 교회에 나오도록 유인할 목적으로 누군가의 친구가 되고 싶지는 않았다. 릭은 그런 말이 아니라고 했다. 단순히 존재한다는 이유로, 사람들과 노숙자들과 건달들과 게이들과 괴짜들을 사랑하는 거라고 했다. 그 말은 마음에 들었다. 사람들을 교회에 데려오기 위해서가 아니라 그냥 사랑하기 위해 사랑한다는 개념이 나는 좋았다. 교회가 자연스레 화제로 떠오르면 이마고 얘기를 하겠지만, 그때까지는 그게 무슨 상관인가. 그래서 우리는 선교적인 삶을 살도록 가르쳐 달라고, 사랑이 필요한 사람들을 알아보게 해달라고, 매주 하나님께 기도하기 시작했다.

그후로 많은 사람들이 교회에 오기 시작했다. 사람들을 사랑하고 친절히 대하고 들어주고 친구가 되기로 모두 합의한 것 말고는 솔직히 나도 이유를 모르겠다. 교회가 성장하자 우리는 부득이 다른 건물로 옮기고 또 옮기고 또 옮겨, 결국 스테인드글라스 창과 돔 천장이 있는 크고 아름답고 아주 오래된 교회를 빌리게 되었다. 거기로 들어간 직후 우리는 예배를 2부로 늘려야 했다. 모두가 2-3년 새에 일어난 일이었다. 현재 이마고의 교인은 500명쯤 되며, 록스타처럼 보이는 사람들이 많지만 모두 똑똑하고 영적이다. 나는 말로 표현하기 힘들 만큼 이 공동체를 사랑한다. 내 평생 이렇게 가족 같은 느낌은 처음이다. 공동체에 관한 한 나는 문외한이었으나 하나님이 밑바닥에서, 마술처럼 순전히 무에서 공동체를 창출하신 것처럼 느껴졌다.

앞서 말했듯이, 나는 내가 교회를 사랑하게 될 줄은 꿈에도 몰랐다. 이제 나는 이마고-데이의 다음과 같은 점들을 사랑한다.

첫째, 영적이다. 이마고 사람들은 매사에 금식하며 기도한다는 뜻이다. 문제의 해답이 마케팅이나 프로그램이 아니라 영성임을 나는 한참 걸려서야 깨달았다. 청소년 사역이 필요할 경우 우리는 피자 파티나 게임의 밤을 여는 대신 함께 모여 금식기도하면서 하나님께 어찌할 바를 묻는다. 하나님은 몇 사람을 인도하여 시내에 청소년 노숙자 사역을 시작하게 하셨고, 지금 그들은 매주 100여 명의 틴에이저들을 먹이고 있다. 이렇게 황당무계한 중고등부는 없겠지만 하나님이 하라고 하신 일이다. 교회가 교회 자체를 섬기는 것이 아니라 길 잃고 외로운 자들을 섬기기 때문에 나는 그런 일이 좋다. 생각만 해도 찌르르 전율이 일 정도로 아름다운 일이다.

둘째, 예술이다. 이마고는 예술을 지원한다. 릭 자신은 예술가랄 건 없으나 이 분야를 피터 젠킨스라는 남자에게 일임했는데, 바로 이 책의 만화를 그린 사람이다. 예술가들은 피터가 만든 "예술관"에 거주하면서 예술을 창작하고 가르치며 사람들의 창의력 발휘를 장려하고 있다. 최근 피터는 인근 커피숍에서 전시회를 열었는데 전시작품은 모두 이마고 사람들의 창작품이었다. 예술가들은 이마고에 오면 편안함을 느낀다. 나는 단편소설 그룹을 지도하기도 했는데, 멤버들은 단편소설을 써서 문학관에서 크리스마스 불빛과 촛불 아래 함께 읽었다. 많은 교회에 예술가들이 있지만 내 생각에 배출구가 없다. 배출구를 만들어 줌으로써 교회는 예술가들에게 자기를 표현할 기회를 주는 것이며, 그 덕에 벽에 걸 작품들이 공짜로 생긴다. 교회에 예술 그룹을 만드는 것은 좋은 아이디어다.

셋째, 공동체다. 릭은 사람들이 함께 살고 함께 먹고 함께 노는 것을 끔찍이도 중요하게 여긴다. 젊은 독신자들에게 그는 집을 구해 공동생활을 하라고 권한다. 릭은 사람들이 혼자 있는 것을 좋아하지 않는다. 이마고 구역모임이 온 지역에 흩어져 있는데, 우리는 이것을 우리 교회의 심장으로 꼽는다. 내가 가 본 교회들은 거의 모두 이미 이 일을 잘하고 있다.

넷째, 진실성이다. 약간 진부한 말인 줄 알지만 이마고는 정말 그렇게 산다. 나는 가끔 이마고 강단에서 말씀을 나누는데 전혀 부담 없이 하고 싶은 말을 다 할 수 있다. 경건한 척하지 않아도 다들 잘 듣는다. 진실성은 이마고의 중대한 가치다. 내가 이것을 좋아하는 이유는, 내가 진실해질 때 사람들이 진짜 나를 알 수 있기 때문이다. 꾸며낸 나보다 진짜 나로서 사람들에게 사랑받을 때 기분이 더 좋다.

그래서 하나님이 내게 교회를 주신 후 내가 해야 했던 일 중하나는, 이전에 다녔던 교회들에 대해 품고 있던 나쁜 태도를 버리는 것이었다. 결국 나는 다를 뿐이었다. 그들이 잘못됐던 게 아니라 나한테 맞지 않았을 뿐이다. 나는 유진 피터슨의 『메시지』(The Message) 판으로 에베소서를 하룻밤에 네 번이나 읽었는데, 내가 보기에 바울은 그리스도인들이 서로 싸우기를 원치 않는 것 같았다.

그는 이 문제를 매우 중시하는 듯했고 그래서 나는 전에 다니던 교회들의 사람들, 나와 다른 사람들을 사랑해야 한다고 상상 속에서 내 마음에게 말해야만 했다. 내 마음에게 말했더니 마음이 정말 그렇게 해주어 얼마나 후련했는지 모른다. 이제 나는 그 별난 공화당 근본주의자들을 아주 따뜻하게 생각하며, 그들도 나를 사랑함을 나는 안다. 우리는 그리스도 안에서 한 가족이기에, 천국에서 함께 먹고 함께 떡을 뗄 것이며 아프도록 순전하게 서로 사랑할 것을 나는 안다.

그러므로 당신도 화나지 않고 교회에 다닐 수 있는 단계별 공식은 이렇다.

관심사와 가치관이 당신과 같은 사람들로 가득한 교회를 보여 달라고 하나님께 기도한다.

하나님이 보여주시는 교회로 간다.

다른 교회들에 대해 불만을 품지 않는다. 하나님은 당신의 교회를 사랑하시는 만큼이나 그 교회들도 사랑하신다.

13. 로맨스_ 여자들을 만나기는 쉽다

내 친구 커트는 아내를 얻는 일이 비율게임이라고 말했었다. 두세 명과의 관계를 동시에 진행하되 그중 누구에게든 다른 여자들 얘기는 절대 하지 말고 항상 "결론을 좁혀 가야" 한다고 그는 말했다. 그에 따르면, 그중 하나는 잘되게 마련이고 설령 하나를 잃어도 다른 여자를 고르면 된다. 커트는 스무 명쯤은 데이트를 해봐야 결혼할 여자를 만날 수 있다고 믿었다. 그것도 그 모두와의 데이트를 동시에 진행하는 쪽이 더 쉽다고 생각했다. 커트는 결국 달라스 출신의 어느 여자와 결혼했는데, 모두들 그가 그녀의 돈을 보고 결혼했다고 말한다. 그는 아주 행복하다.

미로의 다른 어딘가에 내 친구 조쉬가 있다. 성경을 많이 읽는 이 활기찬 아이는 내가 오리건 주로 처음 이사 왔을 때 내 친구가 되어 주었다. 조쉬는 잘생겼고 데이트, 데이트 철학, 사교 의식(儀

式) 따위로 고민했다. 그는 홈스쿨로 공부했는데 전통적 데이트는 나쁜 거라고 배우며 자랐다. 나는 그와 함께 전국을 돌며 여러 세미나에 그를 소개했고 그는 데이트의 위험성에 대해 강연했다. 그는 그 주제로 책도 썼는데 베스트셀러가 되었다. 농담이 아니다. 몇 년 후 그는 볼티모어로 이사해 결혼했다. 결혼식 후 나는 그에게 전화해 데이트도 안해 보고 어떻게 아내를 알게 되었느냐고 물었다. 그는 구애를 했다고 답했는데, 내게는 그가 아미쉬(문명의 이기를 등지고 자연 속에 살아가는 개신교의 한 분파—옮긴이)가 되었다는 말로 들렸다. 하지만 그는 구애란 머리싸움 없는 데이트와 아주 비슷하다고 설명했다. 그와 그의 아내도 아주 행복하다.

내 친구 마이크 터커는 데이트 관련 책들을 섭렵하여 그 주제에 해박하다. 그는 이렇게 말한다. "이봐, 돈. 관계란 고무줄 같은 걸세……. 이쪽에서 잡아당기면 저쪽에서 끌려오고 저쪽에서 잡아당기면, 글쎄, 이쪽도 더 가까이 끌리는 거지." 데이트에 대해 전혀 무지한 나 같은 남자한테는 재미있는 얘기다. 내가 데이트에 대해 그나마 아는 것도 전혀 도움이 안될 웃기는 내용이다. 내가 아는 것은 데이트중에 여자를 놀려서는 안된다는 것, 그리고 스파게티를 먹어서는 안된다는 것이다. 이 두 가지 말고는 일자무식이다.

내가 한 번도 써먹어 보지 않은 요령이 있다. 내가 알기로 『오만과 편견』을 읽으면 여자들의 세계를 많이 배울 수 있는데, 나도 그 책이 있지만 읽은 적은 없다. 시도는 해보았다. 한 여자가 "이 책에 나오는 것이 여자의 마음이다"는 쪽지를 안에 끼워 내게 준 책이다. 나는 여자의 마음이 순수하고 사랑스럽다고 믿지만 이 여심의 첫 장은 대책 없이 지루하다. 도무지 아무도 죽지 않는다. 나는 그 책을 책꽂이에 꽂아 두었는데 내 방에 들어오는 여자들이 소파에 앉아 옆 책꽂이의 책들을 훑어보기 때문이다. 여자들은 "당신 집에 『오만과 편견』이 있네요"라며 옅은 한숨과 미소로 탄성을 발한다. 그럼 나는 "그럼요, 있지요"라고 말한다.

얼마 전 나는 내 캐나다인 친구 줄리와 함께 요세미티에 갔었다. 나는 캐나다 여자들한테 약하다. 이유는 모르지만, 캐나다 여자가 특유의 악센트로 내게 뭐라고 물으면 나는 그만 이성을 잃는다. 그래서 나는 한동안 줄리에게 홀딱 반했으나 줄리는 서핑과 스케이트보드를 즐기는 남자, 스노보드를 타고 비행기에서 뛰어내리는 남자들을 좋아한다. 나는 그 기준에 한참 미달이다. 나는 송장 옆에서도 책을 읽는 사람이다. 그게 내 정체다. 게다가 줄리와 내가 만날 당시 나는 남부의 한 귀여운 작가와 사귀고 있었고, 줄리는 스케이트보드를 탈 줄 알고 기타를 치는 다른 남자를 좋아하고 있었다. 그러나 작가와의 일은 잘 풀리지 않았는데 이유는 모든 면에 서로 공통점이 있음에도 불구하고 영혼이 통하지 않았기 때문이다. 그러던 차에 나는 샌프란시스코에서 강연중이었고 줄리는 캘리포니아 주를 두루 여행하던 중에 마침 내가 있던 도시의 한 호텔에 묵게 되었던 것이다.

그래서 나는 그녀를 데리러 갔고 나중에 우리는 시에라네바다 산맥으로 차를 몰았는데 나는 그녀가 내 기억보다 예뻐서 긴장되었다. 우리는 바라는 배우자상, 결혼에 대한 기대 따위에 대해 잡담을 나누었다. 마음 같아서는, 글쎄, 나는 노래하고 기타 치는 그러나 가수 알라니스 모리세트는 아닌 키 큰 캐나다 여인을 원한다고 말하고만 싶었다. 그러나 줄리가 내 속셈을 간파할 것 같아 나는 말하지 못했다. 그래서 그냥 나는 좋은 엄마가 될 여자, 영적으로 깊고 진지하게 나와 통할 여자, 침대에서 잘해 주는 여자를 원한다고 말했다. 상투적인 얘기, 예로부터 내려온 정답만 죽 늘어놓은 것이다. 그러다 내 방정맞은 주둥이가 열리면서 솔직히 나는 참 사랑 같은 건 아예 없다고 생각한다고 말했다. 그 말을 할 때 나는 피곤했었다. 왜 그런 말을 했는지 나도 모른다.

내 방정맞은 입은 계속 떠들어 댔다. 나는 그녀에게 사랑 내지 우리가 사랑이라 부르는 것은 다분히 팀워크일 뿐이며, 나는 결혼하고 조금 지나면 딴 여자한테 홀딱 반할 소지가 높다고 말했다. 내 아내도 딴 남자한테 끌릴지 모른다는 말도 했다. 우리가 남들한테 끌리는 그 면은 단지 결혼식을 치렀다 해서 사라지지 않는다고 나는 말했다. 나는 소위 현실론자가 되어 그런 식으로 일관했는데, 그런 생각들이 여자의 마음을 여는 열쇠가 아닌 걸로 밝혀졌으니 아무래도 내가 그런 망발을 한 것은 『오만과 편견』을 읽지 않아서인 모양이다. 줄리는 참 사랑이란 것이 있다고 믿었고, 자기가 남편을 영원히 사랑할 것이며 남편도 자기를 영원히 사랑할 거라고 믿었다.

줄리는 내 그런 생각들에 질색했다. 그녀는 자기한테 그런 일은 절대 없을 것이며 둘 중 하나가 죽는 날까지 남편이 자기를 뜨겁게 사랑하고 흠모할 거라고 말했다. 그녀는 내 생각들에 대해 아예 말하고 싶어 하지 않았다. 나는 바보가 된 기분으로 앉아 있었다. 나는 살면서 그런 짓을 자주 한다.

이튿날 산타크루즈로 가는 길에 나는 줄리에 대한 내 호감을 털어놓았는데, 그쪽 마음이 그렇지 않은 줄 뻔히 알면서 그랬으니 어리석은 짓이었다. 나는 다만 그녀도 내게 호감이 있기를 바랐다. 나는 그 말을 아주 볼품없이, 아주 맥없이 했다. 말이 입안으로 기어 들어갔고 심장이 마구 쿵쾅거렸다. 줄리는 포용심이 많았으나 우리는 마치 없었던 일인 양 그냥 넘어갔다. 남은 시간 우리는 잡담을 했고 패티 그리핀(Patty Griffin) 음악을 들었는데, 패티 그리핀은 언제나 내게 큰 위안이 되므로 도움이 되었다.

좋아하는 사람이 있으면 상대에게 말해야 한다고 나는 생각한다. 말하기 쑥스럽겠지만, 그렇게 다가간 것을 절대 후회하지 않을 것이다. 그러나 내가 직접 경험으로 배운 건데, 여자 쪽에서 관심이 없다고 말했는데도 나 혼자 계속 좋아한다고 말해서는 안된다. 자전거를 타고 여자의 집 주변에 계속 얼씬거려도 안된다.

나는 당장 결혼할 마음은 없다. 여자를 만난 후에도 꽤 시간이 걸릴 것이다. 나는 독신생활이 좋다. 그것을 좋아하는 사람들이 많지 않지만 나는 그중 하나다. 함께 있어도 나 혼자인 듯 느껴지는 그런 여자랑 나는 결혼하고 싶다. 그러니까 내 말은, 완전히 편하게 느껴지는 여자, 나답게 있어도 편하게 느껴지는 여자와 결혼하고 싶다. 나는 순간순간 아주 미숙하고 거북해질 수 있는데, 나는 결혼한 후에도 그럴 수 있기를 그래도 여자가 도망가거나 당황하지 않기를 원한다.

내가 친밀함을 두려워한다고 나한테 말해 준 사람들이 50명쯤 된다. 사실이다. 나는 사람들이 나를 어떻게 생각하게 될지 두렵고, 그래서 별로 데이트를 하지 않는다. 사람들은 나를 조금만 알

때는 정말 나를 무척 좋아하지만, 나는 혹 그들이 나를 많이 알게 되면 나를 좋아하지 않을까봐 못내 두렵다. 이게 바로 내가 결혼을 겁내는 첫째 이유인데, 나와 결혼하려면 아내가 나를 아주 잘 알아야 할 것이고 나를 아주 잘 알게 되면 더 이상 나를 좋아하지 않을 것이기 때문이다.

내 절친한 친구 폴은 내 친구 다니엘르와 결혼했다. 사람들은 결혼하면 변하는데 정말 그렇다. 다니엘르는 폴과 결혼하기 전 맹렬한 페미니스트였는데 지금은 별로 페미니스트가 아니거나 적어도 활동적이지 않다. 그녀는 폴과 사랑에 푹 빠져 있으며 폴도 마찬가지다. 가끔 내가 놀러 가면 둘은 마치 내가 방 안에 없는 듯 서로 엉덩이를 만진다. 당황스럽다. 내가 방 안에 앉아 있을 때 사람들은 서로 엉덩이를 만지지 말아야 한다. 폴과 다니엘르는 결혼한 지 7년 됐고 세 딸을 두었다. 나도 결혼식에 갔었다. 나는 시를 읽었다. 사진 속의 나는 대단히 잘생기고 늘씬해 보인다. 폴은 브래드 피트 같았고 대책 없이 예쁜 다니엘르는 꽃이나 아름다운 그림 같았다.

결혼식 후 한동안 우리는 포틀랜드 커니 가의 유서 깊은 저택에 다 함께 살았다. 다니엘르의 숙모 내외인 웨스와 마자의 집이었다. 한때 그 집은 명예의 전당에 오른 농구선수 빌 월튼 소유였는데, 패티 허스트(언론 재벌 윌리엄 허스트의 손녀—옮긴이)가 SLA(캘리포니아에서 주로 활동한 과격 좌익집단—옮긴이)한테 납치당했을 때 이 집 지하실에 갇혀 있었다고 한다. 옆집 할아버지 말에 따르면 월튼은 록 그룹 그레이트풀 데드를 집으로 불러 현관에서 콘서트를 열곤 했다. 지금도 맑은 날이면 목제 가구에서 대마초 밴 냄새가 난다.

나는 그 어마어마한 저택의 다락에 살았다. 폴과 다니엘르가 살던 안방은 집 한 채를 들여도 될 만큼 넓었다. 가끔 폴이 다락으로 올라오면 우리는 창문으로 기어나가 지붕에서 도시를 내다보며 파이프를 피우곤 했다.

"결혼생활은 어떤가?" 한번은 내가 물었다.

"좋네. 힘들지만 좋아."

"어떤 점이 힘든데?" 나는 물었다.

폴은 내가 아는 이들 중에 철저히 편하게 속내를 내보이는, 철저히 진실을 말하는 유일한 사람이다. 소위 말하는 진실한 사람이다. "이보게, 돈. 결혼이란 밑지지 않는 거래야. 내 자유를 다 잃지만 친구를 얻거든. 놀라운 친구를."

나는 그의 말을 생각해 보았다. 자유의 상실, 바로 그것 때문에 나는 결혼을 생각하면 잔뜩 겁부터 난다. 나는 곁에 늘 누가 필요한 사람이 아니다. 나는 외로울 때가 많지 않다. 내가 공동체로 사는 것은 그것이 건강하기 때문이고 사람이 너무 오래 혼자 살면 자칫 이상해지기 쉽기 때문일 뿐, 날마다 여자한테로 퇴근하여 같은 집에 살고 같은 욕실과 침대를 쓰며 바닥에 널려 있는 분홍색 실크 옷들을 본다고 생각하면 나는 마치 옥문이 쾅하고 닫히듯 가슴이 콱 조여 온다. 화장실에서 화장을 지우는 아내를 서서 지켜보며 "자기 살림살이가 죄다 여기 있으니 이 여자 정말 안 가겠구나" 생각하는 내 모습이 눈에 선하다.

비트 시인 토니는 내가 최장시간 사랑한 것이 고작 8분이라며 내가 꽤 까다롭다고 말한다. 그건 그렇지 않다. 나는 그저 무슨 번개처럼 순식간에 홀딱 반했다가 그 마음이 금방 사라질 뿐이다. 사라지는 이유는 대체로 내가 두려워 꼼짝도 안 하고 있기 때문이다. 나는 거부당하는 게 두렵고 내일이면 내 느낌이 달라질까봐 두려우며, 나는 하나님이 제정하신 시스템에 도무지 믿음이 없다.

페니는 관계에 대한 내 시각이 비뚤어져 있으며 그건 내가 친밀함 부분에 문제가 있기 때문이라고 하고, 나딘에게 여자 얘기를 하면 나딘은 기품 있는 눈빛으로 그저 나를 바라보며 다 안다는 듯 상담자 같은 소리를 낸다. 그것 재미있다고, 아주 재미있다고 그녀는 내게 말한다.

그들 모두 내가 이기적이라고 생각한다는 것을 나는 안다. 나는 이기적이다. 나는 여자를 원하되 매일이 아니라 며칠에 하루씩만 원한다. 나는 여자가 자기 집에 살다가 내가 면도할 기분이 날 때만 건너오기를 원한다.

"자네가 생각하는 것과 다르네, 돈." 폴이 도시에서 눈길을 떼자기 손안의 파이프를 바라보며 말한다. 그는 파이프를 뒤집어 위쪽의 재를 지붕에 톡톡 턴 다음 불기운을 운동화로 밟아 끈다.

"뭐가?"

"결혼 말일세." 그는 내 눈을 쳐다본다. "자네 생각처럼 만족스럽지 않다고."

"폴, 내 하나 물어볼 테니 솔직히 말해 주겠나?"

"그러지."

"자네 행복한가?"

"행복의 정의를 말해 보게."

"다니엘르와 결혼한 게 좋은가?"

폴은 파이프 끝을 다시 입에 문다.

"난 행복하네, 돈. 아주 행복해."

"그럼 결혼이 내 생각과 다르다는 말은 무슨 뜻인가?" 나는 그가 섹스 얘기를 할 줄 알았다.

"음, 자네가 결혼을 어떻게 생각하는지 내가 말할 수 없겠군. 어쩌면 내가 생각했던 것과 다르다고 말해야 맞겠군. 나는 결혼이란 서로 알아 가는 거라고 생각했지. 그건 맞네, 알아 가는 거야. 하지만 다니엘르는 나를 어느 선까지밖에 알 수 없지. 무슨 말인지 알겠나?"

"자네가 털어놓지 않은 얘기라도 있나?" 나는 물었다.

"다 말했지."

"그렇담 통 무슨 말인지 모르겠군."

폴은 포틀랜드 스카이라인이 한눈에 보이는 지붕 위쪽으로 몸을 약간 밀어 올렸다. 나도 따라했다. "우린 다 사랑받기 원하지, 그렇지?"

"그렇지."

"그런데 친밀한 관계의 두려운 점은 만일 상대가 나를, 평소 감추어 온 나를 알게 되면 나를 사랑하지 않을지도 모른다는 거지. 나를 거부할지도 모른다는 거지."

"맞네." 나는 말했다.

폴은 말을 이었다. "내 말은, 아내한테 말할 수 없는 것들이 있는데, 말하고 싶지 않아서가 아니라 표현할 말이 없어서라네. 그러니까 우린 별개의 인간이고, 서로의 속에 들어가 서로의 생각과 서로의 존재를 읽을 길은 없는 셈이지. 결혼이란 두 사람이 가장 가까워질 수 있는 사이니까 대단하지만, 그러나 절대적인 앎의 지점까지는 갈 수 없다네. 결혼은 여태 내가 꿈꾸어 본 것 중 가장 아름다운 것이지만, 돈, 그게 다는 아닐세. 결혼이 다가 아니야. 다니엘르는 내 모든 것을 사랑하고 나를 받아 주고 참아 주고 세워 주지. 아내는 세상 누구보다도 나를 잘 알지만 내 전부를 알지는 못하며, 나 또한 아내를 다는 모른다네. 결혼 후에도 뭔가 모자란 게 있을 줄은 나는 전혀 생각지 못했네. 나는 늘 결혼이란 궁극적 만족이라 생각했고 다니엘르를 처음 만난 후로는 특히 더했거든. 결혼은 좋은 걸세, 오해는 말게. 나는 다니엘르와 결혼해서 기쁘고 영원히 아내 곁을 지킬 걸세. 하지만 우리 삶에는 하나님을 통해서만 갈 수 있는 지점들이 있어."

"그래서 결혼은 좋은 것만이 아니다?" 나는 물었다.

"아니, 결혼은 내가 생각했던 것보다 훨씬 더 좋다네. 하나님이 나를 향한 그분의 사랑을 보여주시는 통로 중 하나가 다니엘르이고, 하나님이 다니엘르를 향한 그분의 사랑을 보여주시는 통로 중 하나가 나이지. 아내가 나를 사랑하기에 그리고 내가 사랑스런 존재임을 알려 주기에 나는 하나님과 더 잘 교제할 수 있다네."

"무슨 뜻인가?"

"무슨 뜻이냐면 하나님과 교제한다는 것은 순전히 그리고 극진히 사랑받는 것일세. 자기가 사랑스런 존재가 못된다고 생각하는 사람은 하나님의 존재, 사랑 자체이신 그 존재를 받아들일 수 없기 때문에 하나님과 교제할 수 없지. 자신이 사랑스럽거나 사랑스럽지 않다는 것을 우리는 다른 사람들한테서 배운다네." 폴은 말했다. "그래서 하나님은 우리에게 서로 사랑하라고 누누이 말씀하시는 거지."

하늘이 어두워져 폴과 나는 다락으로 들어왔다. 한 시간 동안 잡담을 나눈 후 그는 아내가 있는 아래층으로 내려갔으나 나는 계속 그런 생각을 했다. 나는 불을 끄고 침대에 누워 그동안 내가 데이트했던 여자들, 결혼에 대한 내 두려움, 내 실존의 본바탕인 지독한 이기심에 대해 생각했다.

그해 나는 '폴라로이드'라는 희곡을 쓰고 있었다. 출생부터 죽음까지 한 남자의 일생을 다룬 이야기인데, 모든 장면이 독백이고 다른 배우들은 주인공이 청중을 자신의 인생 여정으로 안내하는 동안 배후에서 말없이 각자의 역을 연기했다. 그로부터 며칠 전에 나는 남자가 아내와 싸우는 장면을 썼다. 1년 전 교통사고로 아들을 잃은 후 그들은 견딜 수 없는 긴장에 휩싸여 있었다. 그들이 감당해 낼 수 없음을, 그리하여 '폴라로이드'에 처참한 이혼과 추한 결별이 들어갈 것을 나는 직감으로 알고 있었다. 그러나 나는 마음을 바꾸었다. 폴과 대화한 후 차마 그렇게 쓸 수 없었다. 나는 부부가 끝까지 함께 남는 것이 어떤 것일까 궁금해졌다. 일어나 컴퓨터를 켰다. 나는 내 희곡의 주인공을 아내가 자고 있는 침실로 들어가게 했다. 아내 곁에 무릎 꿇고 앉아 이렇게 속삭이게 했다.

내 영혼을 당신의 영혼에게로 잡아끄는 이 강력한 중력은 무엇인가요? 어떤 강력한 힘이기에 내가 당신의 사랑을 얻으려 거짓과 억지와 가식을 부렸나요? 당신을 묶어 두고 잡아 두고 놓치지 않으려 가면을 썼음에도, 당신의 의지는 서서히 드러난 진상에 야위어 버린 내 의지를 찌르고, 대신 내 영혼, 내가 두려워하는 영혼, 내가 혐오하는 영혼, 당신이 날 사랑하면 나도 당신을 사랑할 거고 당신이 날 구원하면 나도 당신을 구원하겠다는 이 영혼을 들춰냈단 말입니까? 당신과 내가 함께 서로를 달래 주고, 서로를 거짓 쪽으로, 우리가 선하다는, 우리가 고결하다는, 우리 자신의 흙으로 만들어 낸 구원 외에 당신과 내게 구원이 필요 없다는 거짓 쪽으로 이끌어가는 것, 이것이 우리의 목적인가요?

내 사랑이여, 나는 당신이 두려운 게 아니고 내가 두렵습니다.

나는 당신을 찾아다녔고 기준을 정했고 이미지를 그렸고 피로 당신의 시를 썼습니다. 당신은 아름다웠고 내 친구들은 내가 당신에게 합당하다고 믿었습니다. 당신은 총명했으나 나는 더 똑똑했고, 어쩌면 유일하게 더 똑똑한 사람, 유일하게 당신을 이끌어 줄 수 있는 사람이었습니다. 사랑이여, 보다시피 나는 당신을 사랑한 게 아니고 나를 사랑했습니다. 당신은 내가 나 자신을 고치고 나 자신을 갖고 놀고 나 자신을 구원하기 위해 사용한 도구였을 뿐입니다. 당신의 순결한 손을 내 손에 포개도록 당신을 가르쳤음에도 나는 나 혼자 사는데, 그 이유는 당신이 말대꾸할까 두려워, 나 스스로 합당치 못하고 자격 없고 구원받지 못한 자라고 믿게 될까 두려워, 당신에게 말할 수 없기 때문입니다.

나는 당신이 내 친구가 되어 주기를 간절히 원합니다. 하지만 당신은 내 친구가 아닙니다. 당신은 내가 되고 싶었던 남자, 나인 척했던 남자에게 살포시 미끄러져 왔고, 나는 당신의 예수였고 당신은 내 예수였습니다. 당신에게 내 참모습을 보인다면 우리는 무너질지도 모릅니다. 내 사랑이여, 나는 당신이 두려운 게 아니고 내가 두렵습니다.

나는 바로 알려지고 싶고 사랑받고 싶습니다. 당신은 할 수 있나요? 당신의 편안한 숨소리로 보아 나는 당신도 나 같은 인간임을, 당신도 나처럼 타락한 자임을, 당신도 나처럼 외로운 자임을 믿습니다. 내 사랑이여, 내가 당신을 아나요? 우리를 이토록 고통스럽게 끌어당기는 이 강력한 중력은 무엇입니까? 왜 우리는 통하지 못하나요? 우리가 영원토록 이것을 키워 나갈 수 있을까요? 말로, 미력한 말로 어떻게 서로를 알아 갈 수 있을까요? 이것이 하나님이 우리에게 은혜를 주시는 길이고, 우리를 향한 자신의 사랑의 미로를 가르치시는 길이고, 우리와 연합하기 위한 자신의 희생을 우리에게 가르쳐 나가시는 길인가요? 아니, 그분은 원래부터 우리의 존재를 미완성으로 지어 결국 우리가 유일한 큰 소망으로 귀결되도록 하신 겁니까? 죽을힘을 다해 애쓰고 끙끙대며 피차 숨을 나누어 바로 알려지고 사랑받는 상태에 들어갔더라도, 결국은 더 큰 파멸에 떨어짐으로 그분 보좌 앞에 엎드려 우리를 받아 달라고 애원하도록 하신 겁니까? 우리를 완성시켜 달라고 애원하도록 말입니까?

서로를 구원할 수 있다고 믿다니 우리는 바보였습니다.

아담처럼 나도 잠에서 깨어나, 내 갈비 옆에 누워 있는 당신을 발견하고는, 하나님이 하신 일들을 들려주고, 당신에게 동산을 안내하고, 당신의 쭈뼛거리는 걸음, 어리둥절한 눈빛, 사랑에 너무 느린 마음, 사랑에 너무 신중한 마음, 내가 사내답게 나서서 구애해야 할 정도로 수줍기만 한 당신의 그 마음을 지도해야 했을까요? 그것이 하나님의 의도일까요? 비록 그분이 내 갈비로 당신을 지으셨어도 나를 만들고 나를 겸손케 하고 나를 죽이며, 그 과정에서 그분을 계시해 주는 사람은 당신이라는 사실이?

우리는 살아생전 하나가 될 수 있을까요?

내 마음을 당신의 마음에게로 잡아끄는 이 강력한 중력은 무엇입니까? 어떤 강력한 힘이 내 궤도를, 내 고독한 상태를 끝장낸 겁니까? 당신 안의 소원을 소원하는 내 안의 이것은 무엇입니까? 우리는 포기한 눈빛, 묶여 버린 손발, 어눌한 혀로 서로에게 덤벼들지 않나요? 이뤄질 수 없는 일입니다! 우리는 서로를 알 수 없습니다!

나는 이 일을 그만두렵니다. 하지만 당신이 생각하는 바는 아닙니다. 나는 당신을 떠나지 않습니다.

내 사랑이여, 내 당신에게 이것을 드리겠고, 더 이상 흥정하거나 거래하지 않으리다. 그분이 나를 사랑하신 것처럼, 나도 확실히 당신을 사랑하리라. 나는 내가 알아 갈 수 있는 만큼 당신을 알아 가겠고, 하나님 자신의 지식을 빼고는 당신이 여전히 신비이므로, 내가 알게 된 당신의 모습을 내 마음의 가장 따뜻한 방, 하나님이 내 안에 친히 들어오신 그 방에 간직하리다. 나는 죽을 때까지 그렇게 할 것이고, 그것이 나를 죽음으로 데려가리다.

나는 하나님처럼, 하나님 때문에, 하나님의 능력에 힘입어 당신을 사랑하리라. 당신의 사랑을 바라고, 당신의 사랑을 요구하고, 당신의 사랑을 놓고 거래하고, 당신의 사랑을 두고 도박하는 일을 그만둘 것입니다. 그저 당신을 사랑하리다. 당신에게 내 자신을 내주겠고 내일도 또 그렇게 하리다. 죽고 또 죽는 이 제단에서, 내가 스러지기 전에 시계의 시간이 먼저 다할 것입니다.

하나님은 내게 그분 자신을 거셨습니다. 나도 당신에게 자신을 걸겠습니다. 그렇게 함께 우리는 사랑하는 법을 배울 것이고, 어쩌면 그때 오직 그때에만, 그분을 우리에게로 잡아끈 이 중력을 이해하게 될 것입니다.

14. 고독_ 53년의 우주 유영

나는 한번 사랑에 빠졌었다. 내 생각에 사랑은 천국의 편린이다. 사랑에 빠졌을 때 나는 그 여자 생각을 어찌나 많이 했던지 꼭 죽는 줄 알았는데도 그것이 아름다웠고, 그녀도 나를 사랑했거나 적어도 말로는 그랬고, 우리는 자기 생각 없이 서로만 생각했다. 그게 바로 사랑이 천국의 편린이라는 내 말의 뜻이다. 사랑에 빠졌을 때 나는 내 생각이 거의 없었고 그녀만을, 그녀가 얼마나 아름다운지, 그녀가 춥지는 않은지, 어떻게 그녀를 웃길 수 있을지 그런 생각뿐이었다. 내 문제들을 잊어버려 너무 좋았다. 대신 그녀의 문제들이 내 것이 되었는데, 그녀의 문제들은 로맨틱하고 아름다워 보였다. 사랑에 빠지니 세상에 나보다 더 중요한 사람이 있었고, 인간 타락의 여파를 모두 감안할 때 그것은 기적이요, 마치 하나님이 깜빡 잊고 그것만 저주하지 않으신 것처럼 보인다.

그러나 나는 더 이상 사랑에 빠진 상태를 홀로인 상태의 정반대로 보지 않는다. 그것이 외로움의 정반대인 줄 알고서 다시 사랑에 빠지기를 원했던 적이 있어서 하는 말이다. 나는 사랑에 빠진 상태가 외로움의 한 반대일 수는 있지만 유일한 반대는 아니라고 생각한다. 이제 나는 외로울 때 그리워지는 것들이 또 있는데, 공동체, 우정, 가족 등이다. 우리 사회는 로맨틱한 사랑에 너무 목을 매는 것 같다. 그래서 그토록 많은 로맨스가 깨지는 것이다. 우리의 소원대로 로맨스가 모든 짐을 져줄 수는 없다.

비트 시인 토니는 영어의 가장 위력적인 단어들 중 셋으로 **홀로**(alone), **외로이**(lonely), **고독**(loneliness)을 꼽는다. 우리가 인간임을 보여주는 단어들이며 **배고픔**, **목마름**이란 단어와도 같다. 다만 몸에 대한 단어가 아니라 영혼에 대한 단어일 뿐이다.

나는 천성적으로 일종의 은둔자다. 10분간 쓰려고 20시간 충전해야 하는 무선 스크루드라이버가 나다. 휴지 시간이 그만큼 많이 필요하다. 나는 지독한 몽상가다. 어렸을 때부터 그랬다. 내 생각은 한없이 걷고 놀고 달린다. 나는 인물들을 지어내고 이야기들을 쓰고 스스로 록 스타인 척하고 전설적인 시인인 척하고 우주비행사인 척하며, 내 생각은 통제가 안된다.

그러나 혼자서 오래 살다 보면 성격이 변하는데, 이는 자기 속으로 너무 깊이 파고들어 사회성을 잃고 정상적 행동 여부를 가리는 능력을 잃기 때문이다. 자기 속에 모든 세상이 있고, 본인만 원하면 그 속으로 하도 깊이 들어가 밖으로 나오는 길을 잊을 수 있다. 그러나 음식과 물이 우리 몸을 살리듯 우리 영혼은 다른 사람들이 살리는 법이다.

몇 년 전 나는 친구들과 함께 제퍼슨 공원으로 등산을 갔는데, 그곳은 제퍼슨 봉우리 기단의 퍼시픽 크레스트 등산로라는 고지였다. 그날 밤 우리가 모닥불에 둘러앉아 얘기를 주고받고 있는데 공원 관리인이 천천히 우리 캠프 쪽으로 걸어오는 게 보였다. 그는 작고 마른 남자였는데 피곤한 듯 천천히 움직였다. 그는 손으로 무릎을 짚어가며 야트막한 비탈을 올라 우리 불 쪽으로 왔다. 우리한테 와서도 자기가 누구라는 말도 없이 한동안 불만 쳐다보았다. 우리가 말을 걸자 그는 고개를 끄덕였다. 그는 친절한 말투로 허가증을 보여 달라고 했다. 우리는 텐트의 배낭에서 허가증을 찾아 잘 펴서 그에게 건넸다. 그는 마치 몽상에라도 빠진 듯 허가증 쪽지를 일일이 찬찬히 살피며 뜯어보았다. 사실 그건 초록색 종이쪽지에 서명이 된 간단한 서류에 불과했다. 그러나 그는 영화를 보듯, 만화를 보듯 꼼꼼히 살폈다. 마침내 그는 허가증을 우리한테 넘겨주고는 몹시 기묘한 표정으로 웃음을 지으며 고개를 끄덕였다. 그러고는 거기 서 있었다. 그는 우리 모닥불에서 불과 50센티미터 떨어진 나무에 기대어 우리를 지켜보았다. 우리는 더 필요한 게 있느냐며 그에게 몇 차례 질문을 던졌으나 그는 친절하게 없다고 했다. 결국 나는 알아차렸다.

　　그는 외로웠던 것이다. 그는 혼자서 미치기 직전이었다.

　　그는 사람들과 어울리는 법을 잊어버렸다. 나는 그에게 제퍼슨 공원에 얼마나 있었느냐고 물었다. 그는 두 달이라고 했다. 두 달 동안 혼자 살았느냐고 나는 물었다. 그는 그렇다며 웃었다. 혼자서 퍽 오래도 있었다고 나는 말했다. 그는, 글쎄, 이렇게 대화하니 피곤하다고 했다. 그는 주머니에 손을 넣고는 다시 웃었다. 그는 먼

곳을 내다보았고 목을 뻗어 별들을 보았다.

"캠프로 돌아가야겠습니다." 그는 말했다. 인사도 없었다. 그는 낮은 비탈을 걸어 어둠 속으로 내려갔다.

그 기분, 어둠 속으로 걸어가는 기분을 나는 안다. 혼자 살던 시절 나는 사람들 옆에 있기가 몹시 힘들었다. 파티에 가서도 나는 일찍 자리를 뜨곤 했다. 교회에 가서도 사람들과 둘러서서 얘기하는 게 싫어 예배가 끝나기 전에 빠져나왔다. 나는 사람들이 옆에 있으면 불편했다. 혼자서 공상에 빠지는 데 너무 익숙해져 다른 사람들은 내게 방해거리였다. 전혀 건강치 못한 모습이었다.

내 친구 마이크 터커는 사람을 무척 좋아한다. 장시간 옆에 사람이 없으면 그는 자제력을 잃고 얘기를 지어내며 독백을 시작한다고 한다. 포틀랜드로 이사 오기 전 그는 장거리 트럭기사로 일했는데, 혼자 지낼 줄 모르는 사람한테는 안 맞는 일이다. 언젠가 그는 로스앤젤레스를 떠나 보스턴으로 가는 길에 에이브러햄 링컨과 세 시간 동안 대화했다고 한다. 정말 좋았다고 한다. 나는 그랬겠다고 받았다. 터커에 따르면, 링컨 씨는 아주 겸손하고 총명하며 무엇보다 남의 말을 잘 들어준다고 했다.

터커의 말이, 트럭 정류소마다 매춘부들이 나와 있다가 이 트럭 저 트럭 다니며 남자들에게 동행이 필요하냐고 묻는다고 한다. 하룻밤은, 너무 외로워 여자를 차에 태울 뻔했다고 그는 말했다. 섹스를 원했던 것도 아니다. 그저 자기 손을 잡아 줄 여자, 살을 두른 사람, 자기 말을 들어주고 자기가 물을 때 진짜 목소리로 대꾸해 줄 사람을 원했던 것이다.

　때로 밤에 자리에 눕거나 아침에 눈뜨는 순간이면 나는 마치 여자한테, 허상의 아내한테 말하듯 베개에 대고 말한다. 사랑한다고, 아름다운 아내라고 말한다. 외로워서 그러는 건지 아닌지 나도 모른다. 터커는 내가 성적으로 흥분해서 그렇다고 한다. 그는 외로움이란 정말 괴로운 것이며 나도 느껴 보면 알 거라고 말한다. 하나님이 사람을 다른 사람 없이는 못 사는 존재로 지으셨다는 것이 재미있다. 억센 카우보이가 혼자 말 타고 가는 담배 광고를 보며 우리는 저게 힘이라고 생각하지만, 사실 그것은 자기 영혼을 소파에 앉혀 놓고 사용하지 않는 것과 같다. 영혼이 건강하려면 다른 사람들과 교류가 필요하다.

　오래전 나는 포틀랜드 외곽의 한 아파트에 틀어박혀 지냈다. 친구와 함께 살았지만 그는 근처에 애인이 있어 그녀와 함께 지냈고 어떤 때는 밤에도 들어오지 않았다. 나는 텔레비전도 없었다. 나는 혼자 먹고 혼자 빨래하고, 누구 올 사람도 없었으므로 청소도 하지 않았다. 간혹 독백을 하곤 했는데, 내 목소리는 벽과 천장에 부딪쳐 이상하게 되돌아왔다. 나는 레코드를 틀어놓고 가수 흉내를 내곤 했다. 엘비스 프레슬리 흉내를 잘 냈다. 나는 에밀리 디킨슨 (Emily Dickinson)의 시를 소리 내어 읽으며 그녀와 가상의 대화를 하곤 했다. 나는 "뼈의 제로"가 무슨 뜻이냐고 물었고 그녀가 레즈비언이냐고 물었다. 공식적으로 그녀는 자기가 레즈비언이 아니라고 말했다. 솔직히 그녀는 그 질문을 꽤 불쾌해했다. 그때까지 나는 에밀리 디킨슨처럼 흥미로운 사람은 만나보지 못했다. 그녀는 사랑스럽고 실은 겁먹은 개처럼 얌전했으나 나한테 마음이 열리면 잘 어울렸다. 그녀는 정말 총명했다.

그 아파트에 산 지 2년 되었을 때 나는 국토를 횡단하여, 에밀리가 살다 죽은 매사추세츠 주 앰허스트에 가 보기로 했다. 그때만 해도 나는 그녀를 평생 얌전하고 총명했던 완벽한 여자, 시 원고를 끈으로 묶어 깔끔히 꾸러미에 싸둔 여자로 상상했다. 고백컨대 나는 그녀의 세기에 그녀의 앰허스트에 살며, 홀리오크 신학교 시절의 그녀와 친구가 되고, 그녀가 그토록 멋있게 묘사한 여름날의 언덕들, 아침이면 일제히 모자를 풀어 젖히던 그 언덕들을 그녀와 함께 걷는 공상에 빠졌다. 리드의 내 친구 로라는 자기가 아는 남자들 절반은 에밀리 디킨슨에게 홀딱 반한 적이 있다고 말한다. 로라의 말로, 이는 에밀리가 똑똑하면서도 위협적이지 않고 아주 오랫동안 아버지한테 꽉 쥐여 살았기 때문이다. 로라의 생각에 남자들이 에밀리에게 홀딱 반하는 이유는, 지성인 남자들은 여자의 군림을 두려워하는데 에밀리는 복종적인 지성인이기 때문이다. 나는 우리가 에밀리 디킨슨한테 홀딱 반하는 이유야 어쨌든 상관없다. 이는 모든 생각하는 남자, 모든 생각하는 미국 남자의 통과의례다.

내가 이런 얘기를 하는 이유는, 다만 사람이 장기간 실존 인물들과 어울리지 않으면 얼마나 비참해지는지 말하기 위해서다. 내가 에밀리 디킨슨 얘기를 하는 이유는, 아무래도 내가 혼자 살다가 미친 것 같다는 생각이 처음 들던 때가 생각나서 그렇다. 그것이 고독의 환영(幻影)이었음을 이제는 알지만, 그날 밤 앰허스트에서는 얼마나 생생한 현실 같았는지 모른다. 다른 때 그녀를 보았던 것은 다 허구였다. 권태를 못 이겨 그녀를 지어냈던 것이다. 그러나 이번은 달랐다.

　전날 밤 나는 뉴욕에서 보스턴까지 운전하고 가 차 안에서 잤다. 보스턴에 멈춘 것은 너무 피곤해서 밤 운전을 할 수 없었던 탓이다. 수건 한 장만 덮고서 어찌나 춥던지, 나는 등 뒤에 묶여 있던 안전벨트와 머리에 거치적거리던 문손잡이에 몸을 비비며 뒤척였다. 거기 뒷좌석에 누워 차 지붕을 응시하면서 나는 에밀리 디킨슨을 생각했다. 거의 한잠도 못 잤다. 아침에 나는 커피로 잠을 떨친 뒤 여정의 마지막 구간, 앰허스트에 이르는 구간에 올랐다.

　그날 오후 매사추세츠 대학교에는 모든 예쁜 여자들이 땀 흘리며 달리고 있었고, 학생들이 잔디밭에서 담배를 피우고 있었고, 뒤쪽의 나무들은 가지만 앙상했고, 하늘은 짙푸르러 걷기 좋은 날씨였다. 겨울철의 그곳은 아름답고 재기가 넘치며 아주 학구적이다. 큰 집들이 띄엄띄엄 떨어져 있다. 붉은 벽돌에 담쟁이 넝쿨. 키다리 잔디.

　매사추세츠 대학교에서 타운을 가로지르면 앰허스트 대학이 나온다. 에밀리의 조부는 여자들도 남자들처럼 성경을 잘 알았으면 해서 앰허스트 대학을 세웠다. 그는 꿈만 있고 수완은 없었던 모양으로 학교는 거의 즉시 파산했다. 몇 년 후 그의 아들인 에밀리의 부친이 학교를 살렸는데, 그는 조부와 달리 여성의 자유나 평등을 믿지 않았다. 에밀리의 아버지는 늘 여자들을 억압했다. 훌륭한 작가가 되어 책을 펴낼 것으로 집안에서 기대했던 사람은 에밀리가 아니라 그녀의 오빠 오스틴이었다.

　나는 그런 생각을 하며 앰허스트 대학을 빙 돌아 에밀리의 자필 원고가 일부 보관되어 있는 존스 도서관에 섰는데, 대체로 원고는 노란 종이에 연필로 옅게 갈겨쓴 것으로 유리 케이스 안에 있었다. 원고를 보니 신기했다. 그녀의 시를 읽은 지 1년밖에 안된 줄 뻔히 알면서도 마치 그녀를 아는 듯, 그녀가 오리건의 아파트에 나와 함께 살며 친한 친구라도 되는 듯 생각했던 것이 부끄러워졌다.

존스 도서관의 남자가 내게 생가의 위치를 일러 주면서 별로 볼품없는 곳이라 했는데, 정말 나는 오는 길에 그곳을 지나쳤으면서도 몰랐다. 나는 그곳을 가슴으로 느끼거나 당연히 알아볼 줄 알았었다. 크게 표시라도 되어 있을 줄 알았다. 남자가 일러준 대로 나는 도서관에서 상점들을 따라 걸어 보스턴 쪽으로 1마일쯤 도로 갔다. 그녀의 집은 생각과 전혀 딴판이다. 크지만 웅장하지 않고, 전면의 거목 한 그루만 시선을 끈다. 싸구려 같은 콘크리트 계단이 옆문으로 나 있고, 차 진입로는 포장되어 있다. 사적지 표시물이 있으나 작으며, 따라서 젊은 남자가 에밀리 디킨슨의 생가에 와서 처음 깨닫는 것은, 세상은 자기처럼 그녀와 사랑에 빠져 있지 않다는 사실이다. 나는 낙엽이라도 긁고 주변을 청소하고 싶었다. 다가가기 전에 집을 휘 둘러보노라니, 실제의 그녀가 아니고 내 마음속에서만 그녀였던 사람이 옆문을 휙 열고 급히 계단에 발을 내딛는 모습이 보였다. 그녀는 나와 눈이 마주치자 하얗게, 그러잖아도 하얗던 얼굴이 더 하얗게 질려서는 바람처럼 집 안으로 쏙 들어갔다. 용수철이라도 달린 듯 문이 절로 닫혔다. 잠시 나는 움직일 수 없었다.

그날 밤 나는 일기에 이렇게 썼다.

"에밀리 디킨슨이 방충망 문을 열고 나와 어두운 눈으로, 동굴의 입구처럼 끝없이 어두운 눈으로 나를 보는데, 이랑진 눈썹 밑으로 칠흑 같은 밤 한 쌍이 너무도 고즈넉이 내려앉은 듯했고, 창백한 흰 살갗은 붉은 입술로 오므라들었다. 부드럽고 말쑥하게 허리를 감싸고 무릎으로 흘러내려 발목을 간질이는 흰 드레스 위로 가늘고 긴 목이 수려하게 솟아 있었다. 그러다 그녀는 집으로 들어갔고 나는 그곳을 빙 돌면서 무서웠다."

페니는 사람들이 미치는 때는 20대라고 한다. 자기 어머니도 그랬다고 한다. 그런 얘기를 할 때면 나는 앰허스트의 내가 생각나면서, 정말 에밀리를 보았다는 확신과 그녀는 죽었으니 실제는 아무도 없었다는 확신이 함께 든다.

나는 그녀에 대한 공상을 즉시 그만두었다. 나는 아무에게도 그 얘기를 한 적이 없는데 다시는 그런 일이 없었으므로 할 필요도 없었다. 다만 내가 미쳐가고 있고 정말 허깨비를 보고 있다는 사실이 견딜 수 없었다. 나는 이것을 생화학적 차원의 고독 탓으로 돌렸다. 우리는 주변에 사람이 없으면 허상이라도 만들어 내는데, 이는 우리가 본래 혼자 살도록 되어 있지 않기 때문이요 사람이 독처하는 것이 좋지 않기 때문이다.

옛날에 도널드 우주비행사라는 사람이 있었다.

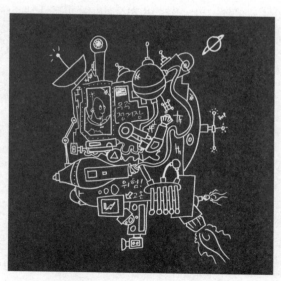

도널드 우주비행사는 우주에 나가 우주 정거장에 살았다.

도널드 우주비행사는 특수 우주복을 입고 있어서
음식이나 물이나 산소가 없이도 살 수 있었다.

어느 날 사고가 났다.

도널드 우주비행사는 우주 속으로 튕겨나갔다.

지구 궤도를 돌게 된 도널드 우주비행사는 아주 무서웠다.

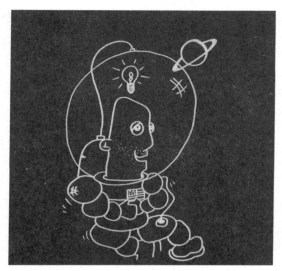

그러다 그는 목숨에 지장이 없는 자신의 특수 우주복이 생각났다.

하지만 돈이 너무 많이 들어 어느 나라 정부도 도널드 우주비행사를 구하러 오지 않았다.
(다들 공모를 꾸미며 그가 죽었다고 했으나 그는 죽지 않았다.)

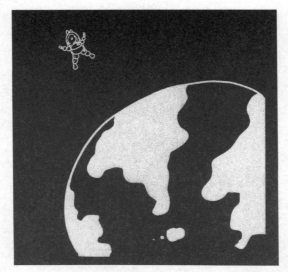

그래서 도널드 우주비행사는 하루 열네 번씩 지구 궤도를 돌고 또 돌았다.

도널드 우주비행사는 몇 달째 지구 궤도를 돌았다.

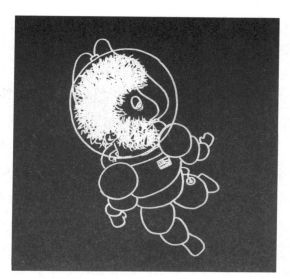

도널드 우주비행사는 수십 년간 지구 궤도를 돌았다.

도널드 우주비행사는 그렇게 53년간 지구 궤도를 돌다가
몹시 외롭고 미친 사람으로 죽었는데, 영혼의 불꽃이라곤 찾아볼 수 없이
그저 물질의 껍데기에 불과했다.

우리 공동생활의 새 식구 스테이시는 우주비행사 이야기를 쓰려 한다. 그 이야기 속의 우주비행사가 입은 우주복은 자신의 체액을 재활용하여 생명을 유지하도록 되어 있다. 이야기 속의 우주비행사는 우주 정류장에서 일하던 중 사고로 우주 속으로 튕겨나가 지구 궤도를 돌게 되는데 평생 그렇게 지구를 돈다. 스테이시는 자신이 상상하는 지옥, 인간이 타인들도 없고 하나님도 없이 철저히 혼자인 그곳을 그렇게 표현했다고 한다. 스테이시의 이야기를 들은 뒤로 내 머릿속에 계속 그 장면이 보였다. 밤에 잠들기 전에도 나는 그 생각을 했다. 작고 둥근 헬멧 밖으로 파란 지구별을 내다보며 그쪽으로 손을 뻗어 희고 불룩한 우주복 손가락 사이로 지구를 가늠해 보면서, 내 친구들이 아직 저기 살아있을까 궁금해하는 내 모습을 상상했다. 상상 속에서 나는 악을 쓰며 친구들을 불렀으나 소리는 내 헬멧 속을 윙윙 맴돌 뿐이었다. 세월이 흘러 헬멧 속의 내 머리가 길어 이마를 덮고 눈을 덮었다. 헬멧 때문에 나는 손으로 얼굴을 만져 눈을 덮은 머리칼을 치울 수 없었다. 첫 2년쯤 지나자 지구를 보는 내 시야는 점점 흐려져, 머리털과 수염의 막 사이로 보이는 희미한 불빛에 지나지 않았다.

그렇게 침대에 누워 스테이시의 이야기를 생각하며 나는 자신을 캄캄한 우주로 내보냈다. 어느 순간 우주 속의 나는 깨어 있는지 잠들어 있는지 알 수 없었다. 무엇이 현실이고 무엇이 현실이 아닌지 내게 일깨워 줄 사람들이 주변에 없었으므로 내 생각은 온통 뒤죽박죽이었다. 내 옆구리를 치면 아팠고, 그로써 나는 이게 꿈이 아님을 조금은 알 수 있었다. 10년이 못되어 내 머리털과 수염이 얼굴을 짓누르고 입과 콧속으로 기어들기 시작하면서 호흡이 거칠

어지기 시작했다. 우주에서 나는, 내가 인간임을 망각했다. 내가 유령인지 환영인지 귀신인지 몰랐다.

스테이시의 이야기를 생각한 후 침대에 누워 있노라니, 누군가의 손길과 말소리가 그리워졌다. 나한테 정말 그런 일이 일어날 것 같은 섬뜩한 생각이 들었다. 나는 그저 끔찍한 이야기, 흉하고 괴로운 이야기일 뿐이라고 자신을 타일렀다. 스테이시는 어찌 그리도 지옥을 정확히 추측해서 묘사한 것일까. 그리고 슬픈 사실, 정말 슬픈 사실은, 우리가 교만한 사람들이며 우리 중 허다한 이들이 알량한 자존심 때문에 자신에게 상처나 불쾌감을 줄 수 있는 실존 인물들을 상대하지 않은 채 텔레비전 앞에서 산다는 사실이다. 그래서 은하수를 정처 없이 떠도는 우주비행사처럼, 다른 인간들과의 교류가 거의 없이 자신의 소파 위를 떠돈다는 것이다.

스테이시의 이야기가 어찌나 무서웠던지 나는 페니에게 전화를 걸었다. 나는 생각이 너무 많아지면 페니에게 전화한다. 그녀는 그런 심정을 잘 안다. 늦은 시간이었지만 나는 그녀에게 집으로 가도 되겠느냐고 물었다. 그녀는 좋다고 했다. 나는 로렐허스트에서 버스를 탔는데 버스 안에는 몇 사람밖에 없었고 서로 얘기하는 사람은 아무도 없었다. 리드에 도착하자 페니가 반가이 포옹하며 볼에 입을 맞춰 주었다. 우리는 한동안 그녀의 방에서 이런저런 얘기를 나누었다. 사람 목소리를 들으니 살 것 같았다. 페니의 책상에 그녀의 아버지 사진이 있었는데, 아버지는 키가 크고 호리호리하며 카우보이모자를 쓰고 있었다. 그녀는 아버지 얘기를 했고 어렸을 때 자기네 두 자매가 아버지 따라 1년간 배 타고 태평양에서 살던 얘기도 했다. 두 자매가 아주 친하다고 했다. 얘기하는 동안 그녀가 마치 내 영혼을 마사지하며 나 혼자가 아니라고, 절대 나 혼자일 필요가 없다고, 친구들과 가족들과 교회들과 커피숍들이 있다고 말해 주는 것 같아 나는 아주 열심히 들었다.

우리는 기숙사를 나와 리드 캠퍼스의 협곡 위로 뻗은 아름다운 보행용 다리 블루 브리지를 건넜는데, 이 다리는 파란색 조명과 잘 어울리고 그 조명을 흐릿한 눈빛으로 보면 꼭 천국으로 감아도는 길을 비추는 별들 같다. 바람이 아주 찼지만 페니와 나는 구내식당 바깥에 앉아 파이프를 피웠고, 그녀는 내게 가족들과 내 꿈을 물었고 하나님을 향한 내 심경을 물었다.

고독은 우리에게 찾아오는 법이지만 내 생각에 고독은 우리가 능히 벗어날 수 있는 것이다. 나는 외로운 사람일수록 공동체에 끼어들고, 공동체에 자신을 내놓고, 친구들 앞에서 겸손해지고, 공동체를 시작하고, 사람들을 가르쳐 서로 챙겨 주게 하고, 서로 사랑해야 한다고 생각한다. 예수님은 우리가 우주를 떠돌거나 텔레비전 앞에 앉아 있기를 원치 않으신다. 예수님은 우리가 함께 교류하고 함께 먹고 함께 웃고 함께 기도하기 원하신다. 고독이란 타락과 함께 온 것이다.

다른 사람들을 사랑하는 것이 천국의 편린이라면 고립은 정녕 지옥의 편린이다. 그중 어느 상태로 살 것인지는 여기 지상에서 우리가 택하기 나름이다.

얼마 후 릭은 내게 말하기를, 나도 공동체로 살아야 한다고 했다. 사람들 없이는 내가 자랄 수 없으므로 하나님 안에서 자랄 수 없고 인간으로서 자랄 수 없다. 그러므로 나를 귀찮게 하고 부대낄 사람들이 주변에 필요하다는 것이었다. 인간이 처음에 무력한 아이로 가정에 태어나는 까닭은, 하나님께서 우리가 곰팡이처럼 통나무 밑에 숨지 말고 서로 부대끼며 함께 살기를 원하시기 때문이라고 그는 말했다. 그는 내가 곰팡이가 아니라 인간이며, 건강해지려면 내 삶에 다른 사람들이 필요하다고 했다.

릭은 교회의 남자들 몇이서 집을 구하여 공동생활을 하려 한다면서, 나도 합류를 생각해 보라고 했다.

15. 공동체_ 괴짜들의 더부살이

공동생활을 시작하기 전 나는 신앙이란, 동굴 속의 수도사처럼 혼자서 하는 것인 줄 알았다. 신앙의 중추는 하나님과 단둘이 보내는 시간, 옛 본문들을 읽고 시나 자연법의 교훈을 묵상하는 시간, 혹 선하고 경건해진 후에는 화분이나 물주전자를 공중부양시키는 시간인 줄 알았다.

책들을 보면 그렇게 보인다. 내가 읽었던 한 기독교 서적의 주제는 자아 계발, 하나님을 향한 개인 여정에서의 나의 실현이었다. 온통 집중력과 추진력과 사고에 관한 내용이었다. 모두 조용한 방에서 혼자 하는 일이었다. 공동체와 연관된 것은 하나도 없었다.

그리스도인의 여정에 혹 다른 사람들의 자리가 있더라도 그들의 역할은 감시 파트너, 상담자, 남편, 아내 등 미미했다. 그룹이나 공동체를 주제로 신앙의 조언을 주는 책을 나는 단 한 권도 본

적이 없다(신약성경 대다수의 책을 빼고).

책방의 기독교 코너에 가면 메시지는 분명했다. 신앙이란 나 혼자 하는 것이다.

릭은 혼자 사는 사람들을 좀처럼 그냥 두지 못한다. 만인의 고통을 느끼는 것, 빌 클린턴 같다. 외로워 보이는 사람이 있으면 릭은 밤잠을 못 잔다. 그는 우리 모두가 함께 살며 사이좋게 지내기를 원하며 그래야 자기도 쉴 수 있다. 고달픈 영혼이다.

처음에 나는 공동생활의 개념을 어찌 보아야 할지 몰랐다. 6년 가까이 혼자 살아온 나로서는 지저분한 패거리와 한집에 들어간다는 개념이 썩 달갑지 않았다. 공동생활은 뭐랄까, 아주 해괴해 보였다. 이단들이 그런 짓을 하지 않던가. 처음에는 공동체로 살다가 나중에는 약물을 마시고 죽는다.

하지만 릭의 아이디어였고 그는 삶의 다른 모든 부분에서 지극히 정상 같았다. 그는 혜성을 뒤쫓는 우주선 얘기를 한 적도 없고 우리더러 무기나 피넛버터를 사재기하라고 한 적도 없다. 그래서 나는 공동생활 얘기도 무슨 딴 꿍꿍이속은 없겠거니 했다. 단지 이단처럼 보인다 해서 꼭 이단이란 법은 없지 않은가. 또 하나, 당시 나는 서른이 다됐는데 아직 미혼이었다. 나이 서른의 독신자가 다른 남자들과 한집에 살면 그것은 마치 삶을 포기한 것처럼, 낙오자들이 떼거리로 모여 살며 컴퓨터 얘기나 하고 비디오게임이나 나눠 쓰는 것처럼 보인다.

공동체로 살면 낙오자 이미지를 떨치기 위해서라도 떠들썩한 파티를 다섯 번씩은 벌여야 할 것 같았다. 하지만 나는 파티를 즐기는 사람이 아니다. 나는 9시에 자리에 누워 CNN 뉴스를 보다 잠드는 게 좋다. 그래서 나는 남자들과 공동생활을 하되 말로만 떠들썩한 파티를 한다고 만인에게 말하고 실제로는 한 번도 안 하면 그만이지 하는 생각도 들었다.

해야 할지 말아야 할지 분간이 안 섰다.

릭이 계속 귀찮게 했다. 당시 나는 시내에서 50킬로미터쯤 떨어진 시골에 살고 있었는데 릭은 자꾸만 내게 거기서 외롭지 않느냐고, 차라리 시내로 들어와 교회 사람들과 함께 살지 않겠느냐고 물었다. 그는 내게 거기 시골에서 누구를 섬길 기회가 있느냐고, 젖소들한테 좋은 영향을 주고 있느냐고 물었다. 나는 그들에게 많은 영향을 미치고 있다고, 책을 쓰고 있다고 말했다. 그는 웃었다. 나는 좌불안석인데 그는 웃으며 말했다. "책이라. 대단하군! 자네가 사람들을 위해 책을 쓴다고!" 그는 웃음을 그치지 않았다. 정말 거슬렸다.

릭과 대화한 지 5개월쯤 지나 나는 다섯 남자와 함께 입주했다. 우리가 찾은 로렐허스트 집은 39번가와 글리선이 만나는 로터리에 있었다. 커다란 잔 다르크 동상에서 길 하나 건너였다. 포틀랜드에 오면 그 동상을 보게 돼 있다.

처음에는 마음에 들었다. 큰 집이었고 나는 창문이 많은 제일 좋은 방을 차지했다. 내 방은 말 그대로 사면이 창문이라서 창문이 모두 열 개쯤 됐다. 꼭 온실에 사는 것 같았다. 나는 로터리와 동상이 내려다보이는 거대한 창 앞에 책상을 놓았다. 친구들은 로터리를 돌아나갈 때면 내 방 옆을 지나며 경적을 울리곤 했다. 나는 내가 유리방에 살고 있음을 늘 잊었고, 그래서 마침 코를 후비던 손가락을 빼 그들에게 엉겁결에 손을 흔들곤 했다. 나는 완전히 혼자 살던 삶에서 번잡한 길가의 유리상자 속 삶으로 옮겨 왔다.

공동생활의 가장 좋은 점 하나는, 난생처음 나도 형제들이 생긴 것이었다. 우리는 현관에 앉아 로터리를 돌아가는 차들을 바라보곤 했다. 우리는 잔 다르크 동상을 쳐다보며 그녀와 한판 결투를 벌일 수 있을까 떠들곤 했다.

우리는 그 집 이름을 그레이스랜드라고 지었는데, 지금도 내 책상에 거기 살던 여섯 사내들의 사진이 있다. 사람들은 우리가 그 집을 그레이스랜드라고 명명한 이유를, 거기가 사람들이 하나님의 은혜와 무조건적 사랑을 경험하는 곳이 되기를 바라서인 줄로 생각했다. 그러나 우리가 그런 생각을 한 것은 나중이었다. 실은 우리가 그런 이름을 붙인 것은 엘비스 프레슬리가 살던 집 이름이 그레이스랜드였고 우리도 다 엘비스처럼 여자들한테 꽤나 인기가 좋았기 때문이다.

내 책상 위의 사진은 여섯 사내의 사진 이상이다. 그것은 전환기의 내 사진인데, 신체적 전환이 아니라 내면의 사고가 확 바뀌는 전환이었다. 사진 속의 나는 별로 피곤해 보이지 않지만 내 기억에는 피곤했다. 거의 1년 내내 피곤했던 기억이 난다. 피곤했던 이유는, 늘 사람들과 부대끼며 사는 데 익숙하지 않았기 때문이다.

그 사진은 현관에서 찍은 것이다. 우리는 다 파이프 담배를 피우고 있었다. 나는 비트 시인이나 은행강도처럼 까만색 원뿔형 털모자를 쓰고 있다. 머리색이 짙고 수염을 기른 키 크고 잘생긴 남자, 젊은 날의 피델 카스트로처럼 생긴 데모꾼 앤드류는 우리 독신자 가족의 운동가다. 그가 바로 내가 함께 데모하러 다닌다는 친구

다. 시내의 노숙자들을 섬기는 그는 사회복지사가 되려고 포틀랜드 주립대학에서 공부하고 있다. 그는 늘 공화당이 정말 흉악하다든지 쇠고기를 먹는 게 큰 잘못이라든지 뭐 그런 얘기다. 솔직히 나는 앤드류가 쇠고기를 먹지 않고 어떻게 그렇게 컸는지 궁금하다.

해병대 머리에 랭글러 청바지 차림의 제레미는 집안의 카우보이다. 그는 늘 총을 들고 다닌다. 앤드류는 총기 소지권을 반대하므로 얼핏 보면 앤드류와 제레미가 서로 앙숙일 것 같지만 둘은 마음씨도 좋게 서로 잘 지낸다. 한판 붙으면 볼 만할 텐데 싱겁게 됐다. 제레미는 경찰관이 되려고 레슬링 장학금으로 대학에 갔고 앤드류는 공산주의자다. 나는 무던히도 싸움을 붙여 보려고 했으나 둘은 서로 좋단다.

우리가 다 턱으로 줄여 부르는 마이크 터커는 일당의 맏형, 책임자다. 그의 빨간색 스파이크 머리는 꼭 풋볼선수 리치 커닝햄에 어느 록 스타를 섞어 놓은 것 같다. 마이크는 다년간 트럭 운전사로 일했으나 늘 광고업으로 일하는 것이 꿈이었다. 그는 포틀랜드로 이사 와서 달랑 휴대폰과 웹사이트만 가지고 자신의 광고회사를 차렸다. 그는 자신의 누드사진으로 팸플릿을 만들었는데, 닥터 마텐스 신발과 지방의 한 패션회사에서 주문이 들어왔다. 그는 하루 건너 하루씩 프리랜서로 일하고 나머지 시간은 트럭을 운전한다. 마이크는 세상에서 나와 가장 친한 친구 중 하나다. 마이크는 내가 아는 가장 멋진 남자 중 하나다.

검은 머리에 음흉하게 웃고 있는 아담하고 잘생긴 사내 사이먼은 우리 부족의 마스코트다. 더블린에서 1년간 이곳에 와 있는 그는 영성이 깊은 아일랜드인이다. 여자 깨나 밝히는 사이먼은 늘

술집에 가 사내들과 술판을 벌이거나 아니면 교회에 가 자신의 못된 죄와 성질에 대해 하나님의 용서를 구한다. 사이먼은 J-1 비자로 미국에 왔다. 그는 특히 우리 교회를 연구하러 포틀랜드에 왔다. 그는 고국에 돌아간 후에 기독교 부흥을 일으켜 자기 나라를 살아 계신 하나님이신 예수님을 믿는 믿음으로 돌이키기 원한다. 그후에 그는 남자들을 결집하여 영국을 포로로 잡아서는, 영국인들을 모든 민족 중에 가장 위대한 민족, 명예와 덕과 서구문명과 기네스 흑맥주와 피넛버터와 전구까지 발명해 낸 민족 아일랜드인들의 노예로 삼기 원한다.

사진 속의 젊은 친구 트레버는 팝 싱어 저스틴 팀버레이크처럼 생겼다. 나자마자 꼬이면서 딱 달라붙는 머리를 그는 금발로 염색했다. 트레버는 궁합이 안 맞는 우리 팀의 어린 루키다. 몇 년 전에 갓 고등학교를 졸업한 그는 야마하 스포츠 오토바이를 어찌나 빨리 모는지, 앞바퀴가 거의 땅에 닿지 않을 정도다. 그는 야무진 마음으로 뭐든 스펀지처럼 빨아들여 배우며, 아주 좋은 사람이 되고 싶어 한다. 트레버는 내가 제일 좋아하는 사람 중 하나다. 그는 내 닌텐도 짝이다. 우리는 NFL 블리츠 게임을 하면서 서로 욕을 내뱉는다. 그는 손가락이 느려 대개 내가 이긴다. 게임에서 나한테 지고 나면 그는 간혹 자신의 작은 침대에 기어들어 울다가 잠든다. 그 뒤로 나는 대개 그가 딱하게 느껴져 한두 번씩 져주기도 한다. 루키다.

나는 그들 모두를 아주 좋아했지만 우리는 힘든 때도 있었다. 그들과 함께 그레이스랜드로 들어가기 전 나는 심각한 은둔자였

206

다. 긴 세월 혼자 살다 보면 세상이 내 것처럼 생각되기 시작한다. 모든 공간이 내 공간, 모든 시간이 내 시간으로 생각되기 시작한다.

마치 닉 혼스비(Nick Hornsby) 소설을 각색한 영화 '어바웃 어 보이'에서 휴 그랜트 분의 주인공이 인생은 나에 대한 연극이고 다른 모든 인물들은 나 중심으로 돌아가는 이야기에 단역을 맡았을 뿐이라고 믿는 것과 같다. 내 삶이 그렇게 느껴졌다. 모든 장면마다 내가 나왔으니 삶이란 나에 관한 이야기였다. 사실 나는 모든 장면의 유일한 등장인물이었다. 어딜 가나 내가 있었다. 내 장면 속에 누가 들어오면 나는 질색하곤 했는데, 그들이 극의 전체 주제인 내 안락이나 영광을 망쳐놓았기 때문이다. 내 영화 속의 다른 사람들은 시시하고 맥 빠진 인물들이었다. 간혹 나는 그들을 장면에 출연시켜 대화하며, 그들이 그들 대사를 하면 나는 내 대사를 하기도 했다. 그러나 영화, 아담에서 적그리스도까지 이어지는 거대한 영화의 주인공은 나였다. 당시의 나로서는 그렇게 말하지 않았겠지만 어쨌든 그게 내 삶이었다.

처음 입주하던 때부터 터커는 내 가장 친한 친구 중 하나였다. 지금도 그는 내 가장 친한 친구 중 하나지만 한동안 나는 그를 무척 싫어했다. 그는 삶이 나에 관한 영화임을 이해하지 못했다. 아무도 그에게 말해 준 적이 없었다. 내가 책을 읽고 있으면 그는 내 방문을 두드리고 들어와 맞은편 의자에 앉곤 했고, 그리고 나한테 말하려 했고 내 하루 일과를 듣고 싶어 했다. 나는 믿어지지 않았다. 무엄하게 내 방, 내 촬영 스튜디오에 들어와 내가 누구냐는 질문으로 잘 나가던 독서의 흐름을 끊어 놓다니.

나는 눈동자 굴리기나 짤막한 답변 따위로 터커에게 대화할 뜻이 없음을 밝혔다. 미친놈처럼 보이라고 허공을 응시하기도 했고 잠든 척하며 코를 골기도 했다. 그는 감정이 상했을 것이다. 그는 나한테 잔뜩 속이 상해 가지고 위층에 올라가서는 내가 왜 그런 식으로 행동하는지 의아해하곤 했다. 겨우 몇 번 그러다 그는 나를 나쁜 놈으로 제쳐놓았다. 솔직히 나는 우정을 잃을 뻔했다.

나는 사람들을 상대해야 하는 그 기분이 싫었다. 우리는 공동체 회의를 열어 누가 집안일에 소홀하고 누가 싱크에 먹고 난 그릇을 그냥 두었는지 얘기하곤 했는데, 행여 누가 날 비난하는 것 같으면 나는 비난한 자가 누구든 사납게 덤벼들었다. 나는 내가 옳고 그들이 틀렸다고 확신했다. 내가 무례했음을 당시 나는 몰랐다. 트레버가 벌떡 일어나 밖으로 나간 적도 몇 번 있었다. 언제나 나 때문이었다. 다른 멤버들은 전에도 사람들과 함께 살아 보았다. 그들은 사람을 잘 알았다.

공동생활을 통해 깨달은 내 문제 중 하나는 이것이다. 나는 나 자신에 중독돼 있었다. 내 생각은 온통 나에 대한 것뿐이었다. 내가 정말 걱정한 것은 나 하나뿐이었다. 나는 사랑, 이타주의, 희생의 개념이 아주 희박했다. 나는 내 마음이 딱 한 방송밖에 잡히지 않는 라디오 같음을 깨달았는데, 물론 항상 내 얘기만 나오는 DON 방송이었다.

두 사람이 마주앉아 잠시라도 주파수를 서로의 방송에 맞출 때 그 의미 있는 대화 속에 오가는 교류를 나는 몰랐다. 내 방송을 잡으려 갖은 애를 쓴 터커나 매번 그를 무시한 나나 괴로웠을 것이다.

오랫동안 내 맘대로 살던 나인지라 권리 침해라고 느껴지면 방어적으로 나갔다. 나만의 세계는 아주 컸다. 나는 10분 이상 대화를 지속할 수 없었다. 나는 대인관계의 효율성을 원했고 다른 식구의 말을 듣는 중에도 왜 그가 요점만 말할 수 없는지 답답했다. 나는 "도대체 나한테 뭘 말하려는 거냐? 우리가 정말 여기 서서 잡담을 늘어놓아야 되냐?"고 생각하곤 했다.

나중에 터커의 말이, 나와 함께 살던 첫 몇 달간 마치 자기가 무슨 문제라도 있는 것처럼 판단받는 기분이었다고 한다. 내 옆에 있을 때마다 그는 무시당하는 기분이었다.

내가 가장 떨치기 힘들었던 거짓말은 이것이다. 삶이란 나에 관한 이야기다.

하나님은 나한테서 그 기만을 벗겨 내려고, 내 머릿속에서 그것을 씻어 내려고, 나를 그레이스랜드로 데려오셨다. 좌절과 고통의 경험이었다.

중독자들이 습관을 끊으면 경련과 공황발작과 기복이 있다고들 하지만, 나도 그들이 웬만큼 이해가 되는 것은 나한테도 습관들이 있기 때문이며, 뭐니 뭐니 해도 자아의 마약만큼 강력한 마약은 없다. 머릿속의 어떤 고질적 습성도 내가 세상이고 세상이 내 것이며 모든 사람이 내 연극의 등장인물이라고 믿는 습성만큼 깊지는 못하다. 자아중독보다 강한 중독은 없다.

그레이스랜드에 봄이 찾아와 로렐허스트 공원의 땅이 마르기 시작할 무렵, 나는 친구와 함께 살렘에 가서 브레넌 매닝(Brennan Manning)의 강연을 들었다. 매닝은 가톨릭 신부 출신의 훌륭한 작가로, 알코올 중독과 싸웠으며 기독교 영성의 사안들을 솔직하게 다룬다.

우리는 어찌나 바짝 앉았던지 브레넌의 푸른 눈빛, 시련을 봉사로 승화시킨 이들에게서 볼 수 있는 진실성이 훤히 보였다. 뉴욕에서 자란 브레넌은 말할 때 오랜 흡연으로 쉬어진 목소리에 동부 억양이 약간 묻어난다. 그의 속도를 쫓아가려면 귀를 쫑긋 세워야 한다. 그는 삭개오 이야기로 말문을 열었다. 브레넌은 말하기를, 이 땅딸보 세리는 온 동네 사람들의 조소와 증오에도 아랑곳없이 마구 돈을 갈취하며 그들을 짓밟았다. 그리스도가 그 동네를 지나시다 그를 보셨다고 브레넌은 말했다. 그리스도는 삭개오에게 그와 식사를 함께하고 싶다고 말씀하셨다.

삭개오와 나눈 단 한 번의 대화 동안 예수님은 인정과 사랑을 말씀하셨고, 그러자 세리는 자기 재산을 팔아 그동안 자기가 착취했던 사람들에게 배상했다고 브레넌은 지적했다. 삭개오를 치유한 것은 동네 사람들의 지독한 증오가 아니라 그리스도의 애정이었다.

계속해서 매닝은 가혹한 말의 엄청난 위험, 사랑 없음이 사람의 마음과 영혼을 해치는 위력, 하나님의 은혜와 사랑의 대리자인 우리의 대화에 사랑과 긍휼이 배어 있어야 함을 말했다.

매닝이 말하는 동안 나는 나 자신을 보았고, 하나님이 내게 변화를 요구하시는 것처럼 느껴졌다. 세상의 주인공이 나라고 믿어 온 거짓말을 버리라는 요구였다. 나는 공동체 멤버들이 삶의 의미에 협조하지 않는다고 생각되어 그들에게 사랑을 보이지 않았는데, 여기서 삶의 의미란 내 욕망과 의지와 선택과 안락이었다.

그날 밤은 집에 가는 게 하나도 즐겁지 않았다. 내 눈은 바뀌어

집 멤버들이 인간으로 보였다. 처음으로 나는 그들을 인간으로 보았고, 그들을 향한 하나님의 사랑을 느낄 수 있었다. 나는 하나님의 귀한 소유, 그분의 자녀, 그분께 소중한 자들과 함께 살아오면서도 그들을 내 지구, 내 공간, 내 시간에 대한 혹으로 여겨왔던 것이다.

그레이스랜드의 짧은 한 해 동안 나는 시도 때도 없이 모든 멤버에게 상처를 입혔다. 상처를 치유하려면 시간이 걸리는 법이다. 나는 그들 각자와 화해해야 했다. 나는 정말 제멋대로였다. 해병대 머리에 장차 경찰관이 될 제레미는 나를 견딜 수 없어 했다. 하룻밤은 내 차가 차고 문을 들이받았는데 나는 고치지 않고 내버려두었다. 제레미는 오토바이를 차고 안에 두었으므로 날마다 고장 난 문을 사용해야 했다. 내 방은 차고 바로 위에 있었다. 제레미가 새벽 5시에 출근하느라 오토바이 시동을 걸 때면 마치 누군가 내 침대 옆에서 잔디 깎는 기계를 돌리는 소리 같았다. 나는 울화통이 치밀어 그날 밤 그에게 무슨 대책이 없겠느냐고 물었다. 그는 없다고, 굳이 오토바이를 거기 두어야 한다고 했다. 그건 맞는 말이었다. 제레미는 고장 난 문을 올리고 내릴 때마다 나한테 화가 났고, 나는 새벽 5시에 그가 오토바이 시동을 걸 때마다 화가 났다. 물론 문제는 오토바이나 문이 아니었다. 문제는 우리가 서로 존중하는지 여부, 서로 좋아하는지 여부였다.

어느 저녁 나는 운동중인 터커와 지하실에서 얘기하고 있었다. 지하실에 간 김에 빨래를 하려고 했으나 건조기 안에 누군가의 빨래가 그냥 있었다. 딱히 놓을 데가 없어 나는 그 빨래를 바닥에 놓았다. 바닥이 제법 깨끗해서 나는 별 생각 안 했는데 알고 보니 그것이 제레미의 빨래였다. 그날 밤 집에 돌아온 그는, 흰색 칠판 위에다 자기 빨래를 바닥에 내던진 사람한테 메모를 남겼다. 사실 나는 바닥에 내던진 게 아니라 그냥 놓은 건데 그래도 그는 단단히 열이 올랐다. 나는 내가 그랬다며 그에게 사과했다. 그는 어찌나 화가 났던지 잠시 나갔다 와야 했다. 그동안 쌓였던 게 드디어 터진 것이다.

그가 돌아오자 나는 대화를 청했다. 이제 문제를 해결할 때가 됐다고 나는 말했다. 그는 분을 삭이지 못해 자꾸 대화를 피하려 했으나 나는 놓아 주지 않았다. 나는 사과할 각오가 되어 있었다. 나는 아침마다 오토바이 시동을 거는 그가 나한테 무심한 줄 알았고, 방어적인 마음이 들어 복수하고 싶었다. 그래서 무의식중에 톡톡 한마디씩 던지는 식으로 복수해 왔다고 말했다. 그가 나를 좋아해 줬으면 좋겠는데 그렇지 않은 것 같다는 말을 나는 그때까지 절대 안 했다. 대신 나는 교만했고 수동적으로 은근히 공격했다. 그래서 우리는 그 모든 일을 겪고 있었던 것이다. 나는 미안하다고 했다. 나는 그를 전혀 비난하지 않았는데, 돌아보면 그것은 아주, 아주 중요했다. 아울러 나는 그에게 아무런 반대급부도 기대하지 않았다. 정말이지 내 생각에 그는 나한테 잘못한 게 없었다. 제레미는 일단 마음이 진정되자 아주 신중히 들었다. 그는 훌륭했다. 그는 나를 무척 좋아한다고 말했다. 내게는 그 말이 온 세상과 같았다. 그 순간 나는 그동안의 모든 분노가 녹아내리는 걸 느꼈다. 무엇 때문에 화가 났었는지 기억도 안 났다. 그리고 이튿날 아침, 제레미가 오토바이 시동을 걸 때 나는 듣지도 못하고 잤다.

최근 샌프란시스코에서 나는 사역차 현지에 온 사람들을 위

212

한 어느 민박집에 묵고 있었다. 작은 집이었으나 그때 대략 열다섯 명이 살고 있었다. 그곳을 운영하는 빌이라는 사람은 항상 식사를 준비하거나 우리가 쓴 곳을 청소했고, 나는 그의 신기한 인내와 친절에 주목했다. 잘 보니 우리 중에는 식후에 설거지를 하지 않는 사람들도 있었고, 요리한 그에게 고맙다고 말하는 사람은 거의 없었다. 어느 날 아침 아무도 일어나지 않았을 때, 빌과 나는 식탁에서 커피를 마시고 있었다. 나는 그에게 말하기를, 지금 다섯 사람과 함께 살고 있는데 나만의 공간이 좋고 프라이버시가 필요해 몹시 힘들다고 했다. 나는 그에게 친절을 친절인 줄 모르는 많은 사람들에게 어떻게 항상 좋은 태도를 유지하느냐고 물었다. 빌은 커피를 내려놓고 내 눈을 보며 말했다. "돈, 만일 우리가 아침에 깨어나 기꺼이 자아에 대해 죽을 마음이 없다면 우리가 정말 예수님을 따르고 있는지 자문해야 할 겁니다."

16. 돈_ 월세에 대한 소고

작가들은 돈을 한 푼도 못 번다. 1달러나 벌까. 비참하다. 하지만 우리는 일도 안 한다. 우리는 정오까지 속옷 바람으로 빈둥거리다 아래층에 내려가 커피를 끓이고, 계란을 부치고, 신문을 보고, 책 좀 읽고, 책 냄새를 맡고, 도대체 책을 써야 하는 건지 고민하다 다시 책 냄새를 맡고, 딴 사람이 책을 썼다는 데 질투가 치밀어 책을 홱 내던지고, 하나님이 하늘에서 내 악한 질투나 그보다 더한 게으름을 보시지 않을까 은근히 두려워, 그 얼간이의 책을 집어던진 데 대해 심한 가책에 빠진다. 그러다 우리는 딴 사람의 시답잖은 말을 시기한 죄로 하나님이 내 말을 모두 말려 버릴까 은근히 두려워, 소파에 엎드려 그분께 용서해 달라고 중얼거린다. 이렇게 한 대가로 우리는, 말했듯이 1달러를 번다. 그보다 훨씬 더 값나가는 우리가 말이다.

나는 돈이 없는 게 싫다. 극장이나 카페에 갈 수 없는 게 싫다. 현금자동지급기에서 돈을 찾은 후에 빤한 숫자, 내 기분이 편할 날이 며칠이나 남았나 보여주는 만년 바닥 숫자가 찍힌 작은 영수증이 튀어나올 때의 그 기분이 나는 싫다. 내게 현금자동지급기는 슬롯머신처럼 느껴지곤 한다. 나는 대박이 터지기를 바라며 그 앞에 다가선다.

　　돈이 없으면 나는 완전 패배자가 된 기분이다. 예삿일이 아니다. 신들이 내 존재를 승인하지 않거나 용돈이 끊긴 것처럼 나는 무력해진 기분이다. 경제 능력이 곧 우리의 가치가 아니던가. 내가 버는 돈이 곧 내 가치다. 이건 남자들 세계일지도 모른다. 혹 여자들은 이런 생각 안 할지도 모르지만 나는 한다. 나는 내가 버는 만큼이 내 가치로 생각되며 그러므로 내 가치는 1달러다. 빈 지갑은 남자의 자아상에 영향을 미친다. 작년에 나는 그야말로 무일푼이었다. 열두 달 중 다섯 달을 집 월세를 보내 달라고 하나님께 기도했다. 열두 달 중 다섯 달을 월세 납부기한 마지막 날에 우편으로 수표를 받았다. 처음에는 감사했으나 얼마 지나자 솔직히 내가 하나님의 구호 대상으로 느껴졌다. 월말마다 나는 손톱을 깨물며, 어디 돈 나올 데 없나, 아무 원고 청탁이나 수락해야 하나 고민했다. 자기의에 찬 보수 성향의 선전물을 쓰지 않는 한 기독교 시장에 일감은 많지 않다. 내가 쓰는 글들은 신 리얼리즘 에세이다. 나는 유용한 존재가 못된다.

　　내가 게으른가 하는 의문도 가져 보았다. 작가는 일하고 있어도 게으른 기분이 든다. 온종일 커피숍에서 빈둥거리며 컴퓨터 자판이나 두들겨 무슨 돈이 되겠는가? 하지만 나는 일했노라고 자꾸만 자신에게 말했다. 나는 날마다 팰리오에 갔고 저녁이면 커먼 그라운드에 가곤 했다. 나는 일했다. 글을 썼다. 글을 쓰도록 사정없이 나를 닦달했다.

다만 그때 나는 계약 없이 쓰고 있었다. 그래서 써도 전혀 돈될 게 없었고, 그저 돈이 되기를 바라며 쓰고 있었다. 계약 없이 글을 쓰노라면 내 모든 말이 하등 무가치하게 느껴진다(계약을 따낼 때까지는 엄격히 말해 그렇다).

하루 종일 글을 쓰고도 무위도식한 것처럼 느껴질 수 있다. 남자는 뭔가 일할 필요가 있고, 손이 더러워지고 옹이가 박힐 필요가 있고, 어쩌다 한 번씩 망치로 제 손톱을 칠 필요가 있다. 하루가 끝나면 피곤해지되 머리만 피곤한 것 말고 몸도 피곤해질 필요가 있다.

나는 몸은 피곤하지 않고 머리만 피곤했고 게다가 돈도 없었으니 남자가 아닌 것 같았다. 처지가 고달팠다.

나는 릭에게 사정을 말했다. 그가 우리 집으로 건너와 우리는 함께 앉았다. 나는 하나님이 정말 나를 작가로 부르신 건지, 아니면 내가 어설프게 말놀음이나 하는 게으르고 이기적인 사람인지 그의 생각을 물었다. 그는 나더러 일하고 있느냐고 물었다. 누구나 일을 해야 한다는 것이었다. 나는 일은 하지만 아직 계약이 없으니 수입이 없고, 계약을 따낼 거라는 확실한 보장도 없다고 말했다. 기껏해야 나는 도박중이었다. 그는 내가 그러는 것이 옳은지 그른지 모르겠다고 했다. 그는 나를 위해 기도하겠다고 했다. 나는 눈을 굴렸다. 그는 말하기를, 나는 은사가 있고 자기는 나를 좋아하며, 내가 게으른 굼벵이라면 하나님이 밝히 일러 주실 거라고 했다. 우리 교회는 대부분 예술가들과 괴짜들로 되어 있어 아무도 돈이 없으므로, 릭은 내가 작가가 될 거라면 교회에 돈이 좀 생기게 베스트셀러를 써야 한다고 말했다.

진실을 말하자면 나는 돈에 무책임하다. 나는 큰 물건을 살 돈이 없는 게 다행이며 그래서 작은 물건을 산다. 나는 신제품을 너무 밝힌다. 나는 신제품의 냄새가 좋다. 오늘 나는 연장코드를 사려고 홈 디포에 가려 했었다. 위층 서재의 램프를 꽂으려면 연장코드가 필요하다. 램프용 타이머 플러그, 저녁이면 램프가 켜졌다가 모두 잠자리에 들면 꺼지는 플러그는 이미 샀으나 이제 연장코드가 필요하다.

어쩌면 타이머 플러그는 애당초 필요 없었다. 램프를 보통 소켓에 꽂아도 나는 아무 지장 없었을 것이다. 그러나 지난주 프레드 마이어에서 타이머 플러그를 보는 순간, 나는 우연히 부딪친 그 물건을 가만히 서서 지켜보았고, 그러자 필요성이 절실히 느껴졌다. 값도 7달러밖에 안 했다. 나는 7달러짜리 저게 필요하다, 이건 아주 중요하다는 생각이 들었다. 그것을 바구니에 담아 오면서도 나는 어디다 꽂아야 할지 깜빡했다. 물론 지금은 분명하다. 이층 서재의 램프다. 나는 타이머 플러그를 집에 가져와 설명서를 읽지도 않고 프로그램을 입력한 다음 램프를 꽂으러 위층에 갔으나 램프가 콘센트에서 너무 멀었다. 위치를 바꾸지 않고는 램프를 가까이 끌어올 수 없었다. 내 괴짜 친구 하나가 하는 말이 위치는 대단히 중요하며, 방이 균형을 이루고 있어야 방안에 들어가면 균형감이 든다고 했다. 램프를 콘센트 쪽으로 끌어보려 했으나 느낌상 균형이크게 깨졌으므로 괴짜 친구의 말이 맞았다. 그래서 나는 타이머 플러그에 사용할 연장코드가 필요하게 되었다.

이런 얘기를 하는 것은, 정작 필요하지도 않은 물건을 사는 문제가 내게 있음을 말하기 위해서다. 전에 뇌에 대한 다큐멘터리를 보았는데, 특정 행동을 하여 뇌의 쾌락 중추에 불이 켜지면 습관이 형성된다고 한다. 다큐멘터리에 따르면, 어떤 사람들의 쾌락 중추는 물건을 살 때 불이 켜진다. 내 쾌락 중추가 그렇지 않은가 싶다.

페니는 내가 그나마 있는 돈도 잘 쓰지 못한다고 생각한다. 저번 날 밤 그녀와 통화하던 중, 내가 원격조정 장난감 차를 사고 싶다고 말했더니 페니는 가만히 앉아 있는지 아무 말이 없었다. 페니, 듣고 있어요? 내가 묻자 그녀는 그렇다고 했다. 어때요? 내가 물었다. 진심인가요, 돈? 멀쩡한 돈을 원격조정 장난감 차에 낭비할 건가요?

"그러니까……그게" 나는 말했다.

"그러니까…… 그게……. 밀러, 인도에 굶어 죽어가는 아이들이 있는 마당에 그건 정말 바보짓이에요!" 그녀는 말했다.

페니가 그럴 때면 나는 싫다. 솔직히 어떤 때는 아주 귀찮다. 페니는 그렇게 산다. 그녀는 자신이 돈에 무책임한 것 같아 리드 졸업반 1년 내내 옷을 사지 않았다. 어쨌거나 그녀는 늘 아주 예뻐 보였는데, 그녀의 생일날 나는 근처 가게에서 7달러짜리 벙어리장갑을 사다 주었다. 그녀는 그것이 무슨 고급 명품이라도 되는 양 끼고 다녔다. 늘 장갑 얘기였다. 별것 아니었으나 그녀는 워낙 1년 동안 새 옷가지가 하나도 없었다. 내 생각에 아마 잠잘 때도 끼고 자는 것 같다.

어쨌든 돈 씀씀이에 관한 페니의 말은 옳다. 페니는 무엇에나 옳다. 페니의 말에, 만일 내가 한 달에 20달러쯤 아껴 의료구호기관이나 국제사면위원회에 보내면, 말 그대로 여러 목숨을 살리는 거라고 한다. 말 그대로. 하지만 내 뇌에서 그 멍청한 쾌락 중추가 발동하면 나는 속수무책처럼 느껴진다. 페니에게 쾌락 중추에 대해, 쾌락 중추가 커지게 하려면 원격조정 장난감 차가 꼭 필요하다고 말했더니 그녀는 그냥 전화기를 귀에서 떼어 자기 의자에 대고 쳤다.

연장코드에 관해서도 문제가 있었다. 지하실 어느 박스에 다른 전선들과 함께 연장코드가 있는 게 확실했으나, 만약 찾아보면 정말 나올지도 모르고 그러면 나는 홈 디포에 갈 수 없을 터였다. 새 연장코드, 최신 기술이 필요하다고 나는 되뇌었다.

나는 부리나케 신발을 신었다. 내 머릿속에 착한 음성, 알뜰한 음성, 페니의 음성이 들려왔다. "돈, 제발, 이 돈을 어떤 아이들에게 보내면 크리스마스 선물을 살 수 있어요." "지금은 8월이야." 나는 소리쳤다. 착한 음성이 말했다. "환경운동은 어떻고요. 암이나 에이즈 치료제가 필요한 열대 다우림은 어떻고요." "나무나 껴안고 살아라." 나는 오토바이 헬멧을 쓰며 착한 음성에게 그렇게 말했다. "당신, 문제 있군요." 착한 음성이 말했다. "당신은 좀생이야." 나는 되받았다. "당신은 무책임해요!" 착한 음성이 소리쳤다. "주둥아리 닥쳐." 나도 소리쳤다.

신제품을 사면 기분이 산뜻해지고, 뭔가 딴 물건이 생겼으므로 내가 딴 사람이 된 것처럼 느껴진다. 내 소유물이 곧 나 아닌가. 신제품 구입에 중독되는 사람들이 있다. 물건. 한도 끝도 없는 물

220

건. 하지만 새 물건은 너무 금방 골동품이 된다. 골동품을 갈아 치울 신제품이 필요해진다.

나는 버튼 달린 물건들이 좋다.

내가 좋아하는 라비 재커라이어스(Ravi Zacharias)라는 작가는 말하기를, 마음은 경이와 신비를 갈망한다고 했다. 그에 따르면 인간은 경이에 대한 갈망을 기술로 대치한다. 라비 재커라이어스는 마음이 정말 동경하는 것은 예배, 이해할 수 없고 설명할 수 없는 하나님을 경외하는 것이라고 말한다.

나는 페니의 말과 라비 재커라이어스의 말을 생각하기 시작했다. 페니와 라비가 만나면 좋은 친구가 될까 생각하며 오토바이를 타고 홈 디포로 가던 중, 나는 내가 낭비벽이 심하고 어리석음을 깨달았다. 나는 지하실에 연장코드가 있음을 알았고, 실은 내가 드릴 날이나 레이저 수준기나 탭 라이트를 사러 홈 디포에 가는 길임을, 연장코드가 아니라 뭔가 딴 것, 가 보면 눈에 띌 것, 진열대에서 나를 부를 것을 사러 가는 길임을 알았다.

그때 나는 돈이 많지 않았고 그나마 있는 돈도 지혜롭게 쓰는 법을 배워야 했다. 돈은 내 것이 아니라고 릭은 언젠가 내게 말했다. 돈은 하나님 것이다. 공평히 나눠 쓰고 최대한 자비를 베풀라고 그분이 우리에게 맡기신 것이다.

언젠가 빌 게이츠 인터뷰를 들어 보니 진행자가 그에게 묻기를 스스로 얼마나 부자인지 아느냐, 정말 머릿속에 파악이 되느냐고 했다. 그는 파악이 안된다고 했다. 다만 자기 힘으로 사지 못할 게 없음을 알 뿐이라고 그는 말했다. 뭐든 원하면 가질 수 있다는 것이었다. 그는 마이크로소프트사가 자신을 살렸다고 했는데, 그의 진짜 관심은 돈이 얼마나 되느냐보다 자신의 일 자체에 있었기 때문이다. 행복하지 않은 부자들도 많다고 그는 말했다.

때로 나는 내가 부자가 아니라서 다행이다. 돈이 너무 많으면 왠지 돈이 나를 소유할 것 같다. 자꾸 물건을 사들이고도 양에 차지 않아 더 사야만 할 것 같다.

예수님은 부자가 하늘나라에 들어가는 것이 낙타가 바늘귀로 들어가는 것보다 어렵다고 하셨다.

릭은 돈이 우리의 도구여야 하며, 돈이 나를 다스리지 않고 내가 돈을 다스려야 한다고 말한다. 이미 연장코드가 있는데 새 것이 탐나는 경우, 있는 걸로 쓰고 나머지 돈은 아주 살기 어려운 이들에게 주어야 한다는 뜻이다. 어쩌면 애당초 램프용 타이머를 살 필요가 없었다는 뜻이다. 릭은 내가 우리 교회 이마고-데이에 헌금해야 한다고 말했다. 우선 10퍼센트부터 드리기 시작하면 좋을 거라고 했다. 나도 알고 있었다. 소위 십일조라는 건데, 그건 성경적이다. 성경에는 또 아름다운 초대 교회 사람들의 사연도 나오는데, 그들은 전 재산을 교회에 내놓았고 장로들은 다시 그것을 공동체의 어려운 사람들에게 분배했다.

내 좋은 친구 중 하나인 커트 하이드슈미트가 얼마 전 내게 십일조에 대한 훈계를 늘어놓았다. 교인이랄 것도 없는 커트한테서 십일조에 대한 훈계를 듣다니 이상했다. 물론 교회야 나가지만 그는 교회라면 질색이다. 교회에 나가지만 질색하는 사람들은 대개 십일조에 대해 훈계하지 않는 법인데 커트는 내게 제법 호되게 잔소리를 했다.

커트는 캐비닛 가게에서 일하는데 항상 욕과 음담패설을 입에 달고 산다. 하지만 그는 십일조를 한다. 그의 서랍장 위에 돈이 가득 든 큰 통이 있는데, 봉급으로 받은 수표를 입금할 때마다 그는 은행에서 10퍼센트를 뗀다. 그것도 현금으로. 그는 그 돈을 집에 가져와 그 통에 넣는다. 그 안에 든 돈이 수천 달러는 되었을 거다. 어느 날 밤 내가 그 집에 가 텔레비전 만화 '사우스 파크'를 보고 있는데 커트가 캐비닛 가게에서 버는 돈으로는 원하는 오토바이 하나 살 수 없다며 투덜댔다.

"그래?" 나는 말했다. "저 냄새나는 통 안에 수천 달러는 있을 텐데, 커트. 그 돈을 쓰면 되잖나." 그것이 그의 십일조 돈인 줄 알기 전이었다.

"안돼."

"왜?"

"안돼."

"왜?"

"내 돈이 아닐세, 밀러." 커트는 안락의자에 등을 기댄 채 맥주 캔 너머로 나를 보았다.

"자네 돈이 아니라고?" 나는 물었다. "도대체 누가 자네 서랍장 위에 돈을 모은단 말인가?" 나는 그의 방을 가리켰다.

"글쎄." 그는 약간 당황한 듯 웃었다 "하나님 돈이야."

"하나님 돈?" 나는 소리쳤다.

"그래, 그건 내 십일조라고!" 그도 소리쳤다.

솔직히 나는 약간 충격이었다. 아까 말했듯이, 그는 십일조를 할 사람으로는 보이지 않았다. 일요일 열 번 중 아홉 번은 교회에도 가지 않았을 것이고, 간혹 갈 때도 불평뿐이었다.

"그럼 왜 교회에 가져다주지 않나?" 나는 물었다.

"한동안 교회에 못 갔거든, 그래서."

"커트." 나는 말했다. "자네처럼 재미있는 사람도 없을 걸세."

"고맙네, 돈. 맥주 줄까?"

"응." 커트는 냉장고에 가 맥주 두 병을 땄다.

"자네 십일조 하나, 돈?"

나는 그를 멍하니 보았다. 믿을 수 없었다. 여색들을 앞세운 오토바이 잡지나 구독할 작자한테서 십일조에 대한 훈계를 들을 판이었다.

"글쎄, 커트. 난 안 하는 것 같은데." 내가 그렇게 말하자 커트는 실망하며 고개를 저었다. 나는 정말 죄책감이 들기 시작했다. "창피한 일일세, 돈." 커트는 목에 맥주병을 기울이며 말했고, 쭉 들이킨 후 트림으로 말을 맺었다. "뭔가 놓치고 있는 거야. 난 어려서부터 십일조를 해왔네. 죽어도 한 번도 빼먹지 않을 걸세."

"내가 지금 꿈꾸고 있나?" 나는 물었다.

"꿈이라니, 돈?"

"이 대화 말일세." 말하면서 나는 손가락으로 그와 나를 연신 가리켰다.

"돈, 잘 들어 보게. 자네도 십일조를 해야 하네. 그건 자네 돈이 아니야. 하나님 돈이야. 창피한 줄 알게. 하나님 돈을 훔치다니. 기독교 서적을 쓰네 어쩌네 하더니만, 하나님 돈도 돌려드리지 않고 있군."

"그렇게 죄책감 들게 할 것까지야 없지 않은가. 자네도 엄격히 말해 돈을 하나님께 바친 건 아니야. 저기 서랍장 위에 있다고."

커트는 안락의자의 뭉툭한 팔걸이 쪽으로 몸을 기울이더니 잭 니콜슨처럼 씩 웃으며 말했다. "그거라면 걱정 말게, 이 친구야. 저건 하나님 돈이고 그분한테 갈 거니까. 나는 하나님 돈을 한 푼도 훔친 적이 없고 앞으로도 절대 없을 걸세."

솔직히 나는 눈앞의 현실을 믿을 수 없었다. '사우스 파크'를 보러 커트 집에 갔더니만 근본주의자가 나를 죄의식에 빠뜨린 것이다.

두 주쯤 후에 커트는 교회에 가 교회 비서에게 돈을 다 넘겼다. 3천 달러도 넘었다. 나는 너무 죄책감이 들어 잠을 이룰 수 없었다.

그후 나는 릭을 만나 내가 이마고-데이에 전혀 헌금을 못하고 있다고 고백했다. 릭이 우리 집에 다니러 왔고 우리는 여기를 몇 번이나 들 수 있나 허풍을 떨고 있었는데, 그러다 내가 불쑥 내뱉었다. "릭, 난 교회에 한 푼도 내지 않고 있네. 단 10센트도."

"그래?" 릭은 말했다. "아주 재미있게 화제를 바꾸는군. 이유는?" 그는 물었다. "왜 교회에 돈을 한 푼도 안 내고 있나?"

"돈이 없으니까. 월세 내고 먹을 것 사면 끝일세."

"딱한 처지 같군." 그는 아주 따뜻하게 말했다.

"그럼 나는 면제인가?" 나는 물었다.

"아니." 그는 말했다. "자네도 헌금을 내게."

"얼마나?" 내가 물었다.

"자네 얼마나 버나?"

"모르지. 한 달에 천 불이나 될까?"

"그럼 백 불을 내게. 그리고 자기가 버는 돈이 얼마나 되는지도 알아야 되네. 내 돈이 어디로 가나 생각하게 되는 것도 헌금의 유익 중 하나지. 규모 없는 씀씀이는 하나님이 우리한테 원하시는 바가 아닐세, 돈."

"하지만 나는 월세가 필요한데."

"하나님을 의지하는 것도 필요하네."

"알지. 하지만 하나님께 바칠 돈이 있어야 그분을 의지하기도 더 쉬운 것 아닌가."

"그럼 믿음이 아니지, 안 그런가?"

"그렇지."

"이보게 친구, 꼭 자네 돈을 달라는 것 같아 목사로서 이 부분은 나도 싫으니 양해하게. 우리한테 자네 돈이 들어오든 말든 그건 상관없네. 교회 재정은 충당되고 있으니까. 다만 자네가 너무 많은 걸 놓치고 있다는 것만 말해 주고 싶네, 돈."

"너무 많은 뭘?"

"순종의 열매일세." 그는 한껏 목사답게 말했다. "하나님이 원하시는 대로 할 때 우리는 복되고 영적으로 건강한 걸세. 하나님은 우리가 이 땅에서 그분의 일을 위해 우리 돈의 일부를 드리기 원하시지. 수입마다 헌금을 뗌으로써 자네는 공급하시는 하나님을 의지하는 걸세. 그분은 자네가 그분을 의지하는 두려움을 극복하기 원하시네. 두려운 곳이지만, 거기가 그리스도의 제자로서 자네가 서야 할 곳일세. 간혹 우리 부부는 돈이 쪼들려 각종 고지서를 납부하지 못하지만 제1호 고지서, 일착으로 낼 돈이 헌금임을 우리는 알고 있네. 그게 가장 중요하지. 다른 고지서들이 미납으로 있다면 우리는 자신의 돈 씀씀이가 어떤지 따져 봐야 하네. 우리도 그런 상황에 처할 때가 간혹 있지. 하지만 결국 다 된다네. 우리는 하나님을 의지하는 부분에서 자라고 있고, 돈 관리 면에서 나아지고 있네."

다음주에 나는 8달러쯤 들어 있는 내 예금구좌를 털어 교회에 냈다. 며칠 후 다른 수표가 들어와 그중 10퍼센트를 교회에 냈고, 그러자 애틀랜타의 어느 잡지에서 원고 청탁이 들어와 나는 그 수표를 구좌에 입금하면서 교회 앞으로 수표를 끊었다. 집회와 수련회 강연 부탁이 하나둘 이어지기 시작하는데 대개 사례비가 꽤 두둑했고, 매번 나는 수표를 끊어 교회에 헌금했다. 그 이후로, 릭과 대화한 이후로, 나도 커트처럼 단돈 1불을 벌어도 최소한 10퍼센트를 헌금했다. 그리고 월세 낼 돈이 없어 본 적이 없다. 1년 넘도록 예금 잔고가 0을 오락가락하던 내게 갑자기 저축할 돈이 생겼다. 나는 혹 언젠가 결혼하여 가정을 이룰 때를 대비해 저축통장을 개설하기로 했고, 조금이라도 돈이 들어올 때마다 10퍼센트는 교회에 내고 10퍼센트는 통장에 넣었다. 사실상 내가 예산을 세우고 있었던 것이다. 전에 없던 일이었다.

그러나 알짜배기는 그게 아니다. 알짜배기는 십일조가 나와 하나님의 관계에 미친 영향이다. 전에는 하나님께 갈 때마다 마치 못된 거짓말을 한 아이가 아버지 앞에서 느끼는 감정처럼, 나도 어딘지 꺼림칙했었다. 하나님은 내 모습을 아셨고 내가 내놓지 않을 때도 나를 똑같이 사랑하셨으나, 다만 내가 그분 앞에서 떳떳치 못한 느낌이었다. 알다시피 그 영향은 범사에 미칠 수 있다.

나는 가난한 자들에게 베풀어야 한다는 것도 배웠다. 우리 교회가 가난한 자들을 구제하고 있지만 내가 직접 가난한 자들에게 베푸는 것도 중요했다. 이따금씩 나는 시내에 나가 노숙자에게 점심을 사주곤 했다. 항상 식탁 매너가 형편없는 사람들만 걸려들어 처음에는 싫었으나 얼마 지나자 그들의 술주정이 좋아지기 시작했다. 전혀 말이 안되는 소리일지라도 그들은 말이 된다고 생각했고, 그것만으로 존중할 가치가 있는 것이다.

우리는 가진 것만큼 많은 돈이 필요치 않다. 가진 것만큼 많은 돈이 필요한 사람은 거의 없다. 인생 최고의 복이 자유라는 말은 사실이다.

오래전 나는 한동안 무소유주의자였다. 일부러 무소유주의자가 된 건 아니고, 앞서 말했듯이 친구 폴과 함께 전국을 유랑하며 밴에서 살았다. 우리는 결국 돈이 떨어져 밴을 팔고 산에서 살았다. 한 달 동안 캐스케이드 산맥에서 살았다. 날마다 우리는 숲을 지나 리조트로 가서는, 나는 콘도 화장실을 청소했고 폴은 수영장 구조원으로 일했다. 나는 콘도를 떠나는 사람들이 냉장고에 두고 간 음식을 먹었다. 대부분 상하기 쉬운 것들이었다. 아이스크림. 과일. 치즈.

이런 말을 하는 이유는, 사람이 산속에 살면 아무 걱정도 없고 특히 돈 걱정이 없기 때문이다. 먹을 게 생겨야 할 텐데 하는 걱정도 일주일이 지나자 사라졌다. 나는 사람들이 음식을 산더미처럼 버린다는 것과, 그래서 늘 먹을 게 넘치리란 것을 알았다. 월세를 내지 않으니 월세 생각도 없었다. 알고 보니 숲속은 공짜였고 천지가 대저택이었다. 거기 나는 전국에서 손꼽히는 아름다운 땅에 살며 공짜 음식을 먹고 별빛 아래서 잤다. 그 집요한 두려움의 감정, 돈이 가져다주는 거짓된 안전감은 오래가지 않아 없어졌다.

거기 산 지 3주째 되던 어느 자정, 빽빽한 포플러나무에 둘러싸인 초원을 걷던 일이 특히 기억난다. 위로 하늘은 온통 찬란한 빛을 발하고 나무들은 손뼉을 치는데, 나도 일부가 되어 그 광대무변함 아래 떠다니는 기분이었다. 하염없이 올려다보고 있으니 꼭 내가 우주에 나와 있는 것 같았다. 빛. 돈도 불안도 간곳없었다.

다시 그런 기분을 느끼는 것, 가능하다. 소유물에 소유당하지 않는 것, 돈이 아니라 하나님이 주시는 안전 속에 즐거이 쉬는 것, 가능하다. 최근 나는 약간 그런 기분을 느끼며 살고 있다. 릭이 내게 돈 문제, 십일조 문제가 어떻게 되어 가느냐고 묻기에 나는 잘돼가고 있다고 했다. 그가 또 이 모두에 대한 내 기분을 묻기에 나는 기분 좋고 자유롭고 가뿐하다고 했다. 그는 나더러 교만해지지 말라고 했다.

17. 예배_ 신비로운 경이

오래전 나는 테레사 수녀에 대한 책을 읽었다. 거기 보면, 누군가 그녀에게 어디서 힘이 나서 그 많은 사람들을 사랑하느냐고 물었다. 그녀는 그들이 예수이기에, 그들 각자가 예수이기에 그들을 사랑한다고 했다. 성경에도 그렇게 나와 있으니 사실이다. 이 개념이 현실과 모순되는 것도 사실이다. 모두가 예수일 수는 없다. 기독교 영성에는 내가 아는 차원의 현실과 모순되는 개념들이 많다. 그렇게 말하면 일부 그리스도인들은 반감을 느낀다. 이는 그들이 자기 신앙 가운데 현실에 부합되지 않는 부분은 진실이 아니라고 믿기 때문이다. 그러나 머리로는 말이 안되는데, 우리 마음으로 믿는 것들이 세상에 널려 있다고 나는 생각한다. 사랑이 한 예다. 우리는 사랑을 믿는다. 아름다움도. 예수가 하나님이시라는 것도.

　우리가 피조물일진대 우리를 창조한 존재는 우리보다 크되 너무 커서, 실로 우리가 이해할 수 없는 존재여야 한다는 생각은 내게 위안이 된다. 그 존재는 우리의 현실보다 커야 하며 따라서 우리의 현실 속에서 내다보면 이성과 모순되어 보인다. 하지만 그 존재가 현실보다 커야 함을 이성 자체가 말해 준다. 그렇지 않고는 이성에 어긋난다.

하나님을 예배할 때 우리는, 내 인생 경험이라는 틀로는 이해할 수 없는 존재를 예배하는 것이다. 이해가 된다면 하나님은 외경을 자아내지 못할 것이다. 예컨대 영원이란, 인간의 머리로 이해할 수 없는 것이다. 영생에 대해서라면 머리를 골몰할 수 있을지 모르나(그나마 우리가 아직 죽지 않았으니 가능한 일이다) 태어난 적이 없는 존재를 우리가 이해할 수 있나? 이는 우리 그리스도인들이 설명할 수 없는 것을 믿는다는 한 예에 지나지 않는다. 다른 사람들도 다 마찬가지다.

내가 아는 한 친구는 신학생인데, 자기 말로 "신비주의"를 옹호하는 일부 기독교 작가들을 비난한다. 나는 그에게 그렇다면 본인은 신비주의자가 아니냐고 물었다. 그는 물론 아니라고 했다. 나는 그에게 삼위일체를 믿느냐고 물었다. 그는 믿는다고 했다. 나는 그에게 삼위일체의 뜻이 별개의 세 인격이면서 동시에 한분인 것을 믿느냐고 했다. 그는 그렇다고 했다. 나는 그것이 신비적인 개념이 아니냐고 물었다. 그는 그대로 서서 생각만 했다.

신비주의자가 되지 않고는 그리스도인이 될 수 없다.

최근 나는 빨래방에서 한 노숙자와 얘기를 나눴는데, 그는 우리가 기독교 영성을 수학으로 전락시키면 거룩한 세계를 더럽히는 것이라 했다. 나는 수학을 잘한 적이 없기 때문에 그 말에 큰 멋과 위안을 느꼈다. 기독교 신앙을 이해하려는 우리의 많은 시도는 오히려 그것을 싸구려로 만들었다. 내가 아침식사로 부친 팬케이크가 내 복잡성을 모르는 것만큼이나 나는 하나님 전체를 알 수 없다. 그나마 우리가 아는 작은 부분, 우리 머리로 이해할 수 있는 모래 알갱이, 하나님은 선하시고 하나님은 감정이 있고 하나님은 사랑하시고 하나님은 모든 것을 아신다는 개념들만 가지고도, 우리 마음은 영원히 그분의 위엄과 초월성 안에 거하기에 충분하다.

여태까지 내가 했던 가장 멋있는 일 중 하나는 이것이다. 지난 여름에 나는 작심하고 석양을 보러 다녔다. 나는 오토바이를 타고 타볼 산에 올라가 저수지 계단에 앉아서는 포틀랜드 상공에 늘 걸려 있는 구름에 태양이 불을 지르는 모습을 지켜보곤 했다. 매번 정말 가기 싫었다. 차라리 텔레비전을 보거나 샌드위치를 만들고 싶었으나 억지로 갔다. 일단 올라가면 항상 좋았다. 거기 나의 도시 위에서 일대장관을 바라본다는 것은 늘 내게 깊은 의미로 다가왔다.

최고의 장관은 올 들어 처음 본 일몰이었다. 워싱턴 주의 잇단 산불로 포틀랜드 전역에 보일락 말락 옅은 연무가 덮인 데다 구름마저 적당히 낮아 붉고 노란 황혼이 그대로 반사되었다. **이런 일이 날마다 있겠구나** 하는 생각이 들었다. 내가 앉아 있는 타볼 산 산마루에서 인구 1백만 이상이 살고 있는 도시의 스카이라인이 한눈에 들어왔다. 대부분의 밤의 경우, 나 말고 거기서 석양을 보는 사람은 두세 명뿐이었다. 인구 1백만 이상의 머리 위에 이 장관이 펼쳐지고 있건만 그들은 눈길도 주지 않는다.

나는 이런 생각이 들기 시작했다. 하나님의 모든 경이는 우리의 산수와 공식 위에 펼쳐진다. 내 기계적인 답 밖으로 기어나갈수록 경관은 더 상쾌해지고 내 마음은 더 예배에 침잠한다.

복음서가 세례 요한이 벌레를 먹고 사람들에게 세례를 주는 장면으로 시작되는 것이 나는 좋다. 세례가 유행하자 종교적인 사람들은 세례를 받기 시작했으나 요한은 그들에게 호통을 치며 그들을 뱀이라 부른다. 그는 물이 그들에게 아무 소용도 없고 뱀가죽만 적셔 줄 뿐이라고 말한다. 그러나 만일 그들이 세례에 진심을 담는다면, 예수께서 오실 것과 그분이 실체이심을 믿는다면 예수께서 그들 안에 천국의 삶을 불붙이실 것이다. 내가 이것을 좋아하는 까닭은, 긴 세월 종교가 나의 거짓 복음이었기 때문이다. 하지만 거기에는 마술이 없었고 경이도 없었고 외경도 없었고 내 가슴속에 불타는 천국의 삶도 없었다. 그 멍청한 기독교 종교가 다시 나를 유혹해 올 때면, 나는 복음서 서두로 돌아가 거기 있는 공허한 의식(儀式) 이상의 것에서 위안을 얻는다. 하나님이 내 안에 천국의 삶을 불붙이실 거라고 성경은 말한다. 이는 신비주의다. 내가 찾아내는 공식이 아니다. 하나님이 하시는 일이다.

하룻밤은 별들이 뜰 때까지 석양을 보았는데, 올려다보는 동안 나는 머리로인지 가슴으로인지 모르지만 우주의 광대무변함을 절감했다. 나는 잔디밭에 누워 손을 똑바로 뻗었는데 내 손은 어디를 향했던 것일까? 나도 모른다. 위도 없고 아래도 없다. 위아래 같은 건 본래 없었다. 위아래 같은 건 아이들을 무섭지 않게 하려고, 신비를 산수로 전락시키려고 우리가 만들어 낸 것이다. 사실인즉 물리적 실존에 끝이 있는지 우리는 모른다. 영원히 뻗어 있을 수도 있으나 우리 머리로 알 수 없다.

나는 친구 제이슨과 둘이서 조슈아트리 국립공원과 데스밸리 국립공원으로 여행을 갔는데, 오가는 내내 그의 무릎에는 지도가 떠나지 않았다. 내가 운전할 때도 그는 지도를 꺼내놓고 손가락으로 차의 궤적을 짚어 가며 무슨 타운, 무슨 호수에 얼마나 가까운지 살폈다. 제이슨은 우리가 지도상의 어느 지점에 있는지 알고 싶어 했다(사실 나도 그랬다). 그러나 나는 제이슨에게 우주에 대해, 과학자들이 우주 끝을 발견하지 못했다고, 우리가 정확히 지도상의 어디에 있는지 아무도 모른다고 차마 말하지 못했다.

내 생각에 그런 일대장관 앞에서 우리의 반응은 공포나 외경 둘 중 하나다. 그렇기 때문에 우리는 하나님을 도표화하려 하는데, 그분을 능히 예측하고 분해하고 시시한 구경거리에 모시고 다니고 싶어서다. 우리는 외경을 느끼자니 너무 교만하고 공포를 느끼자니 너무 무섭다. 우리는 그분을 두려울 것 없는 산수로 전락시키지만 성경은 두려움이 적절한 반응이며 지혜의 근본이라고 말한다. 하나님이 우리를 해칠 거라는 뜻인가? 아니다. 그러나 언젠가 그랜드캐니언 가로대에 기대섰을 때 나는 절대 벼랑으로 떨어지지 않을 거면서도 생각만으로도 두려웠다. 그토록 광활한 곳이고 그토록 빼어난 절경이다.

영화 '죽은 시인의 사회'에서 엘리트 사립고교 영어교사 키팅 씨가 학생들한테 문학 교과서의 "시 서론" 부분을 찢어 내라고 하는 장면이 나는 좋다. 서론의 저자는 학생들에게 그래프를 활용한 분석법으로 시를 평가하는 법을 가르쳤고, 그리하여 마음의 예술을 머리의 산수로 전락시킨다. 교사가 그 글을 쓰레기 취급하며 책에서 그 부분을 찢어 낼 것을 명하자 학생들은 어리둥절하여 서로 쳐다본다. 그리고 교사의 요란한 재촉에 학생들은 찢기 시작한다. 키팅 박사는 쓰레기통을 들고 통로를 오가며 학생들에게, 시란 대수(代數)도 아니고 1위부터 10위까지 순위를 정할 수 있는 "아메리칸 밴드스탠드"(가요 순위 프로그램―옮긴이)의 노래들도 아니며, 시란 마음의 심연에 파고들어 남자들의 힘을 자극하고 여자들을 매혹하는 예술 작품임을 일깨운다.

우리는 그래프상에 하나님을 도표화하는 데 들이는 시간은 너무 많고 마음으로 외경을 느끼는 데 들이는 시간은 너무 적다. 기독교 영성을 공식으로 전락시키면 우리 마음에서 경이를 빼앗는 꼴이다.

한분 안의 세 분 하나님, 삼위일체의 복잡성을 생각할 때면 내 머리는 이해를 못하지만 내 가슴은 만족에 겨워 경이를 느낀다. 마치 내 가슴이 행복감에 취하여 내 머리에게 이렇게 말하는 것 같다. "네가 이해할 수 없는 것들이 있으니 넌 그것과 더불어 사는 법을 배워야 한다. 더불어 사는 법을 배우는 정도가 아니라 그것을 즐거워하는 법을 배워야 한다."

나약해 보일지 모르지만 나에게는 다음과 같은 면이 있다. 나는 경이가 필요하다. 나는 죽음이 오고 있음을 안다. 나는 바람 속에서 죽음의 냄새를 맡고, 신문에서 죽음을 읽고, 텔레비전에서 죽음을 보고, 노인들의 얼굴에서 죽음을 만난다. 이생이 다하고 우리 차례가 끝나 우리 자녀의 자녀들이 아직 지상에서 미친 랩 음악을 듣고 있을 때, 그때 내게 닥칠 일, 그때 우리에게 닥칠 일을 설명하려면 나는 경이가 필요하다. 내가 죽은 후 뭔가 신비로운 일이 일어나야만 한다. 나는 죽어서 어디 딴 곳, 하나님과 함께하는 곳, 지금 내게 설명한다면 전혀 말이 안될 곳에 가야만 한다.

우리의 어떤 신학도 정확히 맞을 확률이 백만분의 일임을 알며 하루를 마치고 자리에 누울 때, 나는 하나님이 어련히 알아서 하시며, 설령 내 수학이 틀려도 우리가 아무 탈 없으리란 걸 알아야만 한다. 경이란 내 어리석은 답, 하나님이 따라 주기를 바라며 내가 세워 둔 규칙을 버릴 때 찾아오는 그 느낌이다. 나는 경이보다 나은 예배는 없다고 생각한다.

18. 사랑_ 남들을 정말 사랑하는 법

친구 폴과 함께 산속에 살 때 나는 히피들과 함께 살았다. 일종의 히피들이었다. 분명 그들은 대마초를 많이 피웠다. 맥주도 많이 마셨다. 그리고 그들은 서로 사랑했는데 때로 너무 심했고, 알다시피 혹 너무 몸으로 사랑했지만 어쨌든 그들은 사랑했다. 그들은 모든 사람을, 심지어 자기들을 히피라고 판단하는 사람들까지 받아 주고 귀히 대했다. 히피들과 함께 산다는 것이 처음에는 이상했지만 얼마 후부터 나는 그것을 즐겼다.

그들은 떠돌이 히피, "땅과 다른 사람들에게 얹혀사는" 히피가 아니었다. 그들은 정식 교육을 받았고 대부분 뉴욕 출신들로, 뉴욕 대학교에서 공부하여 문학석사를 받고서 로스쿨로 방향을 바꾸거나 뭐 그랬다. 그들은 로스탄트에 대해 해박했고, 홉킨스와 포와 실비아 플라스에 대해 해박했다. 그들은 미국, 영국, 쿠바, 남미 작가들과 최신 아프리카 작가들도 알았다. 그들 자신들이 책이요 하나같이 다 책이었는데, 정말 놀라운 것은 나도 그들에게 책이었다는 것이다. 우리는 둘러앉아 문학과 서로에 대해 대화하곤 했는데, 그들이 논하는 책들과 그들의 삶을 따로 분간할 수 없을 정도로 그들은 그렇게 멋있었다. 그들이 내게 흥미를 보였으므로 나는 그들이 아주 좋았다. 히피들과 함께 있을 때 나는 판단받는 느낌이 아니라 사랑받는 느낌이었다. 그들에게 나는 이야기와 사고와 거창한 문학적 견해가 무궁무진한 샘이었다. 그들 속에 있으면 내가 특별한 사람이라도 된 것처럼 기분 만점이었다.

산속의 그 히피들보다 더 서로를 사랑하는 사람들의 그룹을 나는 일찍이 경험해 본 적이 없다. 그들 모두는 지금도 내 기억 속에 고스란히 남아 있어, 캠프나 초원이나 굴에서 보내던 우리의 밤들이 마치 제일 좋아하는 영화처럼 내 머릿속에 떠오른다. 선, 순수, 친절을 떠올려야 할 때면 나는 그때의 기억을 끄집어낸다.

우리가 일하던 리조트는 오리건 중부의 블랙 뷰트 농원이었고 우리는 산마루에서 반마일쯤 내려와 소 울타리 너머, 위풍당당한 소나무들과 아름드리 포플러가 서 있는 협곡에 살았다. 사슴 가족과 고슴도치도 있었다. 뉴욕 출신 사내들은 오리 소리를 따서 이름붙인 홍커스 카페에서 일했는데, 폴과 내가 그저 호반의 부교에 앉아 있기만 해도 몇 분 내로 햄버거나 셰이크나 피자 조각이 늘 미소와 함께 공짜로 배달되곤 했다. 그들은 부자들한테서 슬쩍해 가난한 자들을 먹이고 있었다. 우리는 백인들의 풍성한 식탁에서 음식을 얻어먹고 있었다. 나도 백인이면서 왠지 그렇게 생각되었다.

홍커스가 문을 닫으면 우리는 카페에 우르르 들어가 주크박스를 틀곤 했는데, 그네들은 늘 브루스 스프링스틴 노래를 골랐고 뉴욕의 삶에 대해, 도시생활에 대해 얘기했다. 그러나 그들은 말하기보다 들어 주었다.

사람들과의 의좋은 삶에 대해 내가 아는 것은 다분히 히피들한테 배웠다. 그들은 공동체의 도사들이었다. 사람들은 그들에게 끌렸다. 그들은 내게 무엇을 좋아하고 무엇을 싫어하며, 이것저것에 대해 어떻게 느끼고 어떤 음악을 들으면 화가 나고 어떤 음악을 들으면 슬퍼지는지 물었다. 그들은 내게 무슨 공상을 하고 글 쓰는 주제는 무엇이고 세상에서 제일 좋아하는 곳들이 어디인지 물었다. 그들은 내게 고등학교와 대학과 전국일주 여행에 대해 물었다. 그들은 나를 좋은 소설처럼, 예술영화처럼 사랑했고, 나는 그들과 함께 있으면 마치 존 어빙이 소설의 소재로 삼을 만한 사람이 된 기분이었다. 내가 뚱뚱하다거나 미련하다거나 옷차림이 너저분하다는 기분이 들지 않았다. 내가 성경을 제대로 모른다는 느낌도 들지 않았고, 나는 내 손이 무슨 일을 하는지, 내 말이 철딱서니 없게 들리는지 아닌지 한 번도 의식하지 않았다. 늘 그런 것들을 민감하게 의식하던 나였는데 히피들과 함께 살면서는 나 자신을 잊어버렸다. 그렇게 자의식을 잃자 나는 훨씬 많은 것을 얻었다. 나 아닌 사람들에 대한 관심을 얻었다. 그들은 내게 영화보다 나았고 텔레비전보다 나았다. 히피의 정신은 전염성이 있었다. 에디의 발레리나 애인이나 오웬의 서사시를 나는 아무리 들어도 질리지 않았다. 나는 그들에게 다시 들려 달라고 하곤 했는데, 그 이야기들이 내게는 제일 좋아하는 영화들의 명장면들 같았기 때문이다. 이 사람들, 대마초를 피우는 이 히피들이 얼마나 빨리 내 무장을 해제시켰는지 모른다.

나는 본격 기독교의 안전한 누에고치 안에서 자랐기 때문에 교회 바깥은 무조건 어둠과 무자비로 가득 찬 줄로 믿었었다. 지금도 기억나지만, 어느 일요일 저녁 어린 나는 회중석에 앉아 목사가 신문 기사들을 읽는 것을 들었다. 그는 꼬박 1시간 동안 신문을 뒤적이며 모든 유혈 살인과 강간과 절도에 관해 읽다가, 매 기사 끝마다 한숨을 내쉬며 이렇게 말하곤 했다. "여러분, 이것이 저 바깥의 악하고 악한 세상입니다. 그리고 사정은 날로 더 악화되고 있습니다." 교회 바깥에 내가 산속에서 만난 그들처럼 순전히 아름다운 사람들이 있을 줄 나는 꿈에도 상상치 못했다. 단 내 히피 친구들은 그리스도를 하나님의 아들로 믿는 것과는 거리가 멀어도 한참 멀었다.

나는 여기에 혼란을 느꼈다기보다 깜짝 놀랐다. 그때까지 내 친구들은 대부분 그리스도인이었다. 사실 거의 전부 그리스도인이었다. 교회 밖 사람들이 진정한 애정을 나누는 모습에 나는 심히 놀랐는데, 그 애정은 내가 교회 안에서 알던 식의 사랑에 비해 어딘지 진짜 같았다. 사실 내가 그리스도인들보다 오히려 히피들과 함께 있는 쪽이 더 좋아진 것을 깨닫고 나는 한층 더 놀랐다. 내가 그리스도인 친구들을 사랑하지 않았다거나 그들이 나를 사랑하지 않았던 것이 아니라, 다만 히피 친구들한테는 뭔가 다른 면이 있었다. 어딘지 모르게 보다 투명하고 보다 진실했다. 도발적인 발언인 줄 알지만 그들과 함께 있으면 나 자신으로 있을 수 있는데, 그리스도인 친구들과 함께 있으면 나 자신으로 있을 수 없다는 느낌만은 사실이었다. 내 기독교 공동체들에는 언제나, 욕하면 안되고 민주당

을 지지하면 안되고 성경에 대해 까다로운 질문을 던지면 안된다
는 식의 소소한 불문의 사회 윤리가 있었다.

나는 숲속에 한 달밖에 있지 않았다. 더 있고 싶었으나 이미
콜로라도 주의 어느 기독교 캠프에 일자리를 얻어 둔 터라서 계약
을 존중할 필요가 있었다. 비록 히피들과 한 달밖에 같이 있지 않았
지만 평생처럼 느껴졌다. 사람에 대해, 공동체와 행복과 자족에 대
해 숲속에 살면서 배운 것이 평생 그런 개념들을 철학적으로 공부
하면서 배운 것보다 더 많았다. 나는 교회 밖의 삶을 발견했는데 그
게 좋았다. 말했듯이 나는 그게 더 좋았다. 나는 아쉽게 작별인사를
하고 콜로라도행 버스에 올랐다.

고속버스에서 내리기 전에 나는 담뱃갑을 버렸다. 어차피 캠
프에서 일하는 동안은 피울 수 없으리란 걸 나는 알았다. 버스 정류
장으로 나를 데리러 온 남자는 내 옷에서 담배 냄새를 맡고는 말없
이 앉아만 있을 뿐 별로 뭘 묻지도 않았다. 숲속 생활이야 한 달밖
에 안됐지만 폴과 나는 이미 수개월간 전국을 떠돌며 살았고, 그래
서 캠프에 도착했을 때 내 눈에 처음 띈 것은 그들이 깔끔한 사람
들이라는 것이었다. 그들은 옷도 다려 입고 그랬다. 그들은 깨끗이
면도한 얼굴로 웃으면서 말했다.

나는 그들이 좋았고 그들은 다 내게 아주 새로워 보였는데, 세
련된 도자기 인형이나 유명 의류점의 마네킹처럼 꼭 상점 전면의
진열품 같았다. 대번 나에 대해 이러쿵저러쿵 말들이 오갔다. 나야
그게 싫었지만 워낙 떠돌이 생활이 길다 보니, 나는 잠은 실내에서
자고 먹을 때는 숟가락이나 포크를 사용하는 따위의 기본사항을

망각한 상태였다. 몇몇 대담한 스태프 멤버들은 내게 접근하여 말을 걸려고 했다. 그들은 나를 좀 모자란 사람으로 보았던지 커다란 손동작을 써가며 아주 느릿느릿 말했다. "나는 제인이에요. 내 이름, 제인. 당신 이름은?"

캠프 책임자는 아주 보수적인 남자였는데, 나더러 수염을 깎고 복장을 단정히 하라고 아랫사람을 통해 전갈을 보냈다. 숲속에서 내가 약간 털북숭이가 된 건 사실이다. 이 사람들에게는 규칙과 도리가 있어, 거기에 따르지 않는 자는 사회적으로 배척받았다. 정말 배척은 아니고 그냥 웃음을 샀는데, 아주 심하게 그랬고 복도에서 마주치면 그들은 웃고 구경하고 낄낄거렸다. 고백컨대 나는 남들과 달랐을 때가 좋았다. 정상적일 때보다 히피처럼 되었을 때 나는 더 많은 관심을 받았다. 더 이상 우물 안에 갇혀 있지 않았기에 나는 내가 여러 모로 더 낫다는 느낌, 우월감이 들었다. 나는 세상에 나갔고 세상은 나를 받아 주었다.

이들 그리스도인들은 아기자기하고 귀여웠다. 나는 그들이 좋았다. 그들은 내게 내 뿌리, 그러니까 한 달간 대마초 흡연자들과 히피들과 함께 숲속에서 거리낌 없이 만인을 사랑하며 살기 전의 먼 옛날, 내가 어디서 왔는지를 일깨워 주었다. 책임자의 조수는 내게 면도하라고 말할 때 겸연쩍게 말했다. 실없는 요구임을 그녀는 알았다. 나는 그녀에게 말했다. "이봐요. 그 사람이 하라는 대로 그대로 하리다. 난 그 사람을 존중하니까. 싸우고 싶지도 않고." 그녀는 천재처럼 똑똑한 내 감성을 보며 웃음을 보냈다.

"면도기 같은 거 필요해요?" 그녀는 약간 능글맞게 웃으며 나를 보았다.

244

"그게 말이죠." 나는 복도 벽에 기대며 대답했다. "나한테 어딘가 있을 거요. 내 배낭인가 뭔가가 어디 있을 건데."

"자기 짐이 어디 있는지도 몰라요?" 그녀는 원초적, 물질주의적, 영토적 틀을 역력히 드러내며 물었다.

"아 그게, 아마 내 방에 있거나 아니면 이 근처에 있을지 누가 알아요?"

"잃어버리지 않게 어디다 잘 두셨겠죠."

"말이죠, 그걸 잃어버려 내가 잃는 게 뭘까요?" 나는 그녀에게 물었다.

"배낭을 잃겠죠." 그녀는 사무적으로 말했다. 뭐 이런 사람이 다 있느냐는 듯 약간 귀찮은 표정이 얼굴에 묻어났다.

"그야 그렇겠지만, 나 아니라 누구라도 재산을 잃어서 잃는 게 뭘까 그거죠. 오히려 뭔가 얻을지도 모르지요. 관계라든가 멋지고 좋은 친구들이라든가 친밀함이라든가, 무슨 말인지 알아요? 그러니까 우리는 물건을 잃는다고 뭔가 잃는 게 아니라, 오히려 뭔가 얻는다 그 말입니다."

"네에." 그녀는 말했다. "재미있군요. 어쨌든 면도나 하세요. 면도기가 필요하면 갖다 드리죠." 그녀는 아주 짜증이 났던지 어떻게든 대화를 끝내고 싶어 했다. 나처럼 재미있는 사람은 처음 보는 것 같았다.

"예." 나는 말했다. "예, 뭐 필요한 거 있으면 아가씨를 찾으리다. 이렇게 친절을 베풀어 주시니 고맙소."

"솔직히 이게 내 일이에요." 그녀는 말했다.

"멋있네요. 썰렁합니다."

"네?"

"썰렁하다고요. 알아요, 얼음?"

"그렇죠." 그녀는 아주 천천히 말했다. 그녀는 내가 난해한 불가사의라도 되는 듯 그저 나를 쳐다보며 말없이 서 있었다.

"자 말해 봐요." 내가 침묵을 깨며 말했다. "당신네 사람들은 당신을 어떻게 부르나요?"

"내 사람들?"

"예, 당신 친구들이라든지 가까운 사람들."

"지금 제 이름을 묻는 건가요?"

"맞아요. 당신 이름. 이름이 뭐요?"

"재닛."

"재닛. 아, 재닛. 목성에서 바라본 재닛 행성."

긴 침묵.

"그래요." 그녀는 천천히 말했다.

"그래서 당신은 학생인가요, 재닛? 대학에 다닌다든지 뭐 인생 학교도 좋고."

"난 홈스쿨을 했어요. 내년에 밥 존스에 갈 거예요."

"밥 누구?"

"존스. 대학이에요."

"멋있네요. 썰렁합니다."

"이봐요, 댄." 그녀가 운을 뗐다.

"돈." 나는 그녀를 고쳐 주었다. "내 이름은 사실 돈이라오."

"좋아요." 그녀가 천천히 말했다. "당신네 사람들이 당신을 그렇게 부르나 보죠?"

"예." 그녀는 나를 놀리거나 유혹하거나 뭐 그랬던 것 같다.

"면도 꼭 하세요." 그녀는 말을 이었다. "그리고 이 말은 안 하려고 했는데, 샤워도 하셔야겠어요." 이쯤 되면 유혹하고 있는 게 분명했다.

"걱정 마쇼, 재닛. 알려 줘서 고맙소. 그동안 내가 산속에서 땅바닥 생활을 했거든요. 거기서야 샤워가 필요 없지 않겠소?"

"거기선 그렇겠죠. 하지만 이제 우리와 함께 있을 거니까 하는 게 좋을 걸요."

"물론이죠. 규칙을 안다는 건 멋있다니까."

"이봐요, 돈. 당신을 만나서 정말 재미있었어요. 꼭 다시 만나게 될 겁니다. 당신을 못 알아볼지도 모르겠지만." 그녀는 내 수염을 가리켜 보이며 웃었다.

처음에 나는 그게 무슨 말인지 몰랐으나 곧 알아차렸다. 면도한 나를 못 알아볼 것 같다는 뜻이었다. "아 예, 멋있네요." 나는 말했다. "그럴 수도 있겠죠? 하지만 걱정 마시오. 내가 나서서 알려 줄 테니."

"그래요." 그녀는 천천히 말한 뒤 고개를 절레절레 흔들며 멀어져 갔다.

캠프에 있는 동안 교회 출석이 권장되었다. 일요일이면 두 곳의 다른 교회로 버스가 다녔다. 두 교회 다 약간 딱딱했다.

내가 보기에 두 교회 다 그들 대 우리의 의식구조에 젖어 있었는데, 그들은 세상의 자유주의 불신자들이고 우리는 그리스도인들이었다. 동성애자들과 민주당원들과 그리고 히피 부류들에 대해 밑바닥에 깔린 적의를 나는 다시금 느꼈다. 나는 자유주의자들이나 게이들이 내 적이 아니기를 얼마나 원했는지 모른다. 나는 그들이 좋았다. 나는 그들을 걱정해 주었고 그들은 나를 걱정해 주었다. 그것을 나는 숲속에서 알았다. 나는 자유주의 친구들과 함께 있을 때만큼 생동감을 느껴 본 적이 없다. 나와 함께 지냈던 그리스도인들이 나쁜 공동체였던 것은 아니다. 그게 아니고 다만 나는 히피들 공동체가 더 용서를 잘하고 어딘지 모르게 더 건강했기 때문에 그들이 좋았다.

기독교 공동체의 진짜 문제는 우리가 조건적이라는 점이었다. 사랑받긴 받지만 만일 의문, 성경이 사실인가 또는 미국이 좋은 나라인가, 또는 지난주 설교가 좋았나 따위에 의문을 품으면 별로 사랑받지 못했다. 말로는 사랑받지만, 생각을 고칠 때까지 관계적 일용품이 끊기는 것은 틀림없는 사실이었다. 정당 노선을 끌어대면 사교적 돈을 벌었지만 자기 주관을 드러내면 아니었다. 대우받고 싶으면 복제품이 되어야 했다. 물론 너무 광범위한 일반화 표현이라서 공정치 못하겠지만 당시 내 생각은 그랬다. 내가 배운 것을 말할 테니 참고 들어주기 바란다.

나는 유니테리언 교회에 나가기 시작했다. 콜로라도 스프링스에 있는 만민 유니테리언 교회는 대단했다. 사람들이 대단했다. 숲속의 내 친구들처럼 그들도 일반 교회에서 받아들이지 않는 듯한 사람들까지 누구나 거리낌 없이 터놓고 받아 주었다. 근본주의자들까지 받아들인 것 같지는 않지만 그때는 나도 그랬었다. 나는 거기가 편했다. 다들 거기가 편했다. 다만 나는 그들의 유별난 신학은 싫었다. 찬송가 가사들을 바꾼 것도 싫었고 그들이 성경을 무시하는 것도 싫었으나 나는 그들을 사랑했고 그들도 나를 무척 좋아했다. 환하게 웃는 얼굴들, 포옹들, 약한 모습을 보여도 되는 분위기, 백발이 성성한 훌륭한 교수들, 알코올 중독과 마약 중독 출신들, 내 사연을 들려 달라고 청하는 듯, 가장 상냥하고 가장 진실한 얼굴로 나를 맞아 준 지성적인 페미니스트들이 나는 좋았다.

나는 그동안 내가 겪은 목사들과 리더들이 틀렸음을, 자유주의자들이 악하지 않음을, 그들이 자유주의인 이유는 그리스도인들이 그리스도인인 이유와 똑같이 자신들의 철학이 옳고 선하며 세상에 유익하다고 믿기 때문임을 깨닫기 시작했다. 나는 침대 밑에 괴물들이 있다고 믿도록 배웠으나 한순간 용기를 내서 훔쳐보니 거기 놀라운 세상, 좋은 세상, 사실 여태 내가 알던 것보다 더 좋은 세상이 있었던 것이다.

기독교 공동체의 문제는 우리에게 윤리가 있고 규율과 율법과 원칙이 있어 그것으로 서로를 판단한다는 것이었다. 기독교 공동체에 사랑은 있으나 그것은 조건적인 사랑이었다. 물론 우리는 무조건적인 사랑이라 부르지만 그렇지 않았다. 세상에는 나쁜 사람들과 착한 사람들이 있었다. 어려서부터 우리는 그렇게 믿도록 배웠다. 나쁜 사람들을 보면 우리는 그들을 악인이나 구호 대상으로 대했다. 나쁘면서 부자이면 그들은 악했다. 나쁘면서 가난하면 그들은 구호 대상이었다. 기독교는 언제나 옳았다. 우리는 언제나 다른 모든 사람을 얕보았다. 그리고 나는 그게 싫었다. 죽도록 싫었다. 내 영혼의 모든 것이 그게 틀렸다고 말했다. 틀리다 못해 죄로 느껴졌다. 나는 모든 사람을 사랑하고 싶었다. 모든 것이 멋있었으면 했다. 관용처럼 비치리란 걸 잘 알고 있고, 또 교계 많은 이들에게 관용이란 단어는 신성모독이지만, 정확히 그것이 내가 원하는 바였다. 나는 관용을 원했다. 종교적 신조와 상관없이, 정치적 당파와 상관없이 모든 사람이 모든 사람을 그냥 좀 놓아 두기를 나는 원했다. 사람들이 서로 좋아하기를 나는 원했다. 내게 있어 증오란 무지의 산물 같았다. 성경의 윤리가 사람들을 치유하는 게 아니라 심판하는 도구로 사용되는 데 나는 질렸다. 기독교 지도자들이 성경의 원리를 가지고 자기 권력을 수호하고, 모래에 선을 그어 착한 군대와 나쁜 군대를 가르는 데 나는 질렸다. 사실인즉 내가 숲속에서 적을 만나 보았더니 그들은 적이 아니었다. 어느 누구도 과연 하나님의 적이 될 수 있을지 나는 의아스럽다.

그러나 반면 자유주의자들을 사랑함으로써, 다시 말해 그들의 존재를 정말로 인정함으로써 나는 하나님의 진리를 배반한 것처럼 느껴졌는데, 하나님을 떠나 사는 그들을 내가 격려하고 있었기 때문이다. 우리 그리스도인들과 그들 동성애자들과 환경론자들과 페미니스트들 사이에 전쟁이 벌어지고 있는 기분이었다. 유니테리언 교회에 나가고 그들을 진정 사랑함으로써 나는 그들을 돕고 있었고 그들의 삶에 기쁨을 더해 주고 있었는데, 그게 옳게 느껴지지 않았다. 진짜 난처한 자리였다.

당시로서는 이것이 기독교 신앙에 대한 내 큰 문제였다. 늘 순전한 사랑을 말하지만 결국 기독교 신앙은 조건적 사랑으로 추락했다. 역시 도발적인 말이지만, 내가 거쳤던 정서적 과정을 쭉 말하려 한다.

어떻게 하면 나는 숲속과 유니테리언 교회의 문화를 기독교 문화에 융합시키면서도 성경의 진리를 버리지 않을 수 있을까? 어떻게 하면 내가 건강치 못한 영성이라 확신하는 것을 인정하지 않으면서도 내 이웃을 사랑할 수 있을까?

여러 해 동안 답은 오지 않았고, 당장 그해 여름 나는 깊은 혼란에 빠졌다. 나는 평화를 지키는 쪽으로 물러섰다. 나는 유니테리언 교회를 그만 나갔고, 면도했고, 히피 행동을 버렸고, 친구들, 좋은 친구들, 내가 사랑하고 나를 사랑하는 친구들을 사귀었다. 이따금씩 친구들의 말, 정치적 좌익이나 동성애자들이나 민주당에 대한 파괴적인 말이 내 귀에 들렸고, 나는 그런 말을 어찌해야 할지 몰랐다. 내 머리로는 맞는 말 같았지만 가슴으로는 아니었다. 나는 그냥 지나갔고, 돌아보면, 다들 그냥 지나갔던 것 같다. 그런 말을 하는 장본인들까지도 그냥 지나갔다. 달리 어쩌겠나, 현실이 그런 것을.

언제나 단순한 일들이 우리 삶을 바꿔 놓는다. 그리고 그런 일들은 우리가 고대할 때는 절대 일어나지 않는다. 삶은 저 하고 싶은 속도로 답을 내놓는다. 나는 달리고 싶지만 삶은 한가로이 거닌다. 이것이 하나님이 일하시는 방식이다.

내 깨달음은 웨스트몬트 대학 동창회에 갔을 때 찾아왔다. 나는 웨스트몬트에 다닌 일이 없지만 거기 출신인 내 친구 미셸이 나를 초청했다. 커뮤니케이션 교수 그레그 스펜서가 강연하기로 돼 있었는데 미셸은 내가 그 강연을 좋아할지도 모른다고 생각했다. 정말 맞았다. 말로 다 표현할 수 없을 정도다. 강연의 주제는 은유의 힘이었다. 스펜서는 우선 우리에게 암이라는 주제를 생각할 때 떠오르는 은유가 무어냐고 물었다. 우리가 내놓은 답들은 모두 대동소이하여 암과의 **전쟁**, 암과 **싸운다**, 백혈구를 복원한다는 식이었다. 스펜서는 우리가 내놓은 은유들이 거의 다 전쟁 은유이며 전투적 표현임을 지적했다. 이어 그는 암 환자들에 대해 말하면서, 암에 걸린 많은 사람들이 전쟁 은유 때문에 사실 필요 이상으로 주눅이 든다고 했다. 그들 중 대다수는 필요 이상으로 겁에 질려 있으며 이는 그들의 건강에 영향을 미친다. 어떤 사람들은 자기가 죽음의 전쟁에 내던져진 줄 알고 아예 포기한다. 다른 은유, 보다 정확한 은유가 있다면 아마도 암으로 인한 사망률이 그토록 높지는 않을 것이다.

과학을 통해 밝혀졌듯이, 암을 보는 환자들의 시각은 암에 대처하는 그들의 능력에 영향을 미치며 그리하여 그들의 전체적 건강에 영향을 미친다. 스펜서 교수는 만일 자기가 가족들과 함께 앉아 자기한테 암이 있다고 말하면 가족들은 충격과 고민에 빠지고 혹 눈물까지 짓겠지만, 사실 암은 가장 치명적인 질병이 절대 아니라고 말했다. 실제로 대다수 환자들이 목숨을 건질 수 있는데도 전쟁 은유 때문에 우리가 암을 무턱대고 두려워하기 쉽다고 교수는 말했다.

뒤이어 스펜서 씨는 은유가 문제를 일으킨다고 여겨지는 또 다른 영역에 대해 우리에게 물었다. 그는 인간관계를 생각해 보라고 했다. 관계를 생각할 때 우리는 어떤 은유를 사용하나? 나는 큰 소리로, 사람을 가치 있게 여긴다고 말했다. 그는 좋다며 작은 백색 칠판에 그렇게 썼다. 사람에게 투자한다고 누군가 덧붙였다. 머잖아 백색 칠판은 우리가 내놓은 경제 은유로 가득 찼다. 우리는 관계가 **파산**할 수 있다고 말했다. **값**을 따질 수 없을 만큼 소중하다고 말했다. 모두 경제 은유였다. 나는 깜짝 놀랐다.

마치 내 동맥에서 엄청난 직관이 방출된 듯 그 순간 나는 퍼뜩 깨달았다. 기독교 문화의 문제는 우리가 사랑을 상품으로 생각한다는 것이다. 우리는 사랑을 돈처럼 쓴다. 스펜서 교수가 옳았다. 옳은 정도가 아니라 나는 마치 그가 나를 치료한 것처럼, 내 새장에서 나를 풀어 준 것처럼 느껴졌다. 이제 아주 똑똑히 보였다. 상대가 내게 뭔가 해주면, 선물이든 시간이든 기회든 뭐든 내게 뭔가를 주면, 우리는 그 사람이 가치 있다고, 나한테 뭔가 소용이 있다고, 그리고 혹 값을 따질 수 없을 만큼 귀하다고 생각한다. 이제 너무 똑똑히 보였고, 내 인생의 궤적에서 그것이 그대로 느껴졌다. 여태까지 그토록 썩은 냄새를 피웠던 것이 바로 이거였다. 나는 사랑을 돈처럼 사용했다. 교회는 사랑을 돈처럼 사용했다. 사랑을 무기 삼아 우리는 내게 동조하지 않는 자들한테는 인정을 거두었고 내게 동조하는 자들에게는 아낌없이 자원을 공급했다.

그후로 며칠 동안 나는 우울한 생각과 성찰에 파묻혀 지냈다. 나는 사랑을 돈처럼 썼으나 사랑이란 돈 같지 않다. 사랑은 상품이 아니다. 사랑으로 거래를 하면 모두가 손해다. 교회가 적들을 사랑하지 않으면 그들의 분노를 자극한다. 그들로 하여금 우리를 더 미워하게 만든다.

개인적 차원에서 그것은 이렇게 적용되었다.

당시 내 주변에 어떤 남자가 있었는데 나는 그와 함께 교회에 다녔지만 솔직히 그가 싫었다. 내가 보기에 그는 빈정대기 잘하고 게으르고 남을 은근히 조종하기 좋아했고, 음식도 입을 벌리고 먹어 말하는 동안 턱에서 음식이 거의 흘러내릴 정도였다. 그는 모든 문장을 "어이"라는 말로 시작하고 끝냈다.

"어이, 어제 제리 스프링어 쇼 봤어?" 그는 말하곤 했다. "어떤 뚱보 여자가 나와서 난쟁이하고 그짓을 하는 거야. 미쳤지. 나도 난쟁이나 하나 있었으면, 어이."

그가 하는 얘기란 늘 그런 부류였다. 그에게는 아주 재미있었다. 나는 사람을 좋아하지 않는 게 썩 즐겁지 않지만 때로는 그게 내 재량이 아닌 것처럼 느껴진다. 나는 그자를 좋아하지 않기로 선택한 적이 없다. 오히려 그에 대한 반감이 나를 선택한 듯했다. 아무튼 우리는 단기 프로젝트를 함께하고 있었으므로 나는 상당히 많은 시간을 그와 함께 보내야 했다. 그는 내 성미를 건드리기 시작했다. 나는 그가 바뀌기를 원했다. 나는 그가 책을 읽거나 시를 외우거나 최소한 지적인 개념으로라도 도덕을 공부하기 원했다. 그에게 변화의 필요성을 어떻게 알려야 할지 몰라 나는 얼굴에 나타냈다. 나는 눈알을 굴렸다. 흉한 얼굴을 했다. 그가 보고 있지 않을 때면, 한심한 작자라고 내뱉곤 했다. 나는 어떤 식으로든 그가 내 불만을 감지하고는 내 호감을 사기 위해 자기 삶을 바꿀 줄로 알았다. 한마디로 나는 사랑을 거두었다.

그레그 스펜서의 강연을 듣고서 나는 내 행동이 틀렸음을 알았다. 그건 이기적이었고 나아가 전혀 성과도 없을 행동이었다. 내가 친구한테 사랑을 거두자 그는 방어적으로 나왔고, 나를 좋아하지 않았고, 나를 교만하고 치사하고 걸핏하면 판단하며 잘난 척하는 사람으로 보았다. 나에게 끌리며 달라지려 하기는커녕 그는 오히려 반감을 품었다. 나는 사랑을 돈처럼 사용하는 과오, 상대를 내가 원하는 모습으로 만들려고 사랑을 거두는 과오를 범했다. 나는 모든 것을 망쳐 놓고 있었다. 그리고 나는 하나님께 불순종하고 있었다. 나는 여기에 가책을 느꼈고 가책이 너무 심해 잠을 이룰 수 없었다. 분명 나는 모든 사람을 사랑하고 모든 사람의 존재를 기뻐해야 했으나 나는 하나님의 과녁에 턱없이 못 미쳤다. 기독교 영성의 힘은 언제나 회개에 있어 왔고 그래서 나도 그렇게 했다. 회개한 것이다. 나는 하나님께 죄송하다고 했다. 내 머릿속의 경제 은유를 나는 다른 것으로, 공짜 선물 은유나 자석 은유로 대치했다. 즉 상대를 변화시키려고 사랑을 거두는 대신 나는 아낌없이 사랑을 쏟았다. 나는 사랑이 자석처럼 작용해 사람들을 수렁에서 끌어내고 치유로 이끌어 주기를 바랐다. 하나님이 나를 그렇게 사랑하셨음을 나는 알았다. 하나님은 내게 교훈을 가르치시려 사랑을 거두신 적이 한 번도 없다.

내가 스펜서의 도움으로 깨달은, 관계에 관한 아주 단순한 사실이 있다. 상대에게 그에 대한 내 호감이 느껴지지 않는 한 아무도 내 말을 듣지 않는다.

상대의 느낌에 내가 그에게 호감이 없고 그의 존재를 인정하지 않는 것 같다면 내 종교와 정치적 견해는 그에게 전부 틀려 보인다. 반면 상대의 느낌에 내가 그에게 호감이 있는 것 같다면, 그는 내가 무슨 말을 하든 마음을 연다.

회개한 후로 상황이 변했으나, 변한 쪽은 내 친구가 아니라 나였다. 나는 행복했다. 전에는 내 뱃속에 온통 부정적 긴장이 부글거렸고 판단과 교만과 다른 사람들에 대한 혐오가 들끓었었다. 나는 그게 싫었는데 드디어 거기서 해방되었다. 나는 사랑할 자유를 얻었다. 나는 누구도 훈계할 필요가 없었고, 누구도 판단할 필요가 없었고, 모든 사람을 마치 내 절친한 친구, 록 스타나 유명한 시인, 대단한 사람인 것처럼 대할 수 있었다. 정말 그들은 내게 대단한 존재로 여겨졌는데, 이 새 친구가 특히 그랬다. 나는 그를 사랑했다. 그를 판단하는 마음을 버리기로 작정하고 보니 새삼 그는 아주 재미있는 사람이었다. 정말 유쾌한 사람이었다. 나는 그가 참 재미있다고 자꾸 말해 주었다. 그리고 그는 똑똑했다. 정말 재기가 넘쳤다. 여태 내가 그걸 보지 못했다는 것이 믿어지지 않았다. 나는 마치 적을 잃고 형제를 얻은 기분이었다. 그때부터 그가 변하기 시작했다. 변하든 변하지 않든 나는 상관없었으나, 어쨌든 그는 변했다. 그는 하나님에 대해 좀더 진지해지기 시작했다. 일종의 금식으로 일정 기간 동안 텔레비전도 보지 않았다. 그는 기도를 시작했고 교회에 꼬박꼬박 나갔다. 훌륭한 인간인 그가 더 훌륭해지고 있었다. 나는 그를 향한 하나님의 사랑을 느낄 수 있었다. 나는 누군가를 변화시키는 것이 내 책임이 아니고 하나님 책임이며, 내 몫은 그저 사랑과 인정을 알리는 것뿐이라는 사실이 너무 좋았다.

내가 누군가와 말할 때면 언제나 두 개의 대화가 진행된다. 하나는 표면의 대화로, 정치든 음악이든 무엇이든 우리 입으로 말하고 있는 그 주제다. 또 하나는 이면의 대화로 마음의 차원인데, 내 마음은 상대에 대한 호감이 내게 있거나 또는 없음을 전달한다. 하나님은 두 대화 모두 진실하기 원하신다. 즉 우리는 사랑으로 진실을 말해야 한다. 두 대화 모두 진실하지 못하면 그 교류에는 하나님이 끼지 못하고 우리 혼자이며, 우리 혼자로는 사람들을 나쁜 길로 이끌 수밖에 없다. 성경에 따르면, 우리가 누군가와 입으로 말하면서 마음으로 그를 사랑하지 않으면, 우리는 거기 서서 징이나 꽹과

리를 치는 사람과 같다. 주변 모두에게 폐를 끼칠 뿐이다.

그레그 스펜서가 내게 진실을 말해 준 뒤로, 이제 나는 누구를 만나러 갈 때면 그를 향한 하나님의 사랑을 느끼게 해달라고 기도한다. 입의 대화와 마음의 대화가 둘 다 진실하게 해달라고 하나님께 기도한다.

19. 사랑_ 자신을 정말 사랑하는 법

나는 가수 애니 디프랑코(Ani Difranco)가 레즈비언이 아니었으면 좋겠다. 지금 나는 그녀의 노래를 듣고 있는데, 그녀가 받아 준다면 나는 그녀와 결혼할 것 같다. 나는 그녀의 콘서트마다 맨 앞줄에 나타나 따라 부르고 주먹을 흔들며 매번 적시에 열광할 것이다. 그러다 나중에 버스에서 그녀는 내 무릎을 베개 삼아 누울 것이고, 나는 그녀의 가닥가닥 땋은 머리에 내 손가락을 꼬아 넣고는 둘이서 텔레비전의 찰리 로즈 쇼를 볼 것이다.

저번 날 밤 에미 루 해리스 콘서트를 본 후 친구들과 함께 로즈랜드 공연장 밖의 차 있는 쪽으로 가던 중에 나는 그녀의 버스 안을 볼 수 있었는데, 마침 텔레비전에 찰리 로즈가 나오고 있었다. 내가 좋아하는 쇼라는 생각과 함께, 창문을 두드리고 들어가도 되느냐고 묻고 싶은 마음이 한구석에 들었다. 그녀를 귀찮게 하거나 사인을 요구하지도 않을 거였다. 그냥 텔레비전만 볼 거였다. 찰리 로즈는 투투 주교를 인터뷰하고 있었던 것 같다. 집에 오니 인터뷰는 끝난 후였다. 만일 애니 디프랑코와 내가 결혼한다면 나는 도시 사이를 오가는 버스 안에서 책을 쓸 것이고, 밤에 콘서트를 마치고 나면 우리는 찰리 로즈를 보면서 밤마다 서너 번씩은 "명쾌한 질문 이야, 찰리다운 명쾌한 질문이야"라고 속삭일 것이다. 하지만 애니 디프랑코가 남자들에게 끌릴 것 같지 않으니 이런 일은 하나도 없을 것이다. 그렇지 않다면 우리는 잘 맞을 것이다.

흔히들 모를 수 있는 리드 대학의 일면이 있으니 그곳은 아름다운 곳이다. 사람들이 아름답다는 뜻이며, 나는 그들을 사랑한다. 저번 날 캠퍼스에서 우리 집 멤버 그랜트와 나는 기숙사로 이사중인 학생들을 도와주다가 네이턴이라는 학생을 만났는데, 그는 소파를 방으로 올리느라 우리 도움이 필요했다. 네이턴이 말을 시작한 순간 그랜트와 나는 좀 놀랐는데, 농담이 아니고 그의 말소리가 혀짤배기 엘머 퍼드와 너무 비슷했기 때문이다. 그는 작고 땅딸막했으며, 네이턴처럼 엘머 퍼드와 말소리가 비슷한 사람은 엘머 퍼드 본인을 빼고는 아무도 없다. 그랜트는 웃음을 터뜨릴 뻔했으나 우리는 목소리 내면의 사람을 들으려 몹시 애썼다. 창고 건물로 가는 길에 네이턴은 우리에게 마음을 열면서, 자기가 여름 동안 로스앨러모스에서 핵무기 연구하는 일을 했다고 말했다. 네이턴은 왼쪽과 오른쪽을 잘 구분하지 못하는데, 그가 세상에서 가장 명석한 사람들 축에 든다는 점을 감안할 때 내게는 그것이 희한한 특성으로 비쳤다. 교차로가 나올 때마다 그는 완벽한 엘머 퍼드 방언으로

(나는 억양 흉내는 빵점이다) 한쪽을 가리키며 말하곤 했다. "더 똑으로 가요, 돈. 탕고 건무든 더 똑에 이떠요."

샌프란시스코에서 열린 목회자 수련회에서 강의를 맡은 나는 목사들에게 리드의 내 친구들에 대해, 거기서 예수님을 알리는 삶에 대해 말하고 있었다. 누군가 내게 리드의 모든 부도덕을 상대하기가 어떠냐고 물었는데, 나는 한 번도 리드를 부도덕한 곳으로 생각한 적이 없기 때문에 그 질문은 내게 정말 충격이었다. 내 생각에 내가 한 번도 리드를 부도덕한 곳으로 생각하지 않은 까닭은, 네이턴 같은 사람이 그곳에 와서 엘머 퍼드처럼 말해도 아무도 그를 놀리지 않기 때문이다. 만일 네이턴이 우리 교회에 간다면, 아무리 내가 사랑하고 생명까지 내주고 싶은 교회이지만, 불행히도 누군가 등 뒤에서 반드시 그를 놀릴 것이고, 이는 정말 비참한 범죄다. 아무도 그가 천재임을 알아내려는 수고를 하지 않을 것이다. 겉모습이 사람 자체를 규정하는 곳, 겉모습이 꼬리표로 붙지 않는 곳에서 4년을 지냈기에 그는 자신의 그런 말투나 좌우측 식별 불능에 조금도 불편을 못 느끼건만 아무도 그것을 모를 것이다. 나는 리드 대학의 바로 이 점이 좋은데, 비록 섹스며 마약 따위에 빠진 학생들이 허다할지라도 또한 다른 사람들이 존재하며 그들이 중요하다는 기본 인식이 있기 때문이다. 그런 의미에서 내게 리드는 천국 같다. 내 바람 같아서는 모든 사람이 그런 곳에서 4년을 지내며 진리를, 허물이나 정서 불안에도 불구하고 만인이 중요하다는 사실을 배웠으면 좋겠다.

텔레비전을 보면 다들 너무 잘생겨 때로 나를 미치게 하지만,

실제로 식품점에 가 보면 그런 사람은 하나도 없다. 누가 그러는데 런던 사람들은 우리만큼 사람을 외모로 판단하지 않는다고 한다. 교육방송에서 심야에 보여주는 영국 쇼들의 배우들이 잘생기지 않은 걸 보면 그건 사실이다. 그것을 보며 왜 런던의 배우들은 잘생기지 않았을까 하고 똑같은 의문을 품는 사람들이 또 있을지 나는 의아해진다. 그 물음의 답을 나는 이미 아는데, 이미 미국은 세상에서 가장 부도덕한 나라 중 하나이며 미국의 대중매체는 인간을 고깃덩어리로 전락시켰기 때문이다. 그것이 절대 달라지지 않을 것이므로, 내가 이 나라에 사는 한에는 항상 이 긴장이 떠나지 않을 것이다. 애니 디프랑코의 노래 '서른두 가지 맛'의 가사를 보면 이렇다. "포스터 없는 포스터 여자, 그녀는 서른두 가지 맛과 그 이상, 그녀는 우리의 말초적 시각을 벗어나 있고, 그래서 우리는 고개를 돌리고 싶어질 테지, 언젠가 우리가 허기져 제 입에서 나온 말을 삼켜야 하기 때문이다." 내가 아는 거의 모든 사람이 이 가사를 좋아하는 이유는, 그것이 천국과 소망, 어느 날 왕이 와서 신비한 사랑의 행위로 다스릴 거라는 개념, 더 이상 외모로 서로를 판단할 수 없기에 모든 사람이 제 말을 삼켜야 하는 실존을 노래하고 있기 때문이다. 그 생각에 나도 희망에 차오른다.

　　장 폴 사르트르는 지옥이란 타인들이라고 했다. 그러나 내가 정말 좋아하는 라비 재커라이어스는 천국도 타인들일 수 있으며, 날마다 타인들의 삶에 한 조각 천국을 가져다줄 힘이 우리에게 있다고 말한다. 나는 그 말이 사실임을 아는데 페니나 토니한테서 나를 사랑한다는, 내가 자기들한테 소중하다는 말을 들을 때 느껴 보았기 때문이다. 나는 그들의 사랑을 받아들일 수 있는 힘과 자중심을 달라고 하나님께 기도하곤 한다.

시애틀 출신의 내 친구 줄리의 말이, 모든 것의 열쇠는 사랑을 받을 줄 아는 자세에 있다던데, 내 개인적 경험으로 미루어 맞는 말이다. 전에 나는 전혀 사랑을 받을 줄 몰랐고 지금도 문제가 없는 건 아니지만 그래도 지금은 전 같지 않다. 텔레비전이나 다른 매체에서 뭐가 눈에 띌 때마다 어느새 나는 자신도 모르게 나를 그것과 비교하곤 했다. 그때마다 나는 여지없이 비참해졌는데, 이는 내가 한 번도 남들한테 칭찬받을 자격이 있다고 느껴 본 적이 없기 때문이다.

나는 한동안 남부 출신의 귀여운 작가와 데이트한 적이 있었다. 그녀는 훌륭했고 정말 흠잡을 데 없는 여자였고 우리는 음악부터 영화까지 모든 중요한 부분에서 취향이 같았으나, 그럼에도 그녀가 애정을 표현할 때 내가 도무지 깊이 믿지 못하는 바람에 관계가 자꾸만 겉돌았다. 우리의 사랑은 쌍방의 대화였던 적이 없다. 그때는 몰랐으나 나는 스스로 실패자니 뭐니 해가며 머릿속에서 자학을 일삼곤 했다. 무슨 수로도 여자는 나와 소통을 이룰 수 없었다. 그녀가 감정을 고백하면 나는 행복해야 했건만 늘 그 이상이 필요했고, 더 달라는 것은 왠지 궁색한 짓이므로 이제는 그 이상이 필요하다는 사실에 부아가 치밀었고, 그래서 나는 그 갈등 속에 살았다. 그레이스랜드 현관에 앉아 로터리를 돌아가는 차들을 보고 있노라면 내 마음속은 온통 그런 생각들로 어지러웠다. 전혀 평안이 없었다. 나는 먹지도 못했다. 잠도 못 잤다.

피델 카스트로처럼 생긴 데모꾼 앤드류가 당시 공동체 집에 함께 살았는데, 그는 경청의 대가인지라 나는 그에게 털어놓았고 그는 고개를 끄덕이며 말했다. "이보게, 돈. 자네 심정이 이런 줄은 몰랐네." 하지만 나는 그랬다. 그리고 악화되었다. 나는 온종일 맥없이 집안을 돌아다녔고 아무 일도 할 수 없었다. 관계마다 늘 그랬었다. 등에 찰싹 달라붙은 궁색한 원숭이마냥 내 안에는 늘 애정에 대한 갈증이 있었다. 여자가 몸이 달아서 당장 결혼하자고 나오지 않는 한 나는 양에 차지 않았고, 설령 그 경우라 해도 나는 여자가 내 외모 때문에 나와 절교하거나 딴 남자한테 가는, 있지도 않은 시나리오를 상상하곤 했다. 나는 없었던 대화를 지어내 그것 때문에 우울에 빠지곤 했다.

결국 앤드류는 나더러 다이앤을 만나보라고 했는데, 우리 교회에 나오는 아름다운 기혼 여성인 그녀는 대부분 무능력자인 우리를 어머니처럼 챙겨 주며 우리 삶에 사랑을 들려주는 사람이다. 앤드류는 상담자가 되려고 인근 신학교에서 공부하고 있던 그녀에게 내 고민을 다 털어놓고 도움을 구하라고 권했다. 다이앤의 남편이 장로인 데다가 내가 교회에서 몇 차례 강연한 적이 있어 모든 사람이 내가 정상인 줄 알고 있었으므로 나는 처음에는 내키지 않았다. 다이앤한테 털어놓으면 틀림없이 그녀는 집에 가 남편에게 내가 미쳤다고 말할 것이고 그러면 금방 온 교회에 퍼질 텐데, 남들이 다 나를 미쳤다고 생각한다면 결국 나도 별 수 없이 그들의 압력에 못 이겨 진짜 미칠 것 아닌가. 하지만 나는 다급했다. 그래서 나는 다이앤에게 전화를 걸었다.

아름답고 온화하고 친절하고 목소리마저 부드러운 그녀가 우리 집에 와 주었고 나는 커피를 끓였다. 우리는 내 사무실로 들어갔고 혹시라도 룸메이트 중 아무나 지나가다 다이앤과 내가 대화하는 것을 보고 내가 미친 것을 알게 될까봐 나는 문을 닫았다. 나는 의자에 앉았고 다이앤은 소파에 앉았다. 말문을 열기 전 나는 약간 손을 쥐어틀었다.

"그게 말이죠, 다이앤. 제가 어떤 여자랑 사귀는 중인데 훌륭한 여자입니다, 정말로. 근데 전 왜 이렇게 어렵죠?"

"여자한테 감정이 안 생겨 어렵다는 말인가요?"

"전 게이가 아닙니다."

다이앤은 웃었다. "그런 뜻이 아니었어요, 돈."

"감정은 있어요." 나는 솔직히 말했다. "너무 강해서 탈이죠. 잠도 못 자고 먹지도 못하고 딴 생각도 잘 안되거든요. 전 관계가 참 어렵습니다. 늘 그랬어요. 그래서 피하고 싶어집니다. 이런 고문을 당하느니 차라리 관계가 아예 없었으면 하지요. 하지만 이번에는 도망가지 않기로 저 자신과 약속했습니다. 그런데 인생의 의미가 그녀가 나를 좋아하느냐 여부에 달려 있는 것처럼 느껴진단 말입니다. 제 생각에 그녀는 저를 좋아하고 있고 본인도 그렇게 말하는데, 그래도 저는 미치겠거든요."

"여자가 당신을 좋아하든 아니든 그렇다는 건가요, 돈. 아니면 여자가 당신을 사랑하든 아니든 그렇다는 건가요?"

"예, 그것도 맞아요. 그녀가 저를 사랑하든 아니든 그렇습니다."

다이앤은 거기 앉아 내가 말하는 내내 듣는 소리를 냈고, 내가 며칠씩 먹지도 않고 지낸다고 말하자 그녀는 나를 보고 한숨을 짓고 감탄사를 발하며 그런 행동이 정상도 아니고 건강한 것도 아님을 분명히 드러냈다. 내가 엘비스 프레슬리가 죽지 않고 내 옷장 안에 살아있다고 말했어도 그녀가 그렇게 놀라지는 않았을 것이다. 작가에 강사쯤 되면 사람들은 의당 그가 제정신이려니 한다.

"얼핏 보기엔 지극히 정상처럼 보여요, 돈. 당신은 공동생활도 하고 있고 게다가 작가잖아요." 다이앤은 어리둥절하여 나를 보았다.

"예. 하지만 저한테 뭔가 문제가 있는 거죠, 그렇죠?"

나는 그녀가 아니라고 말해 주기를 내심 바랐다. 관계에 들어설 때는 누구나 미치지만 결혼과 섹스 직후부터 행복으로 바뀐다고 설명해 주기를 나는 바랐다. 그러나 그녀는 그러지 않았다.

"그건 그래요, 돈. 당신한테 뭔가 문제가 있어요."

"역시 그렇군요." 나는 말했다. "그럴 줄 알았어요. 저도 제가 별종인 줄 알았어요." 나는 영화 '뷰티풀 마인드'를 떠올리며 우리 공동체 식구들이 실존 인물들인지, 자꾸 나를 쫓아오는 사람들이 FBI 요원들인지 생각해 보았다.

다이앤은 수심에 찬 내 얼굴을 보고는 웃으며 친절히 대답했다. "그렇게 심각한 건 아니에요, 돈. 걱정하지 말아요. 다만 무슨 이유에선지 당신은 그녀의 판단에 자신을 맡기고 있어요."

"판단에 맡기다니요?"

"자신의 가치 결정권을 그녀에게 내주고 있다는 뜻이지요. 당신의 가치는 하나님한테서 와야 해요. 그리고 하나님이 당신에게 원하시는 것은 그분의 사랑을 받아들이는 것, 그리고 자신을 사랑하는 것입니다."

옳은 말이었다. 나는 그게 옳은 말임을 알았다. 옳은 말로 느껴졌다. 하지만 그러면서도 잘못처럼 느껴졌다. 나 자신을 사랑하고 사랑을 받아들인다는 것이 교만한 일로 느껴졌던 것이다. 내 모든 자학과 자기혐오가 하나님한테서 온 것이 아니며, 그런 목소리는 하나님이 내 귀에 대고 속삭이시는 것이 아님을 잘 알면서도, 왠지 나는 그런 목소리를 들어야만 할 것 같았고 그 내용을 사실로 믿어야만 할 것 같았다.

"하나님은 당신을 사랑하세요, 돈." 나를 보는 다이앤의 눈이 약간 젖어 있었다. 나는 영화 '굿 윌 헌팅'에서 로빈 윌리엄스가 연신 "네 잘못이 아니야, 네 잘못이 아니야"라고 말하자 맷 데이먼이 격정을 가누지 못해 로빈 윌리엄스를 와락 끌어안던, 그리하여 둘 다에게 아카데미상을 안겨 주던 그 장면의 맷 데이먼이 된 심정이었다. 나는 다이앤에게 그 장면을 재연할까도 생각해 봤지만 옳지 않은 것 같아 그만두었다.

"예, 알아요." 나는 말했다. "저도 하나님이 저를 사랑하시는 줄 압니다." 알긴 알았으나 믿어지지 않았다. 내게 그건 빤한 억지였고 궤변이었다. 전에도 들었으나 그런 말을 듣는다고 자학의 목소리가 잠잠해지지는 않았다. 그래도 다이앤의 어머니 같은 눈빛은 그것이 사실이며 내게 그것이 필요하다고 말하고 있었다. 나는 그것을 사실로 믿어야 했다. 자학의 음성이 내게 소리치기 시작할 때 거기에 대꾸해 줄 말이 필요했다.

다이앤과 나의 대화는 30분쯤 더 이어졌고, 그녀는 탄성과 한숨으로 내 말을 경청하고 있음을 느끼게 해주었다. 그녀는 대단했고 나는 한 번도 그녀에게 털어놓는 것이 어리석거나 약한 모습이라고 느껴지지 않았다. 그저 솔직하고 투명해진 기분이었고 후련했다. 그녀는 내게 책을 갖다 주겠다고 했고 곧 다시 만나고 싶다고 했다. 그녀는 나를 위해 기도해 주겠다고 했다.

그녀가 돌아간 후 나도 이 모든 문제를 놓고 기도를 시작하기로 했다. 여태 그 일로 기도한 적이 없다는 것이 믿어지지 않았다. 한 번도 영적인 문제로 보이지 않았던 것이다. 나는 내 잘못된 부분을 보여 달라고 하나님께 기도했다.

그 여자와의 일은 더 악화되었다. 우리는 우리 관계의 수학을 풀어 보려고 몇 시간씩 통화하곤 했지만 답은 나오지 않았다. 그럴수록 나는 그것을 내 무능의 소치로 받아들였고, 전보다 더 슬퍼졌다.

그러다 그녀가 끝냈다. 더 이상 만날 필요가 없다고 결정한 것이다. 그녀는 관계를 끊었다. 그녀가 보내온 편지에는 내가 나 자신을 사랑하지 않으며 그녀의 사랑도 받아들일 줄 모른다고 써 있었다. 그녀는 거기에 속수무책이었고 그래서 죽도록 답답했다. 오열과 눈물로 내 몸이 언제 폭발할지 모른 채, 나는 텅 빈 벽을 보거나 커피를 끓이거나 화장실 청소를 하며 한 시간 동안 집안을 배회했다. 변기를 닦고 있는데 다시 그 목소리가 들렸다. 전에 뻔질나게 듣던 소리였지만 그날은 고함을 쳐댔다. 그 목소리는 내가 변기 안에 묻은 오줌만큼이나 구역질난다고 말했다.

그 생각이 떠오른 건 그때였다. 무슨 교향곡의 악장처럼 아주 강한 계시를 동반한 것으로 보아, 나는 그것이 하나님의 음성이었다고 확신한다. 단순한 생각이었다. **네 이웃을 너 자신처럼 사랑하라.**

잠시 그 생각을 하며 나는 하나님이 왜 이 말을 내 머릿속에 이토록 짙게 각인시키시나 궁금했다. 나는 호리호리한 장신에 게이인 우리 이웃 마크가 생각났다. 하나님이 나도 게이라고 하시는 건가 의아했으나 한 번도 나 자신이 게이로 느껴진 적이 없으므로 그건 억지였다. 그제야 나는 하나님이 날더러 내가 게이라고 하시는 게 아님을 깨달았다. 그분의 말씀인즉, 내가 이웃에게는 나 자신에게 말하는 식으로 절대 말하지 않을 것이며, 어쩌된 일인지 내가 남들을 학대하는 건 잘못이지만 나 자신을 학대하는 건 괜찮다고 믿고 있다는 것이었다. 마치 하나님이 나를 비행기에 태우고 나 자신 위로 날게 하셔서, 내가 주변과 연결되어 있음을, 내가 나 자신과 다른 사람들과 하나님의 사랑을 받아들이지 않기 때문에 사방의 이웃들이 허물어지고 있음을, 보여주시는 것 같았다. 내가 사랑을 받아들이지 못한 것은 그게 잘못처럼 느껴졌기 때문이다. 나는 겸손해야 함을 잘 알건만 그건 겸손 같지 않았다. 하지만 이는 다 허튼소리였고 전혀 말이 되지 않았다. 사랑을 받아들이는 게 잘못이라면 사랑을 주는 것도 잘못이 되는데, 사랑을 줌으로써 누군가에게 그것을 받아들이게 만드는 것이며 내게 있어 그건 잘못된 일이기 때문이었다. 그래서 나는 그만두었다. 진심으로 하는 말이다. 나는 자기혐오를 그만두었다. 더 이상 옳게 느껴지지 않았다. 남자답거나 건강한 일이 아니었고 그래서 잘라냈다. 그때가 1년 전쯤이었고 그후로 나는 비교적 행복했다. 농담이 아니다. 더 이상 나는 하릴없이 앉아 나 자신을 헐뜯지 않는다.

그 여자와 나는 다시 시작했는데, 그녀는 내 변화를 감지하며 좋아했고 나는 내가 완전히 딴 세계에 와 있음을 느꼈다. 사랑을 받아들인다는 것, 당당히 나 자신을 사랑한다는 것, 자신을 사랑하는 일이 옳게 느껴진다는 것이 얼마나 아름다운지 믿어지지 않았다. 여자친구가 감정을 얘기하면 나는 받아들일 수 있었고, 우리는 그렇게 정상적 관계를 유지했다. 결국 잘 안됐는데, 우리가 서로 맞지 않음을 알았기 때문이다. 관계를 최종 정리했을 때도 나는 하나님이 나를 위해 다른 것을 예비하셨다고 믿었기에 상처가 되지 않았다. 설령 그렇지 않더라도 그분이 나를 사랑하시지 않는다는 뜻은 아니었다. 그 시점, 화장실의 그 시점 이후로 나는 자신감이 생겼다. 이상하지만 사실이다.

이렇게 나는 힘, 내적 힘이란 사랑을 주는 데서 오는 것 못지 않게 사랑을 받아들이는 데서 오는 것임을 깨닫게 되었다. 내가 죄인이고 하나님이 나를 용서하신다는 개념을 제외하고는, 그것이 여태껏 내가 배운 가장 위대한 교훈이라고 생각한다. 이것을 알고 나면 내가 달라진다. 시애틀 출신의 내 친구 줄리는 자기가 남편을 위해 가장 간절히 기도하는 제목은, 자기 남편이 사랑을 받아들일 줄 알게 되는 것이라고 내게 말했다. 그것이 행복의 열쇠이기에 나도 내 모든 친구들을 위해 그렇게 기도한다. 우리가 받아들이지 않는 한, 하나님의 사랑은 절대 우리를 변화시킬 수 없다.

20. 예수_ 그 얼굴의 주름

내가 아는 앨런이라는 남자는 전국을 돌며 사역 지도자들을 인터뷰했다. 그는 성공한 교회들을 찾아가 목사들에게 그들이 어떤 사역을 하고 있으며 그 사역이 왜 잘되고 있는지 물었다. 답변은 아주 진부했으나 큰 사역단체 총재인 빌 브라이트라는 사람한테 갔을 때만은 예외였다. 앨런에 따르면, 그는 거구에 생동감이 넘쳤고 시종 눈길 한번 돌리지 않고 경청했다. 앨런은 몇 가지 물었다. 어떤 질문들이었는지 나는 모르지만 마지막 질문으로 그는 브라이트 박사에게 예수가 그에게 어떤 의미가 있느냐고 물었다. 앨런은 브라이트 박사가 그 질문에 답하지 못했다고 한다. 브라이트 박사가 그냥 울음을 터뜨렸다는 것이다. 그는 큰 책상 뒤의 큰 의자에 앉아 눈물을 뚝뚝 흘렸다.

앨런이 그 얘기를 했을 때, 나는 예수님을 그렇게 사랑한다는 것이 어떤 것일지 궁금했다. 정말 솔직히 나는 빌 브라이트라는 사람이 그저 미친 건지, 아니면 예수님을 정말 개인적으로 너무 잘 알아 그분 이름만 들어도 눈물이 났던 건지 궁금했다. 나도 예수님을 그렇게, 머리로만 아니라 가슴으로 사랑하고 싶음을 알았다. 그것이 뭔가의 열쇠일 것 같았다.

  몇 달 전 나는 텔레비전에서 어느 보도 프로그램을 보았는데, 아들을 사형수 감방에 둔 한 여인의 이야기였다. 아들은 어떤 남자를 죽여 숲속에 매장했었다. 프로그램은 아들의 최후 며칠 동안 어머니의 삶을 추적했다. 흑인 청년인 아들이 감옥 면회실에서 어머니와 마주앉은 마지막 면회 자리에도 카메라가 따라갔는데, 어머니는 눈물이 그렁그렁하면서도 두려움과 회한과 혼란과 공포를 감추려 안간힘을 썼다. 나는 소파에 앉아 불편했고 화면 속으로 뛰어 들어가 모두 막고 싶었다. 정말 싫다고 혼자 되뇌면서도 나는 계속 보았다. 거기 어린 소녀 하나, 남자의 작은 여동생이 있어 오빠의 무릎에 앉았는데, 남자는 자신이 죽을 것을 모르는 동생에게 숙제 잘 하고 거짓말 하지 말고 착하게 엄마 말 잘 들으라고 말하고 있었다. 이어 화면에는 이틀 후 자기 아파트, 빈민가 주택단지의 허름한 여관 방 같은 곳에 있는 어머니가 나오는데, 침대 앞을 불안하게 오가는 여인을 아무 내레이션 없이 그냥 카메라에 담아냈다. 아이들, 귀여운 세 자녀들이 열린 문으로, 저녁노을이 얼핏 비치는 더위 속으로 뛰며 들락거렸다. 그때 전화가 울렸고, 그녀는 다가가 침대 끝에 걸터앉아 수화기를 들었다. 수화기를 든 손이 가늘게 떨렸고 그녀는 아무 말 없이 듣기만 했다. 그녀는 본능처럼 나직이 "예"

라고만 한 뒤 수화기를 내려놓았으나 전화는 끊어지지 않았다. 그녀는 털썩 무릎을 꿇었다가 일어나서는 소리를 지르며 천장에 대고 주먹을 흔들었다. 그녀는 돌아서 문밖으로 나가 허름한 아파트 단지의 안뜰로 갔고, 카메라가 따라가 열린 문 밖을 비추니 거구의 흑인 여자가 바닥에 고꾸라져 땅에다 악을 쓰며 주먹으로 땅을 치고 있었다.

그로부터 얼마 후 친구 줄리와 함께 패티 그리핀의 노래 '마리아'를 CD로 들으며 요세미티를 벗어나는 길에 나는 그 생각이 났다. 아들이 죽임당하던 날, 예수의 어머니 마리아의 심정이 어땠을까를 노래한 곡이다. 집 안을 치우는 마리아의 단장의 아픔을 그린 노래가 흐르는 동안, 나는 아침에 아들에게 벌어진 일을 생각하지 않으려 미친 듯이 부뚜막을 썻고 바닥을 닦는 마리아를 상상했다. 그리고 문 밖에 엎드려 땅을 치며 하나님께 울부짖는 마리아를 상상했다.

줄리와 나는 글래시어 포인트에서 내려가고 있었는데, 추웠는데도 우리는 히터를 틀고는 창문을 열어 나무들 사이로 별을 보았다. 우리는 CD 플레이어의 재생 버튼을 계속 눌러 결국 패티 그리핀의 마리아 노래를 연달아 40번도 더 들었다. 나는 계속 마음속에 예수님을 실재 인물로 상상했는데, 그분은 때로 요세미티 계곡 같은 빈들에 있었고 때로 불 가에서 친구들과 얘기했고 때로 자기 어머니에 대해 말했고 늘 하늘 아버지를 그리워했다.

릭은 예수님을 믿지는 않지만 궁금해하는 사람들을 상대로 소그룹을 인도하고 있다. 소그룹의 한 멤버가 릭에게 예수님이 어떻게 생겼을 것 같으냐고 물었다. 그분은 흔히 교회당 벽에 걸린 그림들처럼 생겼을까? 릭은 모른다고 했다. 다른 멤버 하나가 아주 조심스레 말하기를, 자기 생각에는 예수가 오사마 빈 라덴처럼 생겼을지도 모르겠다고 했다. 릭은 그 말이 사실과 아주 가까울 수 있다고 말했다.

간혹 나는 오사마 빈 라덴 같이 생긴 예수님이 친구들과 불가에 둘러앉아 얘기하는 모습을 그려 보는데, 다만 그분은 무슨 일이든 두서없이 지껄이지 않는다. 그분은 정말 들으시고, 자기 할 말하기에 바쁘신 게 아니라 자상히 이해하시며, 몇 마디 진리의 말씀으로 그들의 삶에 힘을 불어넣어 주신다. 그분은 그들이 각자 내면에 느껴지는 사명, 예수님의 근본 사명이자 그동안 그들이 살아온 유별난 삶의 핵심 사명을 잘 믿을 수 있도록 도와주신다.

예수님을 향해 내게 처음 감정이 생기던 때가 기억난다. 그리 오래전 일이 아니다. 나는 리드의 몇몇 학생들과 함께 해안의 어느 수련회에 갔었는데, 인근 성경 대학의 한 교수가 강연했다. 그는 주로 성경에 대해, 어떻게 성경을 읽어야 하는가에 대해 말했다. 설득력 있었다. 마치 『호밀밭의 파수꾼』에 대한 내 심경처럼 그는 성경과 심정적 관계가 있는 것 같았다. 그 강사는 매년 성경을 세 번씩 읽는다. 그때까지 나는 성경을 한 번도 다 읽은 적이 없었다. 많은 부분을 읽었으나 전체는 아니었고, 읽었던 이유도 주로 신앙생활의 건강 따위를 위한 부담감 때문이었다. 강사는 우리더러 밖에 나가 조용한 곳을 찾아 성경과 다시 사귀라고, 성경책을 손에 들고 눈으로 한 페이지 한 페이지 느껴 보라고 했다. 나는 화장실 밖 계단으로 나가 성경 야고보서를 폈다.

몇 년 전 어떤 여자한테 반했을 때 나는 그 문제로 기도하고 그날 밤 야고보서를 다 읽었는데, 야고보서가 믿음의 책이므로 하나님이 나더러 믿음만 있으면 그 여자가 나와 결혼할 거라고 말씀하시는 듯 느껴졌다. 그래서 나는 잔뜩 흥분하여 살도 쫙 뺐으나 그녀는 우리 고등부 출신의 어느 얼간이한테 동정을 바쳤고 지금 둘은 결혼하여 살고 있다. 솔직히 나는 아무렇지 않았다. 나는 그녀를 별로 사랑하지 않았다. 다만 이 얘기를 하는 것은, 내 성경책 야고보서가 오색찬란한 색칠에 온통 밑줄 천지라서 시선을 확 끄는데다, 그 노란색 페이지들을 보노라니 한때 내가 그토록 신실하고 그토록 아름답게 하나님을 믿던 때가 떠올라서 그렇다. 나는 조금, 몇 페이지쯤 읽다가 몹시 피곤하고 혼란스러워 책을 덮었다. 그러나 수련회에서 돌아오자 마치 내 성경책이 나를 부르는 것 같았다. 만일 내가 읽는다면, 정말 책처럼 처음부터 끝까지 읽는다면 이 책이 나를 천치로 바꿔 놓지 않고 공화당 보수 논객 팻 뷰캐넌의 복제품으로 바꿔 놓지 않으리라는 약속이 느껴졌는데, 솔직히 그것이 성경에 대한 내 우려였다. 읽기만 한다면 성경이 내 사고를 단순하게 해줄 것 같았다. 그래서 나는 예수에 대한 4복음서의 하나인 마태복음부터 시작했다. 그렇게 마태복음과 마가복음을 읽고 누가복음과 요한복음까지 통독했다. 거기까지 읽는 데 한두 주 걸렸다. 예수님은 나를 몹시 혼란스럽게 했고 나는 그분이 썩 좋은지 몰라서, 이틀째는 확실히 그분한테 싫증이 났다. 누가복음 말미에 이르러 사람들이 그분을 다시 십자가에 달아 죽이려는 대목에서 내 안에 뭔가 변화가 나타났다. 지금도 기억나지만 바깥은 춥고 청명했고, 길 건너 공원의 나뭇잎들은 지쳐 말라가고 있었다. 읽고 있던 구절이 어디였으며 책 속에서 예수님이 무엇을 하고 있었는지는 모르나, 그분을 향한 사랑이 책상에 앉아 있던 내 온몸을 관통하던, 등뼈를 훑고 지나 가슴으로 저며 들던 기억이 지금도 선하다. 그 사람 빌 브라이트처럼 나도 울음이 터져 나왔다.

어디든 예수를 따르리라, 그분이 시키는 일이면 무엇이든 하리라, 생각하던 일이 기억난다. 그분이 나를 비열하게 대한다 해도, 나는 상관없이 그분을 사랑했고 그분을 따를 마음이었다.

내 생각에 기독교 영성 안에서 일어나는 가장 중요한 일은, 한 사람이 예수님과 사랑에 빠질 때다.

때로 강대상 앞에 나가 성찬에 참예하여 떡을 받아 포도주에 찍을 때면, 나는 예수님 생각이 나고 그분의 붉은 피나 그분의 사람 냄새가 떠오른다. 떡을 먹으면서 나는 지금 내가 하고 있는 일의 신비, 신기하게도 내가 그리스도와 하나가 되었으며 내 생명 자체가 그분에게서, 내 영적 생명이 내 안에 거하시고 내 안에서 일하시는 그분에게서 온다는 신비를 생각한다.

우리 문화가 때로 예수님께 대한 사랑을 나약함으로 해석한다는 것을 나도 안다. 어떤 도움도 없이, 잠시 멈추어 나보다 큰 존재를 예배할 필요도 없이, 나 혼자 힘으로 살아갈 수 있어야 한다는 거짓말이 나돌고 있다. 그러나 나는 실제로 나보다 큰 존재가 있음을 믿으며, 내게는 나보다 큰 존재가 꼭 필요하다. 내 안에 외경을 자아낼 누군가가 필요하다. 나는 모든 것을 알고 있는 존재 밑으로 내려서야 한다.

모든 이야기의 위대한 인물들은, 뭔가 자기보다 큰 것에 삶을 바친 사람들이다. 그리고 세상 어느 이야기에서도 나는 예수님 보다 고결하신 분을 보지 못했다. 그분은 아버지께 순종함으로 나를 위해 자기 목숨을 내주셨다. 그런 그분을 나는 진정 사랑한다. 내 마음도 그렇고, 로라와 페니와 릭과 비트 시인 토니의 마음도 그렇다. 내가 믿기로 내 삶의 변화는, 4복음서를 읽은 후 예수님이 나를 그저 도의상 사랑하신 것이 아님을 깨닫던 순간에 일어났다. 그분은 단순히 옳은 일이라서 나를 사랑하신 게 아니다. 아니, 그분이 나를 사랑하실 수밖에 없는 뭔가가 내 안에 있었다. 내가 깨닫기로, 만일 내가 그분의 모닥불 곁으로 간다면 그분은 내게 앉으라고 할 것이고, 내 사연을 들려 달라고 할 것이다. 그분은 시간을 들여 내 두서없는 말이나 분노를 들어주실 것이고, 그러다 내가 진정되면 내 눈을 똑바로 보면서 내게 말씀하실 것이다. 그분은 내게 진리를 들려주실 것이고, 나는 그 음성과 그 얼굴의 주름에서 그분이 나를 좋아하심을 느낄 것이다. 그분은 나를 꾸짖기도 하실 것이고, 극히 종교적인 사람들에 대해 내게 편견이 있으며 그것을 버려야 한다고 말씀하실 것이다. 그분은 세상에 가난한 사람들이 있어 내가 그들을 먹여야 하며, 놀랍게도 그럴 때 내가 더 행복해진다고 말씀하실 것이다. 내 생각에 그분은 내 은사가 무엇이고 왜 내게 그런 은사가 있는지 말씀하시며, 은사의 활용법에 대한 아이디어를 일러주실 것이다. 내 생각에 그분은 내 육신의 아버지가 왜 떠났는지 설명해 주실 것이고, 지난 세월 나를 돌보시고 모든 위험에서 지켜 주신 하나님의 모든 손길을 아주 생생히 지적하실 것이다.

자기도 그리스도인이 되었다는 로라의 이메일을 받은 후, 나는 너무 흥분하여 메일을 깨끗이 날려 버렸다. 만델라를 출옥시키던 날의 남아공 사람이 나 같았을까. 나는 그녀에게 전화하여 팰리오에서 커피를 마시자고 했다. 리드의 엘리엇 길로 그녀를 태우러 갔더니 그녀는 웃고 있었고 활력이 넘쳤다. 그녀는 나하고 할 얘기가 많다고, 아주 많다고 했다. 우리는 팰리오의 구석진 부스에 앉았는데, 로라가 내 친한 친구임에도 나는 그녀를 처음 만나는 기분이었다. 그녀는 예수님을 향한 자신의 사랑을 약간 어색한 듯, 그러나 당당히 말했다. 그것이 사실이므로 나는 놀라서 앉아 있었다. 사람들은 정말 예수님을 만나고 있다. 이 엄청난 일이 정말 벌어지고 있다. 나만 그런 게 아니다.

어느 밤 케이블 채널 BET를 보고 있는데, 재즈 음악에 관해 어떤 남자를 인터뷰하는 장면이 나왔다. 재즈 음악은 해방된 노예 첫 세대가 만들어 낸 것이라고 그는 말했다. 나는 멋있다는 생각이 들었다. 재즈는 음악이면서도 종이에 담기가 아주 어렵고 오히려 영혼의 언어에 훨씬 가깝기 때문이다. 마치 영혼이 뭔가를, 자유에 대해 뭔가를 말하는 것 같다. 나는 기독교 영성이 재즈 음악 같다고 생각한다. 내가 보기에 예수님을 사랑한다는 것은 마음으로 느껴지는 문제이지 종이에 담기가 아주 어렵다. 그럼에도 그것은 엄연히 현실이고 엄연히 의미 있고 엄연히 아름답다.

해방된 노예 첫 세대는 재즈 음악을 만들어 냈다. 이는 자유에서 태동한 음악이다. 그리고 내가 아는 한, 그것이 기독교 영성에 가장 가까운 것이다. 자유에서 태동한 음악. 저마다 자기 느낌대로 노래하고, 저마다 눈을 지그시 감고 손을 들어올린다.

리드의 로라에게 오신 것처럼, 프랑스에서 페니에게 오신 것처럼, 텍사스에서 내게 오신 것처럼, 예수님이 당신에게도 오셨으면 좋겠다. 당신도 예수님을 알았으면 좋겠다. 이 책은 내 친구들과 내가 부르는 노래들을 담은 것이다. 이는 하나님이 우리들의 삶 속에 하고 계신 일이다. 하지만 당신의 영혼이 자유를 얻을 때 당신이 부를 노래는 무엇일까? 진실하고 아름다운 내용일 것이다. 한동안 그러지 못했다면 지금 기도로 예수님께 말해 보라. 당신에게 실체로 와 달라고 하라. 당신의 자아중독을 용서해 달라고, 당신 마음속에 노래를 넣어 달라고 하라. 당신에게 일어날 수 있는 이보다 더 좋은 일을 나는 상상할 수 없다. 당신에게 많은 사랑을 전하며, 우리들의 노래를 들어주어 감사하다.

감사의 말

격려와 함께 이 책을 출판사와 연결시켜 준 캐시 헬머즈, 그리고 넉넉한 마음씨로 열심히 작업해 준 리와 앨리스와 얼라이브의 나머지 팀원들에게 감사한다. 브라이언, 조나단, 카일, 애슐리, 파멜라, 로리, 벨린다, 블라이드, 에이미, 다니엘르, 캐슬린, 캐럴, 안드리아, 폴라, 티나, 루에타, 크리스틴, 제니, 디안 그리고 인턴사원인 스테이시, 사라 등 도박에 나서 준 토머스 넬슨사 사람들에게 깊은 감사를 드린다. 그리고 발품을 팔면서도 충분히 감사받지 못하는 많은 영업 스태프들을 비롯해 토머스 넬슨사의 나머지 훌륭한 팀원들에게도 감사한다.

내 친구들은 내게 자신의 삶을 내주었고, 그리고 자신의 약점이 드러나는데도 마다않고 친절하게도 우리의 관계를 책에 담도록 아량을 베풀어 주었다. 토니, 페니, 로라, 데모꾼 앤드류, 릭, 욕쟁이 목사 마크, 레스, 터널 일가, 웨스와 마자 부르, 폴과 다니엘르, 마이크, 조쉬, 제레미, 헤더, 커트, 커티스, 미치, 사이먼, 트레버, 마이클, 스테이시, 다이앤, 웨스, 그랜트, 캐나다인 줄리, 매트와 줄리 캔리스에게, 그리고 우리 많은 이들, 곧 그레이스랜드 식구들과 테스토스테르홈 식구들에게도 두 번째 엄마가 되어 준 레이첼 클리프턴에게 감사한다. 그리고 내가 사랑하는 이마고-데이 공동체 사람들과 우리 가족들도 있다.

나를 세상에 내보내 준 조쉬, 그레그, 소노에게 감사한다. 객지에 있는 내게 가족이 되어 준 존과 테리 맥머레이에게도 감사한다. 오랫동안 자기네 다락에 살게 해주고 늘 사랑과 친절을 베풀어 준 웨스와 마자에게 감사한다.

이 책의 만화를 그려 준 피터 젠킨스, 저자 사진과 비디오물을 맡아 주고 격려해 준 스티브 하먼에게 감사한다. 표지를 제작해 준 데이비드 앨런에게 감사한다. 큰 빚을 졌다. 원고를 읽고 격려해 준 멀트노마의 토니네 대학원 반 학생들인 쉬마야, 린제이, 토비, 스티브, 니콜에게 감사한다. 자주 나를 샌프란시스코로 불러 우정을 베풀어 준 제임스 프라이어에게 감사한다. 이 책은 커먼 그라운드, 펠리오, 호스 브라스 주점, 그리고 시내의 커피숍인 시애틀스 베스트, 비스타 스프링즈, 기타 이름이 기억나지 않는 몇 곳에서 썼다. 구수한 커피와 맥주가 있는 이 좋은 업소들에 감사한다. 내 발이 되어 준 포틀랜드의 지하철/전차/시내버스에도 감사한다. "어떻게 가느냐가 중요하다!" 쓰는 동안 나는 패티 그리핀, 필 로이, 빅 헤드 토드와 괴물들, 제이호크스, P. O. D., 토리 에이머스, 스티브 얼, 밥 슈나이더, 모비, 비틀즈, 그리고 요즘 내가 제일 즐겨 듣는 윌코(내

작업이 시작될 즈음 마침 'Yankee Hotel Foxtrot' 앨범이 발매되었는데, 우리는 다 감탄하고 행복했다)의 음악을 들었는데, 멋쩍지만 그 사운드 트랙 제작자들에게 감사한다.

이 책을 읽어 준 당신에게 감사한다. 당신이 시간을 내주었다는 것이 내게는 큰 의미가 있다. 머지않은 어느 날 우리가 만나게 되기를 바란다.

스터디 가이드

알고 보면 사람이 변화되는 비결은 곧 변화 과정에 힘쓰는 것이다. 나만 하더라도 변화에 한사코 저항하던 시절이 있었다. 못내 불편하고 꽤 공격적일수 있는 그 과정에 별로 관심이 없어서 말이다. 운이 좋으면 극적인 변화도가능하긴 하다. 그럴 때는 아침에 눈떠 보면 어느새 자신이 장족의 발전을이루어 산 하나를 넘어와 있다. 하지만 늘 그렇게 운이 좋을 수는 없다. 어쨌든 내 생각에 하나님은 우리가 변화되기를 바라신다. 우리를 사랑하시기에우리 마음과 생각과 영혼을 새로운 자리로 데려가려 하신다. 관계도 마찬가지다. 이 스터디 가이드는 그래서 마련된 것이다.

이 질문들은 결코 기독교 영성의 공식이 아니다. 아무것도 보장되지않는다. 머릿속과 마음속의 생각을 지면으로 옮기도록 도와줄 개방형 질문에 더 가깝다. 나는 명색이 작가이니만큼 기록을 중시해야 하고 실제로중시한다. 그래서 질문을 작성하는 과정도 즐거웠다. 전체 과정에서 내가약간 교수처럼 느껴졌는데 그것도 좋았다.

어떤 장은 다른 장보다 문항이 더 많은데 그거야 왠지 그래야만 할것 같아서다. 질문에 따라 답을 적을 공란이 부족한 경우도 있다. 아마 따로 일기장 같은 게 필요할 것이다. 어쨌든 자신 및 하나님과 더불어 충분한 시간을 보내며 최대한 진실하게 질문에 답하면 된다. 이런 일에 진전을 이루려면 역시 그만큼 힘써야 한다. 당신에게 아름다운 시간이 되기를바란다.

1. 출발_ 흙먼지 길을 걸어 내게 오신 하나님

1. "지금도 나는 하나님이 애초에 왜 자기를 '아버지'로 칭하셨는지 모르 겠다. 세상의 아버지상에 비추어, 내게 이것은 마케팅의 실수로 보인 다." 이 문장을 읽고 드는 생각은 무엇인가?

2. 기독교 영성을 대하는 당신의 관점과 선입견에 지금까지 영향을 미치 는 유의미한 기억은 어떤 것들인가?("판도라의 상자"를 여는 질문일 수 있으 니 필요한 만큼 시간을 넉넉히 할애하라).

3. 죄책감은 어디에서 오는가?

4. 기독교 영성이 관계라기보다 죄책감을 덜어 주는 진통제 또는 레버만 당기면 되는 "슬롯머신 하나님"처럼 보이는가?

2. 문제_ 내가 텔레비전에서 배운 것

내일 아침 최고의 당신으로 깨어난다고 상상해 보라. 평범한 하루의 삶 속 에서 그것은 어떤 모습일까? 짤막한 이야기로 써 보라. 그 이튿날 최악의 당신으로 깨어난다고 상상해 보라. 그것은 또 어떤 모습일까? 당신은 어떻 게 행동할까? 무슨 결정을 내릴까? 어떤 하루가 될지 짤막한 이야기로 묘 사해 보라. 그러고 나서 다음 질문에 답하라.

1. "감시 없는 인간 영혼은 비뚤어져 있다"는 말에 당신은 어떻게 반응했 는가? 거기에 동의하는가, 그렇지 않은가? 그 이유는 무엇인가?

2. 이 세상의 더 큰 문제는 타락한 정치인가, 아니면 당신인가?

3. 하루 동안의 생각과 동기와 행동을 모두 합해 100퍼센트라 했을 때, 그 중 당신 자신에게 들이는 비율과 다른 사람들에게 들이는 비율은 각각 얼마인가?

3. 마술_ 로미오의 문제

1. 예수님에 대한 당신의 선입견을 한두 문단으로 써 보라.

2. 많은 신학자와 철학자와 과학자와 일상인이 C. S. 루이스가 말한 "고통의 문제"로 씨름해 왔다. 우리가 상대하는 이 우주에 뭔가 거대한 싸움이 벌어지고 있다는 것이다. 고통이 엄연히 존재하는데 그 기원을 추적할 수 없다는 사실이 많은 사람을 힘들게 한다. 당신이 보기에 외로움, 중독, 교만, 전쟁, 자아도취는 인류의 상태에 대해 그리고 인류를 구성하는 무수한 개인에 대해 무엇을 말해 주는가?

3. "내가 기독교에 마음을 줄 수 없었던 것은 기독교가 지성이 떨어지는 자들을 위한 종교였기 때문이다." 이 말에 대한 당신의 반응은 공감인가, 분노인가, 혼란인가? 당신이 보기에 기독교는 고통의 문제에 그럴 듯하고 믿을 만한 답을 제시하는가?

4. 당신이 알고 믿는 예수님보다 해군 특수부대 요원이 더 매력 있는 영웅인가? 그 이유는 무엇인가?

4. 전환_ 페니를 찾아서

1. 그리스도인을 보는 세상의 관점과 그리스도인들 자신의 관점을 "바로잡는" 게 중요하다고 보는가? 그 이유는 무엇인가?

2. 만일 기독교가 사람이라면, 즉 당신이 여태 알거나 만난 모든 그리스도
   인이 뭉쳐 한 인간이 된다면, 그 사람이 당신을 좋아하겠는가? 이것은
   당신에 대해 무엇을 말해 주는가? 또한 그들에 대해서 무엇을 말해 주
   는가?

3. 페니는 프랑스에서 나딘을 만났을 때 자신의 과거와 사연에 관심을 보
   이는 나딘에게서 위안을 얻었다. 타인의 이야기를 알아 가거나 자신의
   이야기를 나눌 때 당신이 해야 할 역할은 무엇인가? 당신이 알아 가고
   싶고 자신을 나누고 싶은 대상은 누구인가? 마음이 끌리는 이들의 명
   단을 적어 보라. 이들과 관련하여 당신이 해야 할 일은 무엇인가?

4. 당신의 신조를 상품처럼 다른 사람들에게 "팔려고" 한 적이 있는가? 만
   일 그렇다면 어떻게 되었는가?

5. 예수님의 삶에 대한 기록을—실제로 그분 자신의 말씀을—있는 그대
   로 읽어 본 게 마지막으로 언제인가? 주말에 한 시간을 내서 마태복음
   과 마가복음과 누가복음과 요한복음 중 하나를 읽으라. 과거의 경험은
   최대한 유보한 상태에서 있는 그대로 진솔하게 읽어 보라.

5. 믿음_ 펭귄의 섹스

1. 로라가 예수님을 믿게 된 과정의 이야기를 읽으면서 어떤 기분이 들었
   는가?

2. 당신은 기독교가 다분히 합리적이기를 바라는가? 그렇다면 그 이유는
   무엇인가? 당신이 이해하는 기독교 영성에 '신비'가 들어설 자리가 있
   는가?

3. 삶을 이성적 사고보다 더 잘 설명해 주는 "레이더"가 당신 안에 있다는 개념에 대해 어떻게 생각하는가?

6. 구원_ 섹시한 당근

1. "초기에 나는 영적 감정이 줄곧 로맨틱하게 오래가기를 바라는 우를 범했다. 사랑의 감정이 여상하기를 바라는 새 커플처럼." 이 말처럼 당신도 삶의 부침에 적응하기보다 영적 체험의 순간을 붙잡아 두고 싶었던 적이 있는가? 있다면 그 이유는 무엇인가?

2. 당신이 보기에 기독교 영성은 생활방식의 선택을 제한하는 족쇄인가?

3. 중독은 삶을 행복하게 해줄 것 같지만 결국 현실과의 괴리만을 남긴다. 지금 당신에게 있는 그런 중독—명백한 것이든 은근한 것이든—은 무엇인가?

4. 도널드 토끼와 섹시한 당근 이야기에 대한 당신의 반응은 무엇인가? 두 가지 결론에 동의하는가?

5. "결국 우리는 자기가 하고 싶은 일을 한다. 나는 내가 무슨 일이든 올바른 이유 때문에 한다고 생각하고 싶지만 그렇지 않다. 나는 무슨 일이든 내가 좋거나 싫으니까 한다. 죄 때문에, 내가 자아에 중독되어 타락의 잔해 속에 살고 있기에, 내 몸과 마음과 애정은 나를 죽이는 것들을 사랑하기 일쑤다." 이 말에 대해 어떻게 생각하는가?

7. 은혜_ 거지들의 나라

1. 당신이 그리스도인이라면, 예수님과 기독교로 말미암아 온전하고 거룩

해져야 할 자신이 계속 똑같은 문제들로 힘들어하는 것 때문에 얼마나 좌절감이 드는가?

2. "은혜는 내가 구하던 답이 아닌 것 같았다. 그건 너무 쉬웠다. 나는 마치 내가 용서를 얻어 낸 듯한 느낌, 하나님과 내가 서로 호의를 베푸는 친구 사이인 듯한 느낌을 원했다." 은혜에 대한 당신의 반응은 무엇인가?

3. 이번 장은 하나님과의 사이가 정서적으로 화목해져야 한다고 말한다. 이것은 당신이 바라는 바인가?

8. 신_ 우리의 보이지 않는 작은 친구들

1. 영성을 사회적 보증 수단으로 이용한 적이 있는가? 그 이유는 무엇인가?

2. 당신의 삶 속에 있는 "거짓 신들"은 무엇인가? 그동안 당신이 "외로움을 달래기 위해 만지고 느끼고 교류할 수 있는" 신으로 여긴 것은 무엇인가?

9. 변화_ 옛 신앙의 새 출발

1. "저번 날 저는 한 학생에게 '하나님의 축복을 빈다'고 말했습니다. 그게 무슨 뜻인가요? 어려서부터 그런 말을 해왔지만 그게 무슨 뜻인가요? 그러다 보니 내 입에서 나오는 허튼소리가 죄다 생각났습니다. 모든 상투적인 표현들, 모든 앵무새 같은 구호들. 하나님을 광고하고 다니지만 정작 그 제품을 쓰지 않는 사람이 접니다." 당신은 이 말에 공감하는가?

2. 이번 장의 마지막 문단에 따르면 우리가 살아있는 목적은 무엇인가?

10. 소신_ 멋의 탄생

1. 사람들은 더 "멋있어" 보이려고 자신을 누군가와 연계시킨다. 당신도 멋있어 보이려고 예수님을 가까이하거나 멀리한 적이 있는가? 그 이유는 무엇인가?

2. 소신보다는 "멋있어" 보이는 게 당신의 정치적 견해에 더 큰 영향을 미치는가?

3. "하나님이 우리를 자아중독의 구덩이에서 구하려 하심을 그리스도인들이 정말로 믿는다면 어떨지 상상할 수 있나? 세상의 절반 이상이 빈곤 속에 살고 있음을 이해한다면 미국인들이 어떻게 할지 상상할 수 있나? 그들은 생활방식을 바꾸고 다른 물건을 사며 다른 정치인들을 뽑지 않을까?" 이러한 가정이 실제로 이루어진다면 어떻게 될지 몇 문장 혹은 몇 문단으로 써 보라.

4. 타인의 소신도 중요하다고 보는가? 다른 사람들의 종교에 대해 알 수 있는 최고의 대화를 상상해 보라. 당신이 묻고 그들이 답할 내용은 무엇일까? 대답을 듣고 어떻게 반응하겠는가?

11. 고백_ 옷장에서 나오다

1. 당신이 보기에 신앙을 전하는 일은 희생적으로 사랑할 기회인가, 아니면 새 신자 수를 늘릴 기회인가? 당신의 생각을 적어 보라.

2. 누군가 당신에게 기독교를 변호해 보라고 한다면 당신은 대답할 말이 있는가? 있다면 어떤 내용인가?

3. 누군가 당신에게 자신의 잘못을 고백한다면 어떤 기분이 들겠는가? 특

히 그것이 당신에게 기독교 영성에 대한 부정적 관점을 심어 준 잘못이
라면 어떻겠는가?

4. 당신이 보기에 그리스도인은 사회에 유익한가, 민폐가 되는가, 양쪽 다
   인가? 그 이유는 무엇인가?

12. 교회_ 화나지 않고 다니는 법

1. 당신에게 기독교를 팔려고 한 사람이 있다면, 당신이 보기에 그들이 제
   시한 "제도"는 인격체이신 예수님을 실제로 만나는 것과 어떻게 다른
   가?

2. 속셈을 도모하는 데 기독교가 이용된 예를 떠올려 보라. 당신이 보기에
   거기서 무엇이 옳거나 틀렸는가?

3. 기독교 영성이 본래 인간의 속셈을 도모하는 수단이 아니라면, 그것이
   마땅히 해야 할 일은 무엇인가?

4. 당신은 "선교적인 삶"을 힘써 추구하고 싶은가, 아니면 어떻게든 외면
   하고 싶은가? 그 이유는 무엇인가?

5. 진실성은 당신에게 중대한 가치인가? 진실한 영성은 당신의 삶 속에서
   어떤 모습으로 나타날까?

13. 로맨스_ 여자들을 만나기는 쉽다

1. "그런데 친밀한 관계의 두려운 점은 만일 상대가 나를, 평소 감추어 온
   나를 알게 되면 나를 사랑하지 않을지도 모른다는 거지. 나를 거부할지

도 모른다는 거지." 이 말이 당신에게 어떤 의미로 다가오는지 설명해
보라.

2. "하나님과 교제한다는 것은 순전히 그리고 극진히 사랑받는 것일세."
이 부분을 읽고 어떤 생각이 들었는가? 그게 어떤 상태일지 상상이 되
는가?

3. 당신을 향한 하나님의 사랑을 조금이나마 대변해 주는 관계들이 당신
에게 있는가? 하나님의 사랑을 보는 당신의 관점이 주요 관계들 때문
에 좋아졌는가, 나빠졌는가?

14. 고독_ 53년의 우주 유영

1. "음식과 물이 우리 몸을 살리듯 우리 영혼은 다른 사람들이 살리는 법
이다"라는 생각에 동의하는가? 왜 그렇거나 그렇지 않은가?

2. 내성적인 사람은 홀로 있을 때 에너지를 "재충전"하거나 얻는다. 당신
은 혹시 홀로 있음이 지나쳐 외로워질 때가 있는가?

15. 공동체_ 괴짜들의 더부살이

1. 당신은 어떤 식으로 마치 삶이 자신에 관한 영화인 양 행동하는가?

2. 본인의 경우든 타인의 경우든 자아중독이 세상에 영향을 미치는 방식
을 몇 가지 묘사해 보라.

16. 돈_ 월세에 대한 소고

1. 당신은 어느 정도나 자신의 가치를 재산, 돈, 옷차림 등으로 평가하는가?

2. "하나님께 바칠 돈이 있어야 그분을 의지하기도 더 쉬운 것 아닌가." 이 말은 하나님과의 관계 속에서 그분을 신뢰하는 삶의 성격에 대해 무엇을 말해 주는가?

17. 예배_ 신비로운 경이

1. 하나님의 신비 앞에서 몸 둘 바를 모르겠는가? 왜 그렇거나 그렇지 않은가?

2. 종교적 공식을 버린다면 당신의 삶, 예배, 관계가 어떻게 달라지겠는가?

18. 사랑_ 남들을 정말 사랑하는 법

1. 우리가 아는 대다수 사람은 마음이 맞는 이들끼리 어울린다. 이를테면 정치 성향이나 관심사 등이 서로 같다. 당신도 그러한가? 이것의 장점과 단점은 무엇인가?

2. 우리가 관계에 덧입히는 모든 경제 은유를 당신은 어떻게 보는가? 그것이 익숙하게 느껴지는가? 조건적 사랑은 어떻게 대출 약관과 비슷한가?

19. 사랑_ 자신을 정말 사랑하는 법

1. 사랑받을 줄 안다는 것은 아무래도 힘든 일이다. 당신을 그 일로 잘 안내할 만한 도발적 질문이 내게 없다. 그저 사랑에 관한 당신의 생각과 감정을 적어 보라. 이 문제로 기도하라. 당신을 사랑하는 이들과 대화

하라. 다음 질문으로부터 시작해 볼 수 있을 것이다. '하나님은 나를 한 인간으로서 어떻게 생각하실까?'

20. 예수_ 그 얼굴의 주름

1. 당신에게 예수님은 어떤 의미인가?